W0033788

Martin Kuckenburg

# Als der Mensch zum Schöpfer wurde

## An den Wurzeln der Kultur

Klett-Cotta

Klett-Cotta

© J. G. Cotta'sche Buchhandlung Nachfolger GmbH, gegr. 1659,

Stuttgart 2001

Alle Rechte vorbehalten

Fotomechanische Wiedergabe nur mit Genehmigung des Verlags

Printed in Germany

Umschlaggestaltung: Finken & Bumiller, Stuttgart,

unter Verwendung verschiedener Abbildungen aus diesem Werk

Gesetzt aus der Adobe Garamond von O. A. D. F., Altdorf/Böblingen

Auf säure- und holzfreiem Werkdruckpapier gedruckt und gebunden

von Ludwig Auer GmbH, Donauwörth

ISBN 3-608-94034-0

Die Deutsche Bibliothek – CIP-Einheitsaufnahme

Ein Titeldatensatz für diese Publikation ist bei

Der Deutschen Bibliothek erhältlich.

Für Yanna,
deren überschäumende Kreativität mich
immer wieder aufs neue bezaubert

## Technische Hinweise

Im Buch sind alle urgeschichtlichen Daten in der fachwissenschaftlich üblichen Zeit-
angabe ›v. h.‹ (= ›vor heute‹) angegeben. 40 000 v. h. entspräche dabei ungefähr
38 000 v. Chr.

Die hochgestellten Fußnoten beziehen sich auf den Zitatnachweis im Anhang des
Buches. Auf einen darüber hinausgehenden Anmerkungsapparat wurde verzichtet,
weil es sich um eine Veröffentlichung für ein breiteres Publikum handelt. Um dem interessierten Leser dennoch eine eingehendere Beschäftigung auch mit Einzelaspekten
des behandelten Themenkreises zu ermöglichen, findet sich im Anhang des Buches
ein umfangreiches, nach Kapiteln geordnetes Literaturverzeichnis, das mit wenig
Mühe auch speziellere im Text erwähnte Publikationen auffindbar macht.

# Inhalt

Vorwort . . . . . . . . . . . . . . . . . . . . . . . . . . . . . . . . . . . . . 11

Kapitel 1:
**Die Entstehung und erste Ausbreitung des Menschen**
**(6 bis 1 Million Jahre v. h.)** . . . . . . . . . . . . . . . . . . . . . . . 21

Die Wiege stand in Afrika . . . . . . . . . . . . . . . . . . . . . . . 21
Der ›Gesichtsstein‹ von Makapansgat . . . . . . . . . . . . . . . . . 27
Späte Australopithecinen und erste Frühmenschen . . . . . . . . . . 29
Erste Steinwerkzeuge, frühe Fleischnahrung . . . . . . . . . . . . . 31
Die ›Knochenspatel‹ von Swartkrans . . . . . . . . . . . . . . . . . 36
Faustkeilrätsel . . . . . . . . . . . . . . . . . . . . . . . . . . . . . . 45
Frühmenschen in Asien . . . . . . . . . . . . . . . . . . . . . . . . . 50
Lücken in der ›Movius-Linie‹ . . . . . . . . . . . . . . . . . . . . . . 56
Dmanisi: Der Homo erectus an der Grenze Europas . . . . . . . . . 60

Kapitel 2:
**Die früheste Besiedlung Europas
(1 Million bis 400 000 Jahre v. h.)** . . . . . . . . . . . . . . . . . . . . . . . . 67

Die Frühmenschen von Atapuerca . . . . . . . . . . . . . . . . . . . . . . . . 68
Wann wurde Mitteleuropa besiedelt? . . . . . . . . . . . . . . . . . . . . 73
Die Faustkeile von Boxgrove . . . . . . . . . . . . . . . . . . . . . . . . . . 82
Die Holzspeere von Schöningen . . . . . . . . . . . . . . . . . . . . . . . . 92

Kapitel 3:
**Nordafrika, Vorderasien und die Entstehung von
Schmuck und ›Kunst‹ (400 000 bis 100 000 Jahre v. h.)** . . . . . . 105

Die Sahara zwischen Wüste und Savanne . . . . . . . . . . . . . . . . . 106
Archäologie in der Wüste . . . . . . . . . . . . . . . . . . . . . . . . . . . . 107
Urgeschichtliche Wohnbauten . . . . . . . . . . . . . . . . . . . . . . . . 110
Die Straußeneiperlen von El Greifa . . . . . . . . . . . . . . . . . . . . . 116
Schmuck schon im älteren Paläolithikum? . . . . . . . . . . . . . . . . 120
Die ›Protoplastik‹ von Berekhat Ram . . . . . . . . . . . . . . . . . . . 125
Die Steinfigur von Tan-Tan . . . . . . . . . . . . . . . . . . . . . . . . . . 136
Waren die afrikanischen Frühmenschen kulturell überlegen? . . . . . 140

Kapitel 4:
**Der Neandertaler und die ›jungpaläolithische Revolution‹
in Europa (100 000 bis 27 000 Jahre v. h.)** . . . . . . . . . . . . . . . . . 143

145 Jahre Streit um einen Altmenschen . . . . . . . . . . . . . . . . . . 143
Die Knochengeräte von Salzgitter-Lebenstedt . . . . . . . . . . . . . 145
Die ›Harzklumpen‹ von Königsaue . . . . . . . . . . . . . . . . . . . . . 158
Der Zeltgrundriß von Buhlen . . . . . . . . . . . . . . . . . . . . . . . . . 161
Die Schmuckanhänger von Arcy-sur-Cure . . . . . . . . . . . . . . . . . 168
Die ›jungpaläolithische Revolution‹ kam nicht über Nacht . . . . . . . 176

Kapitel 5:
**Was ist von ihnen geblieben?** . . . . . . . . . . . . . . . . . . . . . . . . . . . . . . 185

Untersuchungen von Neandertaler-DNA . . . . . . . . . . . . . . . . . . . . . 189

Verwirrung um 60 000 Jahre altes Erbgut . . . . . . . . . . . . . . . . . . . 193

Die späten Neandertaler von Vindija . . . . . . . . . . . . . . . . . . . . . . 197

Das ›Hybridenkind‹ von Lagar Velho . . . . . . . . . . . . . . . . . . . . . 201

Rückkehr ins Neandertal . . . . . . . . . . . . . . . . . . . . . . . . . . . . 207


Literatur . . . . . . . . . . . . . . . . . . . . . . . . . . . . . . . . . . . . . . . . 214

Zitatnachweis und Anmerkungen . . . . . . . . . . . . . . . . . . . . . . . . 226

Bildnachweise . . . . . . . . . . . . . . . . . . . . . . . . . . . . . . . . . . . . 232

Personenregister . . . . . . . . . . . . . . . . . . . . . . . . . . . . . . . . . . 234

Fundort- und Fundregionenregister . . . . . . . . . . . . . . . . . . . . . . 236

# Vorwort

Gewöhnlich vermutet man die Ursprünge des menschlichen Geistes und der menschlichen Kultur im Jungpaläolithikum, der jüngsten Periode der Altsteinzeit vor 40 000 bis 10 000 Jahren, die zu Recht für ihre großartigen Höhlenmalereien und geschnitzten Kleinkunstwerke berühmt ist. Presse und Fernsehen ließen 1995 die Öffentlichkeit hautnah an der Erforschung der Grotte Chauvet teilhaben, jener damals neu entdeckten Bilderhöhle im französischen Ardèchetal, deren eindrucksvolle Tiergemälde und -zeichnungen über 30 000 Jahre alt sind (vgl. Titelbild unten). Die meisten kulturell und wissenschaftlich Interessierten kennen auch die schon länger bekannten Bilderhöhlen von Altamira in Spanien und Lascaux in Frankreich sowie die bezaubernden Elfenbeinfigürchen aus der schwäbischen Vogelherdhöhle oder die zahlreichen, mit unterschiedlichsten Motiven gravierten Schieferplatten aus Gönnersdorf im Rheinland.

Alle diese frühen Werke der darstellenden Kunst sprechen uns ganz unmittelbar an, ja, sie ›rühren‹ uns, denn sie geben uns die intuitive Gewißheit, daß ihre Verfertiger vor 12 000, 18 000, ja sogar 30 000 Jahren bereits so dachten, fühlten und ihren Empfindungen Ausdruck verliehen wie wir selbst. Und in der Tat handelte es sich bei diesen eiszeitlichen Künstlern, wie uns die Fachleute versichern, schon um frühmoderne Vertreter unserer eigenen Art *Homo sapiens sapiens*, die sich in körperlicher

*Abb. 0.1: Ahnengalerie. Rekonstruktionen von Vor- und Frühmenschen im Hessischen Landesmuseum in Darmstadt.*

wie in geistiger Hinsicht kaum mehr wesentlich von uns unterschieden. So nimmt es nicht wunder, daß diese ›Cro Magnon-Menschen‹ – wie man sie nach einem Fundort in Frankreich auch nennt – im öffentlichen Bewußtsein als unsere ersten wirklich ›menschlichen‹ Vorfahren gelten und daß man ihre Höhlenmalereien, Elfenbeinschnitzwerke und anderen raffiniert gestalteten Hinterlassenschaften allgemein als die frühesten eindeutigen Zeugnisse menschlicher Kultur und Schöpferkraft betrachtet.

Die nüchternen Steinwerkzeuge, die uns aus den älteren Perioden des Paläolithikums vor mehr als 40 000 Jahren als zumeist einzige Hinterlassenschaften überliefert sind, nehmen sich neben diesen großartigen Kunstwerken vergleichsweise bescheiden, ja auf den ersten Blick geradezu armselig aus. Von den eleganten und auch heute noch ästhetisch ansprechenden Faustkeilen (Abb. 1.13 und 2.9) einmal abgesehen, wirken sie oft so grob, daß der nicht geschulte Betrachter sie kaum als menschliche Erzeugnisse erkennen würde, und so bleiben sie uns in der Regel auch merkwürdig fremd; so fremd wie die absonderlichen Schädel und knöchernen Gesichter ihrer urtümlichen Verfertiger, der Früh- und Altmenschen Homo erectus und Neandertaler (Abb. 1.17 und 5.2), in deren flachen Stirnen, ›affenartigen‹ Überaugenwülsten und schnauzenähnlich vorspringenden Mundpartien wir bestenfalls ein plumpes Zerrbild unserer selbst zu erkennen vermögen. ›Kunst‹ oder Kunstfertigkeit würden wir bei diesen archaischen Kreaturen des älteren Paläolithikums kaum vermuten, und tatsächlich versichern uns die Fachleute auch, daß von ihnen nichts dergleichen auf uns gekommen ist. Gewiß waren diese Neandertaler und Erectus-Ahnen, wie ein weit verbreiteter Glaube besagt, keine Tiere mehr, aber ebenso sicher auch noch keine richtigen Menschen; im öffentlichen Bewußtsein gelten sie vielmehr bis heute als merkwürdige Zwitterwesen aus einer schwer einzuordnenden Urzeit, von denen man sich nicht sicher ist, ob man sie eher in eine Schule oder in einen Zoo stecken würde, wenn sie ganz unerwartet in der Gegenwart auftauchten.

Die fachlich geschulten Urmenschenforscher pflegen bei derartigen Vergleichen zwar eher milde zu lächeln, denn sie ordnen den Neandertaler und den Homo erectus stammesgeschichtlich schon längst als archaische Menschenformen und damit als zweifellos frühhumane Wesen ein (wenn auch nicht unbedingt als unsere unmittelbaren Vorfahren, vgl. Kap. 5). Doch wenn es um die Frage der Kultur und Kreativität geht, dann neigen auch viele von ihnen dazu, die eigentlichen Wurzeln des Schöpferischen und die sogenannte ›humane Revolution‹ erst am Beginn des Jungpaläolithikums vor etwa 40000 Jahren anzusetzen. In zahlreichen archäologischen Büchern und Artikeln vor allem aus England und den USA werden die älteren paläolithischen Epochen immer noch als eine Art öde und monotone ›Faustkeilwüste‹ beschrieben, in der sich über viele Jahrhunderttausende hinweg keinerlei Veränderung und kein echter Fortschritt vollzogen habe. Die Autoren dieser Werke legen weniger Gewicht auf die Tatsache, daß die Frühmenschen schon seit 2,5 Millionen Jahren Steinwerkzeuge herstellten und benutzten, als vielmehr auf den Umstand, daß das Formen- und Typenspektrum dieser Geräte anfangs noch über lange Zeiträume hinweg konstant blieb und sich nicht so schnell veränderte wie im jüngeren Paläolithikum. Sie schließen aus diesem Sachverhalt aber nicht etwa auf eine allmähliche und sich im Laufe der Zeit immer mehr beschleunigende Entwicklung der menschlichen Kreativität und Kultur, wie wir sie ja auch in den jüngeren historischen Epochen deutlich vor Augen haben; eine solche ›gradualistische‹ Sichtweise gilt vielen Archäologen vielmehr als hoffnungslos veraltet, ja sie ist namentlich in der englischsprachigen Forschung heute regelrecht verpönt. Statt dessen huldigt man dort der Theorie vom sogenannten ›Big bang‹, dem angeblichen großen kulturellen und schöpferischen ›Urknall‹, der sich vor 40 000 Jahren beim frühmodernen Homo sapiens ereignet haben soll und der die noch weitgehend graue und monotone Welt der archaischen Menschen nach Meinung der betreffenden Fachleute blitzartig mit Kreativität und kultureller Vielfalt – dem Glanz des wahren menschlichen Geistes – erfüllte.

Das vorliegende Buch möchte dieser heute weitverbreiteten, ja in der internationalen Forschung dominierenden Sichtweise nachdrücklich widersprechen. Es möchte in Wort und Bild zeigen, wie wenig sie den urgeschichtlichen Realitäten gerecht wird und wie sehr sie zu einem ›minimalistisch‹ verzerrten Bild von unseren frühen Urahnen, zur eklatanten Unterschätzung ihrer bemerkenswerten Fähigkeiten und Leistungen, geführt hat.

Neben den ›alltäglichen‹ Steinwerkzeugen, die auch an den meisten jungpaläolithischen Grabungsstätten den Löwenanteil der Funde ausmachen, entdeckte man nämlich auch auf den Jagd- und Siedlungsplätzen des Homo erectus und der Neandertaler wiederholt außergewöhnliche und äußerst eindrucksvolle Objekte, die die scheinbare Monotonie des lithischen Materials durchbrechen und ausgesprochene Glanzlichter in ein ansonsten für uns immer noch weitgehend ›dunkles‹ Zeitalter werfen. Da kamen 400 000 Jahre alte und doch schon technisch perfekt gearbeitete frühmenschliche Holzspeere sowie kunstfertig geschnitzte Knochenspitzen der späten Neandertaler ans Tageslicht (vgl. Kap. 2 und 4); da fanden sich mögliche Perlen aus der Zeit vor 300 000 Jahren (vgl. Kap. 3) und zweifelsfreier Altmenschenschmuck aus der Periode vor 35 000 Jahren (vgl. Kap. 4); da stießen Archäologen an einem 250 000 Jahre alten Siedlungsplatz auf eine fossile Versteinerung in der Form eines Penis (vgl. Kap. 3), und in 3 Millionen Jahre alten Fundschichten südafrikanischer Vormenschen lachte einem Forscher plötzlich ein skurriles Gesicht auf einem leuchtend roten Stein entgegen (vgl. Kap. 1); vor allem aber kamen gleich an zwei verschiedenen Fundorten auffallend menschengestaltig geformte Steine zwischen mehr als 250 000 Jahre alten Faustkeilen und anderen Steingeräten zutage, an deren ›anthropomorphem‹ Erscheinungsbild zumindest in dem einen Fall nachweislich der frühe Mensch Anteil hatte (vgl. Kap. 3).

Eine Auswahl dieser kostbaren kulturhistorischen Zeugnisse aus der Morgenröte der Menschheit in attraktiven Bildern und anschaulichen Beschreibungen einem breiteren Leserkreis bekannt zu machen, das ist das wichtigste Ziel des vorliegenden Buches. Einige unter den vorgestellten Stücken sind bislang noch gänzlich unveröffentlicht, und auch bei den meisten anderen ist die Präsentation in dieser Form und Zusammenstellung eine Premiere. Die Mehrzahl von ihnen wurden nämlich bislang nur in archäologischen Fachzeitschriften oder -büchern publiziert und sind daher noch kaum ins Bewußtsein der breiteren, wissenschaftlich interessierten Öffentlichkeit gedrungen – ja, zum Teil wurden sie selbst innerhalb der Fachwelt noch nicht richtig zur Kenntnis genommen. Manche der Fundobjekte sind auch umstritten und werden besonders von den Anhängern der besagten ›Big bang‹-Theorie in Frage gestellt oder zumindest in ihrer Bedeutung heruntergespielt. Das ist auch kein Wunder, stehen doch all diese Stücke in deutlichem Widerspruch zu der Behauptung, der menschliche Schöpfergeist sei erst vor wenigen zehntausend Jahren beim *Homo sapiens sapiens* erwacht, und beweisen sie statt dessen sehr eindeutig und klar, daß die tiefsten Wurzeln der menschlichen Kultur und Kreativität in Wahrheit mehrere Jahrhunderttausende – ja womöglich sogar einige Jahrmillionen – in unsere Urgeschichte zurückreichen.

Diese kostbaren und einzigartigen Zeugnisse lassen damit auch zumindest erahnen, was aus den unermeßlichen Zeiträumen des älteren Paläolithikums möglicherweise noch alles auf uns gekommen wäre, hätten nicht die natürlichen Verfallsprozesse nahezu alle Materialien mit Ausnahme von Stein (und in geringerem Maße auch Knochen) im Laufe der Jahrhunderttausende unerbittlich und fast unvermeidlich zerstört. Es ist dieser allgegenwärtige archäologische ›Überlieferungsfilter‹, der unseren Blick in die Vergangenheit auf äußerst schwerwiegende und bedauerliche Weise verengt und der uns im Fundgut kulturelle Armut und Monotonie vorspiegelt, wo in Wahrheit vermutlich bereits technologischer Aufbruch und kulturelle Blüte herrschten, wie die in diesem Band zusammengestellten Ausnahmefunde, die dem erwähnten ›Filter‹ aufgrund eines glücklichen Zufalls entgingen, nachdrücklich unterstreichen.

Natürlich beschränkt sich das Buch nicht auf die bloße Präsentation dieser außergewöhnlichen Kostbarkeiten aus der Frühzeit unserer Gattung, sondern es erzählt auch ausführlich ihre Geschichte, schildert die Debatten und Kontroversen, die sich an ihnen entzündeten, und stellt die Stücke in ihren zeitlichen und kulturellen Zusammenhang, so daß hinter ihnen stets der frühe Mensch selbst, seine Lebensweise und seine Welt, sichtbar und lebendig wird. Darüber hinaus beschreibt es auch noch zahlreiche weitere, auf den ersten Blick vielleicht nicht ganz so spektakuläre archäologische Entdeckungen und Forschungsergebnisse der letzten Jahre, die doch in ihrer Gesamtheit eindrucksvoll dokumentieren, daß die Herausbildung der Kultur keineswegs ein so abrupter und ›punktueller‹ Vorgang war, wie dies immer wieder behauptet wird, sondern ein lang andauernder und in kleinen Schritten voranschreitender Prozeß, der die biologische Menschwerdung seit der Erfindung der ersten Steinwerkzeuge vor 2,5 Millionen Jahren kontinuierlich begleitete.

Selbst diese auf den ersten Blick so unansehnlichen steinernen Geräte waren, wie das Buch an einer Reihe von Beispielen zeigen möchte, keineswegs jene anspruchslosen und stereotypen Erzeugnisse, die man häufig in ihnen sieht, sondern von beträchtlicher Kunstfertigkeit und großem handwerklichem Geschick zeugende Bestandteile des frühmenschlichen Überlebensarsenals, die viel über die Fähigkeiten und alltäglichen Bedürfnisse ihrer Hersteller verraten. Die Urgeschichte der Kultur war – mit einem Wort gesagt – ein zentraler und integraler Bestandteil unserer Evolutionsgeschichte, und die folgenden Kapitel sollen einen gleichermaßen umfassenden wie spannenden Überblick über diesen komplexen Menschwerdungsprozeß bieten, der sich im Verlauf von annähernd 5 Millionen Jahren in Afrika und in Eurasien vollzog.

Ein derartiger Überblick lebt natürlich nicht zuletzt von seiner Aktualität, und ich habe deshalb auch noch neueste Forschungsergebnisse, die mir bis zum Abschluß des Manuskripts im Frühjahr 2001 bekannt wurden, in den Text eingearbeitet. Das war nicht immer einfach, denn gerade die Monate Dezember 2000 bis März 2001 brachten eine Fülle von wichtigen neuen Forschungsresultaten aus den Bereichen der Paläanthropologie, der Archäologie und der Paläogenetik, die nachträglich zu berücksichtigen waren. Während dieser kurzen Zeitspanne wurde in Kenia der 6 Millionen Jahre alte ›Millenium-Mensch‹ entdeckt (Oktober bis Dezember 2000; vgl. Kap. 1), gaben australische Forscher ihre hochbedeutsamen Resultate von DNA-Untersuchungen an fossilen Skeletten vom fünften Kontinent bekannt (Januar 2001; vgl. Kap. 5), identifizierten Archäologen die Vor- und Frühmenschen Südafrikas vor 1,5 Millionen Jahren als eifrige Termitensammler (Februar 2001; vgl. Kap. 1) und beschrieben kenianische Paläanthropologen eine neu entdeckte Vormenschengattung mit Namen *Kenyanthropus* (März 2001; vgl. Anm. 3). All diese Entdeckungen haben wie gesagt noch in der einen oder anderen Form Eingang in das vorliegende Buch gefunden, das damit bei der Niederschrift dieses Vorworts ›topaktuell‹ ist; ich hoffe zuversichtlich, daß dies auch bei seinem Erscheinen im Spätsommer 2001 unverändert der Fall sein wird.

Abschließend noch eine kurze grundsätzliche Bemerkung zu den in diesem Buch verwendeten Hominidennamen. In der Frühmenschenforschung befindet sich derzeit die wissenschaftliche Schule der sogenannten *Splitter* (engl. etwa: ›Aufspalter‹) auf dem Vormarsch, die sich nicht damit zufriedengibt, unsere stammesgeschichtlichen Vorfahren einigen wenigen, relativ weit gefaßten Grundtypen wie den Australopithecinen, der Homo erectus-Gruppe, dem Neandertaler usw. zuzuordnen, sondern die statt dessen vom Vorhandensein sehr viel zahlreicherer und auch terminologisch feiner zu differenzierender Einzelarten ausgeht. So ist es heute beispielsweise üblich geworden, die noch vor zehn Jahren unter dem Artnamen *Homo erectus* zusammengefaßten Frühmenschenreste in die mutmaßlich unterschiedlichen Einzelspezies *Homo ergaster*, *Homo erectus*, *Homo antecessor* und *Homo heidelbergensis* zu unterteilen (vgl. Kap. 1 und 2) – ja, bisweilen fühlt man sich angesichts der allgemeinen ›Differenzierungswut‹ geradezu in die Pionierzeiten der Urmenschenforschung zurückversetzt, als nahezu jedes neue, in seinen anatomischen Merkmalen etwas von den bekannten Formen abweichende Fossil sogleich einen besonderen Art-, wenn nicht sogar einen eigenen Gattungsnamen erhielt.

Ich muß gestehen, daß ich diesem derzeit wieder in Mode gekommenen terminologischen *Splitting* äußerst skeptisch gegenüberstehe und die früheren Klassifikationen gerade wegen ihrer ›Weite‹ und Offenheit für sehr viel sachdienlicher und adäquater halte. Dies nicht nur deshalb, weil das fossile Knochenmaterial, auf das sich ja letztlich alle Theorien und Klassifikationsversuche stützen, nach wie vor äußerst lückenhaft und beschränkt ist und selbst ausgewiesene Experten die anatomische Variationsbreite der einzelnen Hominidengruppen und -arten kaum zuverlässig einzuschätzen vermögen. Eine noch weit größere Gefahr dieses klassifikatorischen *Splitting* be-

steht meines Erachtens in der damit verbundenen (und durch die Evolutionsgenetik noch kräftig geschürten) Erwartung, man könne den menschlichen Stammbaum bzw. ›Stammbusch‹ (vgl. Kap. 1) mit paläanthropologischen und genetischen Methoden bis in die kleinsten Verästelungen und Abstammungsbeziehungen hinein annähernd präzise und eindeutig rekonstruieren (vgl. Kap. 1, 2 und 5). Ich halte diese Vorstellung, die gerade in den letzten Jahren mehr und mehr Fuß gefaßt hat, für hochgradig trügerisch und illusionär, und ich bin davon überzeugt, daß sich eine ganze Anzahl der im vergangenen Jahrzehnt mit so großem Getöse aus der Taufe gehobenen ›neuen Arten‹ und ihrer angeblich zuverlässig ermittelten Verwandtschaftsbeziehungen und evolutionären Abtrennungszeitpunkte voneinander in den nächsten Jahren als haltlos erweisen und wie Seifenblasen zerplatzen werden.

Ich glaube dies vor allem, weil nach meiner Meinung die ganze Denkweise der *Splitter* auf einem falschen Grundansatz beruht – der Annahme nämlich, die Frühmenschengruppen in den verschiedenen Teilen der paläolithischen Welt seien räumlich stets so isoliert voneinander gewesen, daß jede anatomische Sonderentwicklung automatisch auf die Herausbildung einer eigenen, neuen biologischen Art schließen lasse, die mit ihren Schwesterarten und Zeitgenossen in den anderen Erdregionen nicht mehr fortpflanzungs- und vermischungsfähig gewesen sei (sogenannte ›biologische

Speziation‹, vgl. Kap. 1 und 5). Ich halte dieses Denkmodell für einen prinzipiellen Irrweg, denn nach meiner Überzeugung blieben die einzelnen frühmenschlichen Regionalbevölkerungen und Gruppen, obgleich sie bereits vor fast 2 Millionen Jahren über die halbe Erde verteilt waren (vgl. Kap. 1), dennoch durch stetige soziale, kulturelle und genetische Kontakte weltweit miteinander verbunden, so daß sie trotz aller anatomischen und kulturellen Differenzierungen untereinander zeugungsfähig blieben und die Schwelle der artlichen Trennung in der Regel nicht überschritten. Der *Homo ergaster* in Afrika, der *Homo erectus* in Asien und der *Homo heidelbergensis* oder *Homo antecessor* in Europa wären nach diesem Modell also nur zeitliche oder regionale Spielarten ein und desselben Frühmenschentypus gewesen, den man bis vor kurzem auf der ganzen Welt unter dem Artnamen *Homo erectus* zusammenfaßte und nur auf der Ebene der Unterart regional und chronologisch differenzierte. Eben dieses Klassifikationsschema verwende ich trotz seiner derzeitigen Unüblichkeit in diesem Buch bevorzugt, wobei ich allerdings hier und dort auch einmal auf die heute gängigeren Einzelbezeichnungen zurückgreife, weil sie vielen Lesern vermutlich aus anderer Literatur bekannt und vertraut sind.

Die Fertigstellung und besonders die großzügige Ausstattung dieses Buches wäre ohne die Unterstützung einer ganzen Anzahl von Personen nicht möglich gewesen, denen ich daher zu großem Dank verpflichtet bin. Mein erstes Dankeschön gilt Rainer Just und Michael Klett, die das Buch in das Programm des Klett-Cotta-Verlags aufgenommen und verlegerisch betreut haben, sowie Dr. Christoph Selzer für sein umsichtiges und überaus engagiertes Lektorat; in diesen Dank möchte ich auch Annette Scheerer, die für die attraktive Gestaltung des Bandes verantwortlich zeichnet, sowie Maria Stork, die einen großen Teil der Bildrechte und Bildvorlagen besorgte, mit einschließen.

Eine Reihe von Fachwissenschaftlern und anderen auf archäologischem Gebiet Tätigen haben die ihre Arbeit betreffenden Teile des Manuskripts durchgesehen und/oder in großzügiger Weise Bildmaterial zur Verfügung gestellt. Es waren dies (in alphabetischer Reihenfolge): Robert G. Bednarik (Melbourne), Dr. Francesco d'Errico (Talence), Dr. Sabine Gaudzinski (Neuwied), Joseph Halm (Lohmar), Dr. Antje Justus (Neuwied), Dr. Johann Koller (München), Prof. Dietrich Mania (Jena), Dr. Mark Roberts (London), Dipl.-Ing. Klaus Schmude (Essen), Manfred Tangerding (Bocholt) und Dr. Hartmut Thieme (Hannover). Auch ihnen bin ich zu größtem Dank verpflichtet; dabei versteht sich von selbst, daß etwaige Fehler oder Unstimmigkeiten im Text des Buches allein zu meinen Lasten gehen.

Ganz besonderen Dank schulde ich aber Prof. Lutz Fiedler (Marburg), auf dessen Forschungen und Funden nicht nur weite Teile von Kap. 3 basieren, sondern der mir auch in ungewöhnlich großzügiger Weise ein umfangreiches und zum größten Teil bislang unveröffentlichtes Bildmaterial zur Verfügung stellte. Ohne seine – von einer offenen und ganz auf die Sache orientierten Wissenschaftsauffassung zeugende – Unterstützung wäre, das sei hier frei heraus bekannt, das Buch zumindest in seiner vorliegenden Form kaum möglich gewesen. Ihm gilt daher mein ganz besonderer, herzlicher Dank.

Tübingen, im April 2001
*Martin Kuckenburg*

# Kapitel 1

# Die Entstehung und erste Ausbreitung des Menschen (6 bis 1 Million Jahre v. h.)

## Die Wiege stand in Afrika

Afrika sei vermutlich die Wiege der Menschheit gewesen, schrieb der Begründer der modernen Evolutionstheorie, Charles Darwin, bereits 1871 in seinem Werk ›Die Abstammung des Menschen‹, und diese Vermutung hat sich während der letzten Jahrzehnte in bewundernswerter Weise bestätigt.

Nachdem in der ersten Hälfte des 20. Jahrhunderts abwechselnd Asien und Europa als die Ursprungsregionen des frühen Menschen angesehen wurden,[1] sind seit den fünfziger Jahren immer mehr Indizien dafür zutage gekommen, daß tatsächlich der Schwarze Kontinent das ursprüngliche und wichtigste Zentrum unserer Entwicklungsgeschichte war. Heute bezweifelt kaum noch ein Urmenschenforscher, daß dort unsere frühesten Vorfahren lebten, und diese zunächst durch die Paläanthropologie (Wissenschaft von den urgeschichtlichen Menschenfunden) ermittelte Tatsache wurde während der letzten beiden Jahrzehnte auch durch molekularbiologische Untersuchungen eindrucksvoll bestätigt.

Allein in Afrika existiert eine nahezu lückenlose Abfolge von Überresten fossiler – das heißt als Versteinerungen erhaltener – Hominiden (›Menschenartiger‹), die aus der jüngsten Vergangenheit bis in den letzten Abschnitt des Miozäns vor etwa 6 Millionen Jahren zurückreicht. Sie erstreckt sich damit bis fast in jene

Periode, in der der letzte gemeinsame Vorfahr des heutigen Menschen mit den Schimpansen, unseren nächsten Verwandten im Tierreich, gelebt haben muß – nach molekularbiologischen Studien war dies vor etwa 6 bis 8 Millionen Jahren der Fall. Seit dieser Zeit entwickelte sich die evolutionäre Linie der Hominiden, deren vorläufig letztes Glied wir heutigen Menschen sind, getrennt von derjenigen der Pongiden, der alle heutigen Menschenaffen angehören.

Über die ältesten Vertreter der Hominidenlinie liegen bislang nur recht spärliche Informationen vor. Im Jahr 1992 entdeckte der amerikanische Paläanthropologe Tim White bei Aramis in Äthiopien Reste eines etwa 4,4 Millionen Jahre alten Primaten, dem er den wissenschaftlichen Namen *Ardipithecus ramidus* (›Bodenaffe an der Wurzel‹) gab. Nach dem Urteil des Forschers soll dieser Waldbewohner, von dem in den Folgejahren Reste von insgesamt 17 Individuen aufgefunden wurden, zum Teil schon aufrecht auf zwei Beinen gegangen sein. Menschenaffen tun dies nur sehr selten und für kurze Zeit, weshalb White und andere Fachleute den *Ardipithecus* als ›Ahnherrn der Hominiden‹ und ersten Vertreter der zum heutigen Menschen führenden Linie einstuften. In dieser Hinsicht hat er allerdings jüngst Konkurrenz von dem etwa 1,5 Millionen Jahre älteren ›Millennium Man‹ (wissenschaftlicher Name: *Orrorin tugenensis*) bekommen, den die französischen Fossilforscher Martin Pickford und Brigitte Senut im November 2000 in rund 6 Millionen

Jahre alten Schichten des Baringo-Distrikts in Kenia entdeckten und der um die Wende zum Jahr 2001 für dicke Schlagzeilen in der Presse sorgte. Auch dieser ›Jahrtausendmensch‹ soll nach den aufgefundenen Oberschenkel-, Arm- und Kieferknochen von insgesamt fünf Individuen bereits ein gewohnheitsmäßiger Zweibeiner gewesen sein, und seine Entdecker meinen an ihm noch andere bemerkenswert ›fortschrittliche‹ Züge feststellen zu können, die an Menschenähnlichkeit selbst diejenigen weit jüngerer Hominiden überträfen. Andere Experten bezweifeln hingegen bislang seine Zugehörigkeit zu den ›Menschenartigen‹, so daß hier – wie auch im Falle des *Ardipithecus* – wohl der weitere Fortgang der Diskussion abzuwarten bleibt.

Klarere Umrisse bekommt das Bild erst mit den seit ca. 4,2 Millionen Jahren belegten *Australopithecinen* (›Südaffen‹), von denen im südlichen und östlichen Afrika Hunderte von Skelettresten aufgefunden wurden. Ihre Entdeckungsgeschichte begann mit dem versteinerten Schädel eines etwa vierjährigen Kindes,

*Tab. 1.1 (rechte Seite):*
*Übersichtstabelle zur Entwicklungsgeschichte des Menschen und zur altsteinzeitlichen Technologie und Kultur. Es handelt sich um eine stark vereinfachte Darstellung; die einzelnen Hominidenarten und Werkzeugtraditionen folgten in der Realität nicht immer linear aufeinander, sondern ›überlappten‹ sich zum Teil oder liefen über längere Zeiträume nebeneinander her.*

| Erdgeschichtliche Epochen | | Jahre vor heute | Hominidentypen | Archäologische Kulturen | | Kulturell technologische Entwicklung (Mindestdaten) |
|---|---|---|---|---|---|---|
| **Holozän = Nacheiszeit** | | 10 000 | | | | |
| Pleistozän = Eiszeitalter Wechsel von Warm- und Kaltzeiten | Jung- | 40 000 | Homo sapiens sapiens (in Afrika und Vorderasien schon seit über 100 000 Jahren) | Paläolithikum = Altsteinzeit | Jung- Klingenindustrien | Um 10 000 v.h.: In Vorderasien Übergang zu Ackerbau und Viehzucht / Speerschleuder, Bogen / Älteste erhaltene Felskunst in Europa und Australien |
| | Jung- | 100 000 | Homo sapiens neanderthalensis (Neandertaler) | | Mittel- Abschlagindustrien | Besiedlung Australiens übers Meer / Bestattungen mit Beigaben / Älteste Kompositwaffen? / Früheste Schmuckstücke |
| | Mittel- | 300 000 | Archaischer Homo sapiens, Prä-Neandertaler | | Alt- Faustkeilindustrien | Älteste grafische Marken, „Paläokunst" / Älteste Jagdspeere und Kompositgeräte / Früheste Meeresüberquerungen |
| | Alt- | 1 Million | Homo erectus (Pithecanthropus, Sinanthropus, Homo heidelbergensis) | | | |
| | Alt- | 2 Millionen | Homo ergaster, Homo habilis, Homo rudolfensis | | Geröllgeräteindustrien | Anfänge der Feuernutzung? / Beginnende Jagd auf Tiere? / Erste Steingeräte in Ost- und Südafrika |
| Pliozän | | 4 Millionen | Australopithecinen (zahlreiche verschiedene Arten) | | | Aufrechter Gang auf zwei Beinen (Bipedie), Freiwerden der Hände |

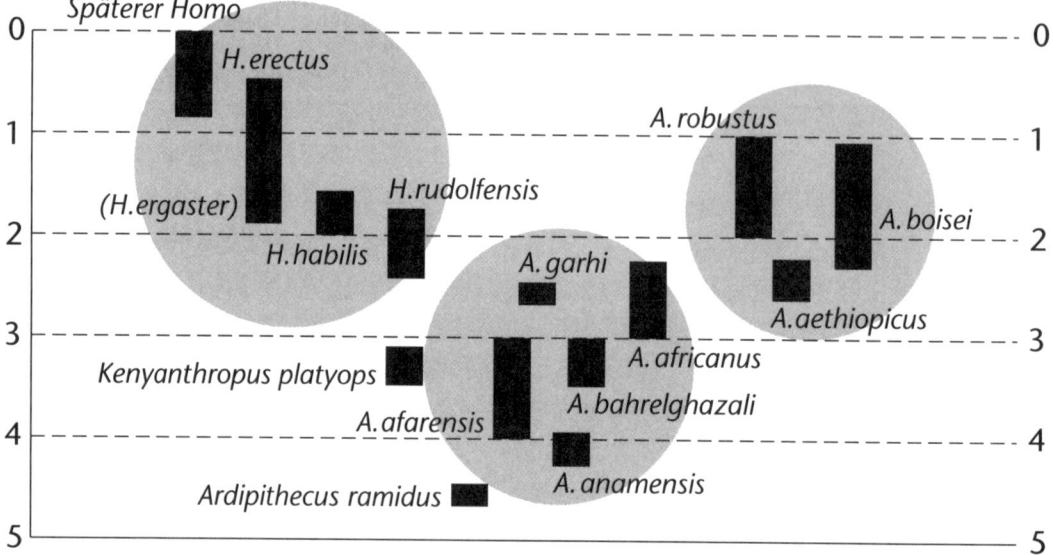

*Abb. 1.1: Die verschiedenen bekannten Hominidentypen und ihr ungefähres zeitliches Auftreten von 5 Millionen Jahren v.h. bis in die Gegenwart. Auf die Kennzeichnung von Abstammungslinien im Sinne eines ›Stammbaums‹ wurde wegen des stark spekulativen Charakters solcher Festlegungen bewußt verzichtet. Die einzelnen Hominidenarten sind nur grob den Typen ›Homo‹ (linker Kreis), ›grazile Australopithecinen‹ (mittlerer Kreis) und ›robuste Australopithecinen‹ (rechter Kreis) zugeordnet, wobei selbst diese Klassifikation in Einzelfällen umstritten ist. Die robusten Australopithecinen werden von manchen Fachleuten auch einer eigenen Gattung ›Paranthropus‹ zugerechnet.*

der 1924 bei Sprengarbeiten in einem südafrikanischen Steinbruch ans Tageslicht kam und unter der Bezeichnung ›Taung-Baby‹ in die Forschungsgeschichte eingegangen ist (Abb. 1.2), und sie erreichte ihren vorläufigen Höhepunkt 1974 mit der Bergung eines 3,2 Millionen Jahre alten, fast zur Hälfte erhaltenen Australopithecinenskeletts im äthiopischen Hadar-Gebiet, das den Namen ›Lucy‹ erhielt und das diese Vormenschengattung schlagartig ins Bewußtsein einer breiteren Öffentlichkeit rückte.

Die zwischen und seit diesen beiden Schlüsselfunden entdeckten zahlreichen Australopithecinenreste verteilen sich auf die Zeit vor etwa 4,2 bis 1 Million Jahren und werden einer ganzen Reihe unterschiedlicher Arten zugeordnet, die gleichzeitig lebten oder einander ablösten (vgl. Abb. 1.1) – ihre Zahl hat sich durch mehrere Neufunde während der letzten Jahre beständig erhöht (vgl. S. 36 und Anm. 3). Die frühen Vertreter dieser Gattung waren mit einer Körpergröße zwischen 1 m und 1,50 m noch

KAPITEL 1 – DIE ENTSTEHUNG UND ERSTE AUSBREITUNG DES MENSCHEN

ausgesprochen klein und dürften – wie eine vereinfachte Faustregel besagt – »oberhalb des Halses wie Menschenaffen«, unterhalb davon hingegen schon »fast wie Menschen« ausgesehen haben.[2] Tatsächlich ähnelte ihr Schädel mit dem schnauzenartig vorspringenden Kiefer, dem schräg zurückweichenden Mittelgesicht und dem im Vergleich dazu auffallend kleinen Hinterhaupt frappierend dem eines heutigen Schimpansen (Abb. 1.2 und 1.5).[3] Auch ihr Gehirnvolumen lag mit ungefähr 400 bis 500 cm³ nur geringfügig über dem dieser heutigen Menschenaffen, deren Gehirngröße zwischen 300 und 400 cm³ erreicht.

Und doch unterschieden sich Lucy und ihre Zeitgenossen bereits grundlegend von allen älteren und jüngeren Pongiden durch ihre Fähigkeit und Gewohnheit, über längere Zeiträume hinweg aufrecht auf zwei Beinen zu gehen. Diese ›bipede‹ Fortbewegungsweise läßt sich eindeutig aus ihrer Körperanatomie erschließen und ist auch durch Fußabdrücke aufrechtgehender Vormenschen, die in 3,6 Millionen Jahre alten Ablagerungen von Laetoli in Tansania entdeckt wurden, zweifelsfrei belegt. Die frühen Australopithecinen werden wegen dieser merkwürdigen, heute nirgends mehr anzutreffenden Kombination von ›äffischen‹ und ›menschlichen‹ Zügen manchmal auch als ›aufrechtgehende Schimpansen‹ bezeichnet. In jedem Fall zeigt das bei ihnen zu beobachtende außergewöhnliche ›Merkmalsmosaik‹, daß sich die Umbildung der einzelnen Körperpartien in der Entwicklungsgeschichte der Hominiden unterschiedlich schnell vollzog und daß dabei die Bipedie den anderen spezifisch ›menschli-

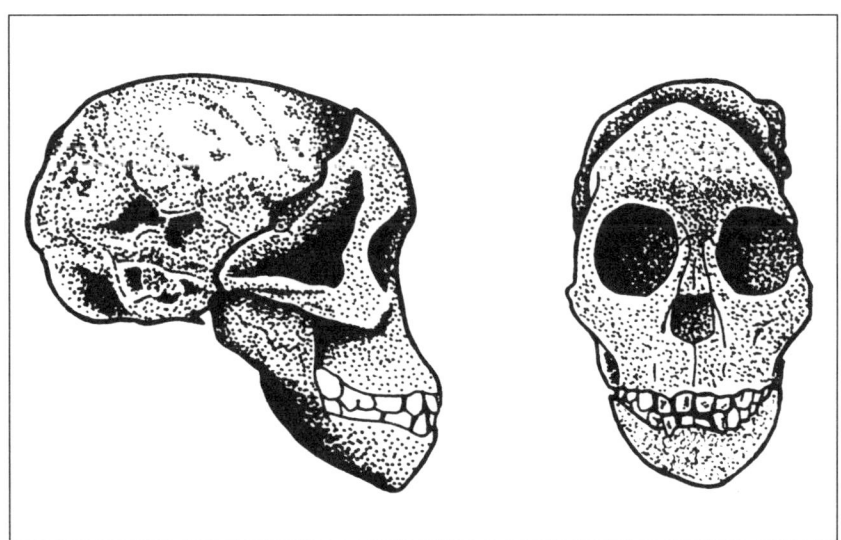

Abb. 1.2: Der Schädel des ›Kindes von Taung‹, des ersten in Südafrika entdeckten Australopithecus, in der Frontal- und Seitenansicht.

chen‹ Charakteristika wie der Herausbildung des großen Gehirns zeitlich weit vorausging.

Einschränkend hinzufügen muß man allerdings, daß in den letzten Jahren immer mehr Details in der Anatomie dieser frühen Hominiden entdeckt wurden, die als noch nicht völlig verlorengegangene Anpassungen an ein Baumleben betrachtet werden müssen. So weisen zum Beispiel der Bau ihrer Arme und Schulterblätter sowie die leicht gekrümmten Hand- und Fußknochen dieser Vormenschen darauf hin, daß sie nach wie vor gute Kletterer waren, und bei einem ›Little Foot‹ genannten Australopithecus-Skelett aus Südafrika stieß man überraschend sogar auf eine leicht abgespreizte und bewegliche große Zehe, wie sie in sehr viel stärkerer Ausprägung noch den heutigen Menschenaffen das Festklammern mit den Füßen beim Besteigen von Bäumen erleichtert.

Die meisten Fachleute schließen aus diesen und anderen ›äffischen Relikten‹, daß zumindest einige Australopithecinenarten den evolutionär noch relativ ›jungen‹ aufrechten Gang mit einer zum Teil nach wie vor kletternden Lebensweise verbanden. Am Boden gingen sie zwar fast schon so sicher auf zwei Beinen wie wir heutigen Menschen, doch zum Fressen, Schlafen und zum Schutz vor Raubtieren zogen sie sich offenbar noch häufig in die Bäume zurück und hatten daher auch die affentypischen anatomischen Anpassungen an eine arboreale Lebensweise noch nicht völlig verloren.

Zu dieser Vermutung passen auch neuere Hinweise, nach denen sich der Übergang zur Bipedie keineswegs in einer völlig offenen Steppenlandschaft vollzog, wie man jahrzehntelang angenommen hatte, sondern in einer – den aufgefundenen Tierknochen nach zu urteilen – zumindest teilweise bewaldeten Umgebung. Mit dieser Erkenntnis sind auch frühere Theorien, nach denen der aufrechte Gang aus den spezifischen Erfordernissen und Gefahren eines reinen Steppenlebens resultiert haben soll, weitgehend hinfällig geworden. Ein heute einflußreiches Modell erklärt den Übergang zur zweibeinigen Fortbewegungsweise vielmehr aus einem zunehmenden ›Mosaikcharakter‹ der Landschaft Ostafrikas vor 5 bis 6 Millionen Jahren, der längere Wege zwischen den räumlich verstreut liegenden Nahrungsquellen zur Folge hatte und die frühen Hominiden damit zu sehr viel ausgedehnteren Wanderungen bei der Futtersuche zwang, als sie in den vormals zusammenhängenden Waldgebieten erforderlich gewesen waren.

Eine wie auch immer geartete ›materielle Kultur‹ kennt man von diesen ersten unserer Vorfahren vor 6 bis 2,5 Millionen Jahren bislang nicht – die frühesten einfachen Steinwerkzeuge tauchen vielmehr erst ganz am Ende der genannten Zeitperiode, vor etwa 2,5 Millionen Jahren, in der archäologischen Überlieferung des Schwarzen Kontinents auf (vgl. S. 31ff.). Um so seltsamer mutet ein annähernd 3 Millionen Jahre alter, absonderlicher Einzelfund aus einer Australopithecinenhöhle in Südafrika an, der bereits vor 76 Jahren ans Tageslicht kam und der so gar nicht in das Bild dieser ›aufrechtgehenden Schimpansen‹ zu passen scheint.

## Der ›Gesichtsstein‹ von Makapansgat

Es handelt sich um einen merkwürdig geformten Jaspiskiesel von auffälliger rotbrauner Farbe, den W. I. Eitzman 1925 in der Makapansgathöhle nördlich von Johannesburg entdeckte (Abb. 1.3). Der Stein stammte aus einer Schicht, in der bei späteren Ausgrabungen zahlreiche Knochenreste von Australopithecinen zutage kamen (vgl. S. 36f.); zur Zeit seiner Auffindung war von diesen freilich noch nichts bekannt – die Entdeckung der Gattung *Australopithecus* mit dem Fund des ›Taung-Kindes‹ lag damals ja gerade eben erst ein Jahr zurück (vgl. S. 24).

Dennoch ließ der erwähnte Kiesel schon allein aufgrund seiner seltsamen Form von Anbeginn eine Anwesenheit fruher Menschen oder Vormenschen in der Höhle vermuten. Das 7 x 8 cm große Stück weist neben seiner auffälligen und sofort ins Auge springenden Farbe nämlich auf einer Seite drei symmetrisch angeordnete Vertiefungen auf, die wie ein Mund und zwei Augen aussehen und unwillkürlich an ein menschliches Gesicht erinnern (Abb. 1.4a). Stellt man den Stein auf den Kopf oder dreht man ihn um, so meint

man in einigen anderen Furchen und Vertiefungen noch zwei weitere ›Gesichter‹ zu erkennen, von denen eines recht affenartig wirkt (Abb. 1.4b). Da Jaspis überdies in der Höhle nicht von Natur aus vorkommt, sondern erst in mehrere Kilometer entfernten Ablagerungen ansteht, kam man schon früh auf den Gedanken, daß der Kiesel möglicherweise wegen seines auffälligen Aussehens von Hominiden aufgesammelt und in die Höhle gebracht worden sein könnte.

Auch über einen möglichen künstlichen Ursprung oder zumindest eine gezielte Nachbearbeitung der Vertiefungen, die das erwähnte ›Gesicht‹ bilden, wurde hin und wieder spekuliert. Eine gründliche mikroskopische Untersuchung, die der australische Archäologe Robert G. Bednarik 1997 an dem Kiesel vornahm, hat in dieser Hinsicht jedoch ein gänzlich negatives Ergebnis erbracht. Alle erwähnten Furchen und Grübchen auf seiner Oberfläche sind, wie Bednarik feststellte, ausnahmslos natürlichen Ursprungs, und auch sonst zeigt das Stück nach den Worten des Forschers »keine Spur irgendeiner künstlichen Modifikation«. Allerdings habe er – so fügte der Archäologe in seinem Untersuchungsbericht hinzu – trotz einer reichen Erfahrung im Umgang mit Naturspielen der unterschiedlichsten Art »noch niemals einen natürlichen Stein mit solchen bemerkenswerten visuellen Eigenschaften gesehen«.[4]

Nach Bednariks mikroskopischen Analysen muß der Kiesel einige Zeit lang in einem langsam fließenden Fluß oder Strom gelegen haben, bevor er »wohl von einer Sandbank oder dergleichen aufgelesen und in die Makapansgathöhle getragen« wurde. Während frühere Bearbeiter das Interesse der Hominiden an dem Stein, das in einer solchen Mitnahme zum Ausdruck käme, in erster Linie auf seine ›Gesichtszüge‹ oder die auffallende rote Farbe zurückführten, sieht Bednarik indessen die »drohend starrenden Augen« des Kiesels als den entscheidenden Faktor an. Er weist in diesem Zusammenhang darauf hin, »wie tief das visuelle Konzept von ›Augen‹ – ganz besonders ›starrenden Augen‹ – in den perzeptiven Systemen zahlreicher Tierarten eingeprägt ist«, und nennt als Beispiel »die defensiven Augenzeichen« auf den Flügeln vieler Schmetterlinge und anderer Insekten. In jedem Fall lasse der offenkundige Transport des Stückes durch die Vormenschen es aber als berechtigt erscheinen, »in *Australopithecus* ein aufgewecktes, neugieriges Wesen zu vermuten, das imstande war, ein Kuriosum eine Zeitlang [mit sich] herumzutragen«.[5] Die-

*Abb. 1.3: Der ›Gesichtsstein‹ von Makapansgat unter dem Mikroskop. Es handelt sich um einen aufgrund seiner natürlichen Vertiefungen ›figurativ‹ wirkenden Jaspiskiesel aus einer 3 Millionen Jahre alten Australopithecinen-Fundstätte in Südafrika.*

*Abb. 1.4 a und b: Der ›Gesichtsstein‹ von Makapansgat in der Vorder- (links) und Rückansicht.*

ser ausgeprägte Sinn für das Außergewöhnliche und besonders für ›figurativ‹ geformte Objekte spielte auch in der weiteren Urgeschichte des Menschen noch eine wichtige Rolle, wie wir in Kap. 3 im einzelnen sehen werden.

## Späte Australopithecinen und erste Frühmenschen

Aus den älteren, ›grazilen‹ Australopithecinen gingen vor etwa 2,5 bis 2 Millionen Jahren nach und nach sehr viel ›robustere‹ Vertreter dieser Gattung hervor, die bis vor annähernd 1 Million Jahren in Ost- und Südafrika lebten (Abb. 1.1). Sie unterschieden sich von ihren Vorgängern vor allem durch einen deutlich massigeren Bau des Kauapparates und des Schädels insgesamt (Abb. 1.5). So besaßen die robusten Australopithecinen überaus kräftige Kiefer mit riesigen Backenzähnen, die zwei- bis dreimal so groß waren wie unsere heutigen und die ein Zermahlen selbst zähester Nahrung erlaubten. Die gleichfalls äußerst starken Muskeln, die zur Bewegung dieses gewaltigen Kauapparates erforderlich waren, setzten an einem knöchernen Scheitelkamm auf der Oberseite des Schädels an, wie ihn auch heutige Gorillas besitzen, und führten überdies zur Ausbildung weit ausladender Jochbögen, die den Gesichts-

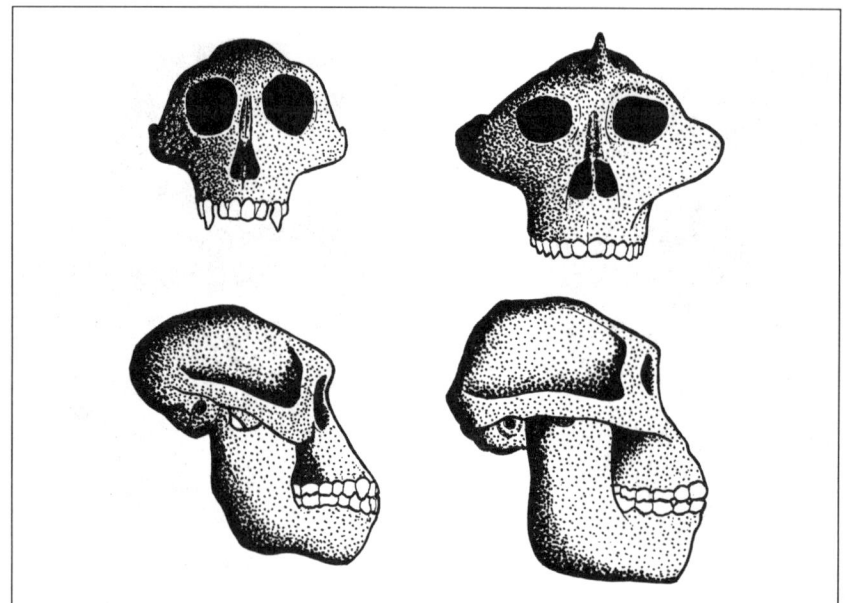

*Abb. 1.5:*
*Schädel eines*
*frühen, grazilen*
*(links) und eines*
*späten, robusten*
*(rechts) Australo-*
*pithecinen in der*
*Vorder- und*
*Seitenansicht.*
*Der linke Schädel*
*stammt von einem*
*Australopithecus*
*afarensis, der rechte*
*von einem Austra-*
*lopithecus boisei.*

schädel der robusten Australopithecinen stark verbreiterten (Abb. 1.5).

Diese Veränderungen müssen nach übereinstimmender Auffassung der Fachleute eine evolutionäre Anpassung an eine sehr viel härtere und schwerer zu kauende Nahrung gewesen sein, als sie zuvor üblich war. Genau um jene Zeit vor etwa 2,5 Millionen Jahren führten nämlich Klimaveränderungen zu einer zunehmenden Trockenheit in Afrika, die einen Rückgang der Waldgebiete und eine Ausdehnung der offenen Savannenlandschaften zur Folge hatte. Die dort zur Verfügung stehende pflanzliche Kost bestand aber überwiegend aus hartschaligen Samen, zähen Pflanzenfasern und mehligen Wurzeln oder Knollen, während weiche Blätter und fleischige Früchte, wie sie die frühen Australopithecinen in den seinerzeit noch ausgedehnteren Waldgebieten häufig genossen hatten, zur Mangelware wurden. Der Speisezettel geriet mit anderen Worten sehr viel einseitiger und insgesamt ›kerniger‹, und der gewaltige Kau- und Mahlapparat der robusten Australopithecinen (einschließlich der durch ihn verursachten Veränderungen im Schädelbau) war eine äußerst wirksame Anpassung an diese veränderte Umwelt- und Ernährungssituation.

Etwa gleichzeitig mit den robusten Australopithecinen entstanden in Ostafrika aus den grazilen Vormenschen aber auch die ersten Vertreter unserer eigenen Gattung *Homo*: Der vor etwa 2,5 bis 1,8 Millionen Jahren lebende *Homo rudolfensis* (benannt nach dem Turkanasee, vormals Rudolfsee in Kenia) und der aus der Zeit vor etwa 2 bis 1,5 Millionen Jahren belegte *Homo habilis* (wörtlich: ›fähiger Mensch‹). Diese beiden frühen *Homo*-Arten verfügten nicht über einen ähnlich ehrfurchterregenden Kauapparat wie ihre australopithecinen Zeitgenossen, sie besaßen statt dessen jedoch ein deutlich größeres Gehirn im Volumenbereich von 500 bis 800 cm³. Dieses vergrößerte und sich immer weiter entwickelnde Denkorgan ermöglichte es ihnen nach Überzeugung der meisten Paläanthropologen, auf die veränderten Umwelt- und Nahrungsbedingungen mit einer anderen und evolutionär letztlich erfolgreicheren ›Strategie‹ zu reagieren als die robusten Australopithecinen.

Ungefähr zeitgleich mit dem Auftauchen des *Homo rudolfensis* und des *Homo habilis* werden in der archäologischen Überlieferung nämlich auch zwei bis dahin unbekannte und zukunftsweisende Neuerungen aus dem Bereich der ›Verhaltensevolution‹ faßbar, nämlich die ersten Steinwerkzeuge und die frühesten eindeutigen Hinweise auf die Nutzung des Nahrungsmittels Fleisch. Wie wir gleich noch im einzelnen sehen werden, hing die zweite Neuerung anscheinend eng mit der ersten zusammen: Indem die frühen Vertreter der Gattung *Homo* ihre natürliche Körperausstattung durch selbstgefertigte technische Hilfsmittel zu erweitern begannen, gelang es ihnen offenbar, sich eine neue, zuvor vermutlich nur in sehr viel geringerem Maße genutzte Nahrungsquelle zu erschließen (vgl. S. 34f.). Vor 2,5 Millionen Jahren schlug mit anderen Worten die Geburtsstunde der *Kultur*, und indem sich unsere Vorfahren seitdem zunehmend kulturell und nicht mehr nur körperlich und genetisch an ihre Umwelt anpaßten, beschritten sie einen völlig neuen evolutionären Weg. Er sollte sich in seinen Konsequenzen als revolutionär erweisen, denn er machte aus aufrechtgehenden Affen und reinen ›Naturwesen‹ im Laufe von etwas mehr als 2 Millionen Jahren das ›Kulturwesen‹ Mensch, das dank seiner selbstentwickelten materiellen und technischen Hilfsmittel seine Umwelt schließlich sogar tiefgreifend zu verändern vermochte.[6] Durch das Beschreiten dieses Weges schuf, wie der britische Prähistoriker V. Gordon Childe bereits vor über 50 Jahren erkannte, »der Mensch sich selbst«,[7] und in diesem Sinne war es auch – wie der deutsche Paläanthropologe Friedemann Schrenk zu Recht anmerkt – »die Fähigkeit der Hominiden zu kulturellem Verhalten, die die Gattung *Homo*« vor 2,5 Millionen Jahren überhaupt erst »entstehen ließ«.[8]

## Erste Steinwerkzeuge, frühe Fleischnahrung

Frühhominide Steingeräte fanden sich erstmals während der fünfziger Jahre in 1,8 Millionen Jahre alten Schichten der Olduvai-Schlucht in Tansania – nach ihr werden diese ältesten

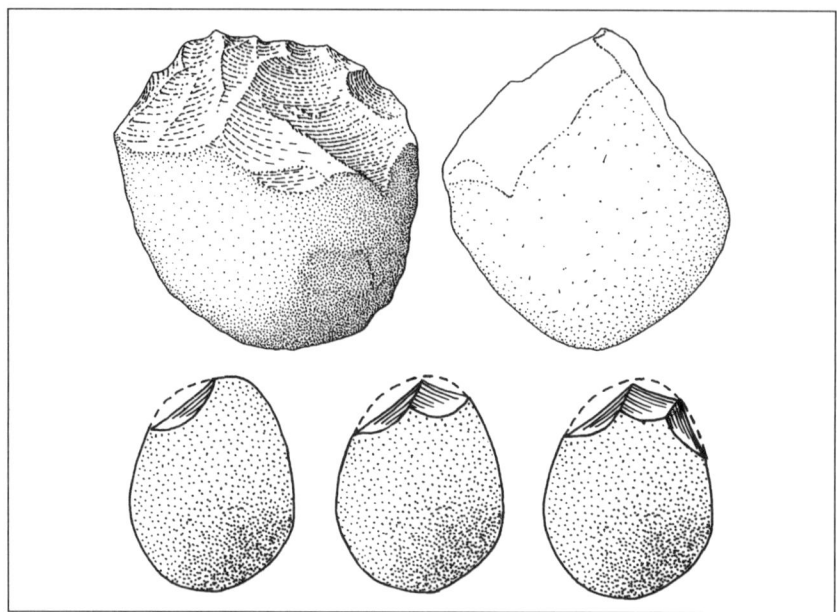

*Abb. 1.6:*
*Charakteristisches*
*Geröllgerät des*
*afrikanischen*
*›Oldowan‹ (oben)*
*und die Herstel-*
*lungstechnik*
*derartiger ›Pebble*
*tools‹ (unten).*

Werkzeuge der Menschheitsgeschichte auch als ›Oldowan-Industrie‹ bezeichnet. Charakteristisch für diese seither auch an vielen anderen afrikanischen Fundplätzen zutage gekommene Industrie sind ungefähr faustgroße Gerölle, von denen mit Hilfe eines zweiten, sogenannten ›Schlagsteins‹ eine Reihe von Splittern und ›Abschlägen‹ entfernt wurden, so daß eine einfache, zumeist unregelmäßig geformte Arbeitskante entstand (Abb. 1.6). Lange Zeit sahen die Archäologen in diesen sogenannten ›Geröllgeräten‹, ›Choppern‹ oder ›Pebble tools‹ die fast ausschließlichen Arbeitsmittel unserer frühen Vorfahren – intensivere Forschungen und praktische Experimente während der achtziger Jahre zeigten jedoch, daß sich auch die mit Hil-

fe der Schlagsteine von ihnen abgetrennten Abschläge, die man zuvor als reinen Arbeitsabfall betrachtet hatte, dank ihrer zum Teil äußerst scharfen Kanten ausgezeichnet zum Schneiden der verschiedensten Materialien und Naturstoffe eigneten. Die Fachleute sahen daher nun eine Zeitlang in ihnen die eigentlichen Werkzeuge und ›Zielprodukte‹ der frühhominiden Steinbearbeitungstechnik und ordneten die zuvor für so wichtig gehaltenen ›Geröllgeräte‹ nunmehr als reine Rohmaterialreste (›Kerne‹) ein, die nach dem Ablösen einiger Abschläge funktionell wertlos geworden und weggeworfen worden seien. Neuere Untersuchungen haben indessen auch an ihren Kanten und auf ihren Oberflächen eindeutige Gebrauchsspuren erkennen lassen, die vermutlich von stoßenden oder drückenden Tätigkeiten stammen. Aller Wahrscheinlichkeit nach fanden also *beide* Artefaktarten als Arbeitsgeräte Verwendung – die Abschläge vermutlich in erster Linie als ›Schneidemesser‹, die Geröllgeräte hingegen wohl eher als ›Hammer-‹ oder Quetschsteine.

Die ältesten derzeit bekannten Artefakte dieses Oldowan-Typs entdeckten amerikanische Forscher um Sileshi Semaw in den Jahren 1992 bis 1994 in rund 2,5 Millionen Jahre alten Schichten des äthiopischen Gona-Tals. Die Wissenschaftler schlossen aus der bereits recht gekonnten Machart dieser Geräte, daß ihre Verfertiger vermutlich »keine Neulinge« in der Technik der Steinbearbeitung mehr waren, und sagten aus diesem Grunde voraus, daß man eines Tages »noch ältere Artefakte« finden werde.[9]

*Wie* gut die ersten Werkzeughersteller ihr Handwerk tatsächlich bereits beherrschten, das machten 1997 dann Ausgrabungen an einem 2,34 Millionen Jahre alten Fundplatz namens Lokalalci 2c unweit des Turkanasees in Kenia deutlich. Ein internationales Team unter Leitung des französischen Forschers H. Roche fand dort auf nur 17 m² Fläche mehr als 2300 Steinabschläge, 70 Lavabrocken, von denen die Abschläge entfernt worden waren, sowie 17 Schlagsteine, mit denen man das Rohmaterial zerlegt hatte. Es handelte sich mit anderen Worten um einen nahezu kompletten Werkplatz, der einzigartige Einblicke in die Steinver-

arbeitungstechnik vor über 2,3 Millionen Jahren vermittelte.

Die große Anzahl und der ausgezeichnete Erhaltungszustand der Abschläge ermöglichten es den Forschern, mehr als 200 von ihnen paßgenau wieder aneinanderzufügen und an die Kernsteine anzupassen, von denen sie einst abgetrennt worden waren (Abb. 1.7). Bei dieser Puzzlearbeit zeigte sich deutlich, daß die Hominiden offenbar schon zu dieser frühen Zeit eine ausgefeilte ›Strategie‹ zur optimalen Ausnutzung des Rohmaterials entwickelt hatten, die es ihnen erlaubte, aus einem einzigen Lavabrocken bis zu 30 verschiedene Abschläge zu gewinnen. Eine solch zielgerichtete und optimierte Vorgehensweise setzte aber gewiß ein beträchtliches Maß an Planung und technischem Geschick voraus und belegt damit, daß die damaligen Hominiden bereits über sehr viel »größere kognitive Fähigkeiten und ein größeres motorisches Geschick verfügten als bisher angenommen«, wie Roche und seine Kollegen aus ihren Untersuchungen schlossen.[10]

Wozu Steinabschläge wie die aufgefundenen im einzelnen verwendet wurden, darüber gaben die Stationen Gona und Lokalalei 2c leider keine Auskunft – doch vermochten jüngste Entdeckungen an einem anderen afrikanischen Fundplatz auch diese Frage zumindest zum Teil zu beantworten. In einer 2,5 Millionen Jahre alten Schicht des äthiopischen Awash-Tals, das nur knapp 100 km von Gona entfernt liegt,

*Abb. 1.7: Zur Steingeräteherstellung verwendeter Lavabrocken von dem 2,3 Millionen Jahre alten Fundplatz Lokalalei 2c in Kenia, der aus den daraus gefertigten Abschlägen wieder zusammengesetzt wurde.*

fand ein Team unter Leitung der Paläanthropologen Tim White (vgl. S. 23) und Berhane Asfaw sowie des Archäologen J. Desmond Clark nämlich 1996 und 1997 zahlreiche Knochen von Antilopen, Pferden und anderen Tieren, auf denen sich unter dem Rasterelektronenmikroskop eindeutige Schnittspuren von Steinwerkzeugen erkennen ließen. Sie waren offenkundig beim Ablösen des Fleischs von den Knochen entstanden; aus einem Antilopenkiefer hatte man überdies die Zunge herausgeschnitten, und einige der Knochen waren an ihren Enden mit Hammersteinen aufgebrochen worden – vermutlich, um an das fettreiche und nahrhafte Mark in ihrem Inneren zu gelangen.[11]

Es handelt sich bei diesen Zerlegungsspuren um die bislang ältesten zweifelsfreien Belege für frühmenschliche Fleischnutzung überhaupt. Sie lassen zwar noch nicht mit Sicherheit erkennen, ob die Tiere, die hier entfleischt wurden, Jagdbeute der Hominiden oder auf natürliche Weise verendet waren. Sie widerlegen aber überzeugend die seit den achtziger Jahren weitverbreitete Auffassung, unsere älteren Vorfahren seien zur Fleischgewinnung überhaupt noch nicht in der Lage gewesen und hätten von den in der afrikanischen Savanne zahlreich herumliegenden Tierkadavern bestenfalls ein wenig Knochenmark und ein paar Sehnen ergattern können, nachdem überlegene tierische Aasfresser wie Hyänen, Geier und Löwen sich

KAPITEL 1 – DIE ENTSTEHUNG UND ERSTE AUSBREITUNG DES MENSCHEN

an dem Fleisch sattgefressen hatten. Die erwähnten Schnittspuren zeigen entgegen dieser Behauptung eindeutig, daß sich tatsächlich schon die Hominiden vor 2,5 Millionen Jahren mit Hilfe ihrer Steinwerkzeuge beträchtliche Fleischportionen zu sichern vermochten.[12]

Damit aber werden schon seit langem geäußerte Vermutungen über einen engen Zusammenhang zwischen Werkzeuggebrauch, verstärktem Fleischgenuß und dem Prozeß der Menschwerdung sehr viel plausibler. Das Gehirn, das bei den frühen Vertretern der Gattung *Homo* so auffallend stark wuchs (vgl. S. 31) und das gewiß der ›Motor‹ des Hominisationsprozesses war, ist nämlich ein sehr energieaufwendiges Organ und dürfte von der überaus fett- und kalorienreichen Fleischkost mit Sicherheit erheblich profitiert haben. Für deren Gewinnung benötigten die Hominiden aber unbedingt ihre steinernen ›Schneidemesser‹ und ›Hämmer‹, wie sie in Gona und Lokalalei 2c so zahlreich gefunden wurden, denn nur mit ihrer Hilfe war es ihnen ohne ein Raubtiergebiß und ohne Raubtierkrallen möglich, auch die Kadaver vergleichsweise großer und dickhäutiger Tiere wie der Pferde und Antilopen im Awash-Tal aufzubrechen und zu zerlegen, vor allem aber an das in ihren Knochen verborgene, ausgesprochen fette und nahrhafte Knochenmark heranzukommen. Die Erfindung der Steinwerkzeuge ermöglichte ihnen also überhaupt erst die sehr viel üppigere, proteinreichere Ernährung, und die Herstellung und Weiterent-

wicklung dieser Geräte dürfte wiederum ihre technischen und kulturellen Fähigkeiten wesentlich stimuliert haben.

Vor 2,5 Millionen Jahren setzte also allem Anschein nach ein komplexer, sich selbst verstärkender Prozeß ein, an dem mehrere unterschiedliche Wirkkräfte beteiligt waren und der über kurz oder lang dazu führte, daß sich das Verhalten und die Lebensweise einiger Hominiden in eine ›frühmenschliche‹ Richtung zu entwickeln begann. Doch war dies wirklich nur bei den frühen Vertretern der Gattung *Homo* der Fall? Wegen ihrer voluminöseren Gehirne und ihres vermuteten größeren evolutionären Erfolgs trauen ihnen die meisten Urmenschenforscher solche ›höheren‹, proto-kulturellen Verhaltensleistungen zwar wie erwähnt eher zu als den gleichzeitig lebenden Australopithecinen (vgl. S. 31) – doch ließ sich diese anscheinend so plausible Verknüpfung bislang nicht durch wirklich schlüssige archäologische Beweise untermauern. Die Forschungsergebnisse an mehreren Fundplätzen des Oldowan lassen vielmehr ausdrücklich auch andere Deutungsmöglichkeiten zu.

So entdeckten White und seine Kollegen beispielsweise keine 300 m von den beschriebenen Tierknochen im Awash-Tal entfernt etwa gleichalte Schädelreste eines Australopithecinen, die sie wegen ihrer besonderen anatomischen Merkmale einer neuen Spezies *Australopithecus garhi* zuordneten. In nur einem Meter Entfernung von den Tierfossilien stießen sie überdies auf mehrere hominide Arm- und Beinknochen, die sich leider nicht mehr zuverlässig einer bestimmten Art oder Gattung zuordnen ließen. Die Forscher vermuten aufgrund der zeitlichen und räumlichen Nähe der Funde jedoch, daß sie alle von der gleichen Hominidenart stammen und daß es mithin keineswegs frühe Vertreter der Gattung *Homo*, sondern vielmehr Vormenschen der Art *Australopithecus garhi* gewesen seien, die die aufgefundenen Tiere zerlegten und die dazu erforderlichen Steingeräte anfertigten. Träfe diese – leider unbewiesene und auch kaum beweisbare – Hypothese zu, dann hätte zumindest dieser Australopithecinentyp ebenfalls die kulturelle Fähigkeit zur Herstellung von Werkzeugen und zur Gewinnung von Fleisch mit ihrer Hilfe besessen; White und seine Kollegen möchten ihn aus diesem Grund auch als unmittelbaren Vorfahr des Menschen und als Ausgangspunkt der *Homo*-Linie ansehen, obwohl sein Gehirnvolumen nur etwa 450 cm³ betrug.

Ebensogut wäre es aber auch denkbar, daß die Steingerätetechnologie ein gemeinsames Gut *aller* oder zumindest *einiger* der Hominiden war, die seit etwa 2,5 Millionen Jahren in Afrika nebeneinanderlebten. Träfe diese Vermutung zu, dann wären auch die späten, ›robusten‹ Australopithecinen mit ihren massigen Schädeln und ihrem vergleichsweise kleinen Gehirn (vgl. S. 30) nicht jene kulturunfähigen und affenähnlichen Kreaturen gewesen, als die man sie in der Gegenüberstellung mit den er-

sten Vertretern der Gattung *Homo* gerne beschreibt (vgl. S. 31), sondern vielmehr ›protokulturelle‹ Wesen. Und in der Tat deuten Befunde aus einer 2 bis 1 Million Jahre alten Fundstätte in Südafrika darauf hin, daß auch sie durchaus zu den Herstellern und Benutzern der Oldowan-Steingeräte gehört haben könnten und daß sie möglicherweise auch sonst ein erstaunlich differenziertes und entwickeltes Verhalten an den Tag legten.

## Die ›Knochenspatel‹ von Swartkrans

Schon seit Beginn des 20. Jahrhunderts wurden die Höhlen des südafrikanischen Transvaal wegen des in ihnen abgelagerten hochwertigen Kalksteins industriell ausgebeutet, und dabei stieß man vielerorts – neben Unmengen von Tierknochen – auch auf die Skelettreste früher Hominiden. Die durch den Kalkabbau angeschnittenen Fundschichten wurden später in teilweise langjährigen Ausgrabungen paläontologisch und archäologisch untersucht, und dadurch wurde die südafrikanische Nordprovinz das nach dem ostafrikanischen Grabenbruch wichtigste Fundgebiet von Fossilien unserer frühesten Urahnen in Afrika.

In einer dieser Höhlen namens Swartkrans bargen mehrere Forscherteams seit den vierziger Jahren an die 150 hominide Schädel- und Skelettreste. Sie fanden sich in drei großen, nach naturwissenschaftlichen Datierungen 1,8 bis 1 Million Jahre alten Schichtkomplexen (›Member 1-3‹) und stammten zum größten Teil vom *Australopithecus robustus*, einem späten Vormenschen, der um diese Zeit in Südafrika lebte. Daneben kamen in den beiden älteren der drei Schichteinheiten auch Schädelteile früher Vertreter der Gattung *Homo* zutage, deren genaue artliche Zuordnung (möglicherweise *Homo habilis*?) allerdings umstritten ist.

Unter den zahlreichen in der Höhle aufgefundenen Fossilien des *Australopithecus robustus* befanden sich auch eine ganze Anzahl von Hand- und Fingerknochen, die fundierte Aussagen über das anatomische Vermögen dieses Vormenschen zur Werkzeugherstellung erlaubten. Danach besaß der Hominide kräftige und gut bewegliche Daumen, die er den übrigen Fingern – welche im Gegensatz zu denen der Menschenaffen und der frühen Australopithecinen nicht gekrümmt, sondern weitgehend gerade waren – gegenüberzustellen, d.h. zu ›opponieren‹ vermochte. Er war damit anatomisch zu dem charakteristischen ›Präzisionsgriff‹ in der Lage, den außer uns Menschen kein anderer heutiger Primat ausführen kann und ohne den die Herstellung und der Gebrauch von Werkzeugen unmöglich wäre. »Alle wesentlichen Indikatoren für den verfeinerten Präzisionsgriff, (...) die man beim *Homo habilis* und den späteren Hominiden identifizierte, sind auch bei den fossilen Handknochen (...) aus Swartkrans vorhanden«, stellten der langjährige Ausgräber der Höhle, C. K. Brain, und

andere Wissenschaftler seines Teams 1988 fest. »Daher gibt es ebenso viele morphologische Gründe dafür, dem *Australopithecus robustus* die Fähigkeit zur Werkzeugherstellung zuzuschreiben, wie irgend einem anderen frühen Hominiden«.[13] Das war ein unverhohlener Seitenhieb gegen die erwähnte Lehrmeinung, nur die frühen *Homo*-Formen hätten Steingeräte zu verfertigen und zu benutzen vermocht und der Werkzeuggebrauch tauge damit als striktes Kriterium zu ihrer Abgrenzung von den Australopithecinen.

Tatsächlich enthielt die Swartkrans-Höhle zahlreiche Steingeräte einer etwas komplexeren Machart, als wir sie an den beschriebenen Fundplätzen des frühesten Oldowan (vgl. S. 32f.) kennengelernt haben (sogenanntes ›Developed Oldowan‹). Die Frage nach ihren Herstellern konnte für zwei der drei fundführenden Schichten aber leider nicht sicher beantwortet werden, weil sich in ihnen wie erwähnt sowohl Knochenreste robuster Australopithecinen als auch früher *Homo*-Individuen befanden. In dem dritten, jüngsten Schichtkomplex aus der Zeit vor ca. 1,5 bis 1 Million Jahren (›Member 3‹) fehlten dagegen jegliche klar identifizierbaren *Homo*-Fossilien, so daß dort der – durch mindestens neun Individuen belegte – *Australopithecus robustus* als der wahrscheinlichste Verfertiger der Geräte gelten kann. Nach Vermutung Brains und seiner Kollegen dienten sie dem ja mutmaßlich vorwiegend vegetarischen Hominiden (vgl. S. 30) in erster Linie »zur Beschaffung und vielleicht auch Zubereitung pflanzlicher Nahrung« und nicht so sehr von Fleisch. Es wäre damit eher »eine verschiedenartige Verwendung dieser Geräte« als ihre Anfertigung und Benutzung als solche gewesen, die den Unterschied zwischen den späten Australopithecinen und dem frühen *Homo* ausmachte.[14]

Zur Gewinnung ihrer täglichen Nahrung griffen die Hominiden der Swartkrans-Höhle aber offenbar auch auf Hilfsmittel aus einem anderen, überreichlich zur Verfügung stehenden Material zurück – auf Tierknochen nämlich. Seit wann und in welchem Maße dieser natürliche Rohstoff zur Herstellung paläolithischer Artefakte verwendet wurde, ist in der Fachwelt eine kontrovers diskutierte Frage (vgl. auch Kap. 4). Der Pionier der modernen Vormenschenforschung in Südafrika – der Anatom Raymond Dart – stellte in den fünfziger Jahren aufgrund von Funden in der bereits erwähnten Makapansgat-Höhle (vgl. S. 27ff.) die Hypothese auf, schon die frühen Australopithecinen hätten lange Zeit vor der Erfindung der Steingeräte eine sogenannte ›osteodontokeratische Kultur‹ von Werkzeugen und Waffen aus Knochen, Zähnen und Horn gekannt. Doch seinem Schüler Brain – dem Ausgräber von Swartkrans (vgl. S. 37) – gelang in den sechziger und siebziger Jahren mit peniblen und für die weitere Forschung wegweisenden Untersuchungen der Nachweis, daß Dart sein Fundmaterial falsch interpretiert und von

Raubkatzen oder tierischen Aasfressern hinterlassene und zerbissene Beutetierknochen irrtümlich für Werkzeuge und Waffen der Hominiden gehalten hatte.[15] Mit dieser Erkenntnis brach die Theorie von der ›osteodontokeratischen Kultur‹ vollständig in sich zusammen, und angebliche oder tatsächliche Knochenwerkzeuge aus dem älteren Paläolithikum stoßen seither auf beträchtliches Mißtrauen in der Fachwelt und werden von den Archäologen mit Argusaugen überprüft (vgl. auch Kap. 4).

Es mutet wie Ironie an, daß ausgerechnet der Skeptiker Brain dann während der achtziger Jahre selbst in der Swartkrans-Höhle Tierknochen fand, die zweifelsfrei von Hominiden als Hilfsmittel verwendet worden waren – wenn es sich auch noch nicht um aufwendig zugerichtete ›Werkzeuge‹ handelte und wenn sie auch aus Ablagerungen stammten, die wesentlich jünger waren als die seinerzeit von Dart ausgewerteten. Es waren rund 70 Knochen aus den drei erwähnten Schichten der Swartkrans-Höhle, die bei mikroskopischen Untersuchungen eindeutige Hinweise darauf erbrachten, daß sie vor 1,8 bis 1 Million Jahren als Geräte benutzt worden waren.

Bei den meisten dieser Fundstücke handelte es sich um Fragmente von Tierhörnern oder um 10 bis 20 cm lange, gerade Splitter von tierischen Langknochen, die an einem Ende durch mechanische Beanspruchung stark abgenutzt waren und sich dort zu einer abgerundeten Spitze verjüngten (Abb. 1.8). Ihre Oberfläche

KAPITEL 1 – DIE ENTSTEHUNG UND ERSTE AUSBREITUNG DES MENSCHEN

*Abb. 1.8: An ihren Spitzen stark abgearbeitete Knochengeräte aus der Swartkrans-Höhle in Südafrika.*

zeigte unter dem Rasterelektronenmikroskop ein charakteristisches Muster aus feinen Längskratzern und gelegentlichen Querschrammen; wie das Team um Brain durch praktische Experimente herausfand, entstehen annähernd ähnliche Gebrauchsspuren, wenn man mit frischen und von Natur aus spitzen Knochensplittern wie mit einer schmalen ›Schaufel‹ in der Erde gräbt.

Bemerkenswerterweise wachsen nun an den Berghängen im Umkreis der Swartkrans-Höhle bis heute sehr zahlreich zwei Pflanzenarten (*Scilla marginata* und *Hypoxis costata*), deren Wurzeln bzw. Knollen eßbar sind und hin und wieder von Pavianen mit den Händen ausgewühlt und anschließend verzehrt werden. Wie die Versuche der Wissenschaftler zeigten, lassen sie sich indessen sehr viel besser und leichter mit ›Knochenspateln‹ wie den in der Höhle aufgefundenen ausgraben. Durch das Stochern im Erdreich entstehen dabei auf der Oberfläche der Knochen charakteristische Längskratzer und durch die Berührung mit scharfkantigen Steinen Querschrammen, die in etwa denen auf den Knochengeräten aus der Höhle ähneln. Allerdings bilden sich diese Arbeitsspuren erst

nach einem längeren Gebrauch der Spatel heraus – die Forscher um Brain folgerten daher,
daß die in den über 1 Million Jahre alten
Schichten von Swartkrans aufgefundenen Exemplare »viele Tage lang zum Graben benutzt«
worden sein müßten.[16]

»Das regelmäßige Vorkommen dieser Grab-
werkzeuge in allen drei untersuchten Schichten
ist ein Hinweis darauf«, so schrieben die Wissenschaftler weiter, »daß ihr Gebrauch eine lang-
anhaltende Tradition unter den Hominiden
des Transvaal-Graslandes war, und es ist wahrscheinlich, daß sowohl *Australopithecus robustus* als auch *Homo* sie benutzten«.[17] Zwar fand
sich über die Hälfte dieser Knochenartefakte in
eben jener Schicht, in der nur Australopithecinenreste nachgewiesen werden konnten; chemische Untersuchungen ergaben aber während
der letzten Jahre, daß ein der Gattung *Homo*
zugeschriebenes Schädelfragment aus einem
der älteren Horizonte einen auffallend hohen
Strontium/Calcium-Gehalt aufweist, wie er
auch für die erwähnten Pflanzenwurzeln von
den Hängen des Fundplatzes charakteristisch
ist. Die Bearbeiter der Daten schlossen daraus,
daß auch die frühen *Homo*-Individuen von
Swartkrans diese Wurzeln verzehrt haben müßten und daß folglich wohl auch ein Teil der
knöchernen ›Grabstöcke‹ in der Höhle von ihnen stammte.

Insgesamt schienen diese bemerkenswerten
Befunde also darauf hinzudeuten, daß Pflanzenwurzeln und -knollen eine wichtige Rolle
in der Ernährung der Hominiden der Fundstätte gespielt hatten und daß die beschriebenen Knochengeräte ihnen dabei halfen, sich
diese hochwertige unterirdische Nahrungsres-
source zu erschließen, die für andere Tiere wegen ihrer schwierigen Erreichbarkeit nur eingeschränkt zugänglich war. Dieses Ergebnis
erschien nicht zuletzt auch deshalb überaus
plausibel und überzeugend, weil sich die Menschen in vielen Regionen Afrikas noch heute
namentlich während der Trockenzeit zu einem
wesentlichen Teil von solchen unterirdischen
pflanzlichen Speicherorganen ernähren, die
sehr viel Stärke enthalten. Der Befund von
Swartkrans paßte auch gut zu einer Theorie,
wonach der Verzehr solcher Wurzeln und
Knollen – und nicht der Fleischgenuß – der
entscheidende Faktor gewesen sein soll, der das
Gehirnwachstum und andere wichtige Veränderungen in den Anfängen der Gattung *Homo*
in Gang setzte (vgl. S. 35). Die Verfechter dieser
Theorie weisen unter anderem darauf hin, daß
sich die Nahrhaftigkeit und Bekömmlichkeit
dieser im Rohzustand eher schwer zu kauen-
den und zu verdauenden Kost durch Kochen
oder Rösten über dem Feuer beträchtlich erhöhen läßt und daß der Nährwert von Knollen
nach dem Erhitzen sogar an den von Fleisch
heranreichen kann. In diesem Zusammenhang
schien wiederum der Umstand von Interesse,
daß in der jüngsten, 1,5 bis 1 Million Jahre alten
Schicht der Swartkrans-Höhle (›Member 3‹)
über 250 angesengte Tierknochen gefunden

wurden, die zu den bislang ältesten Hinweisen für eine Feuernutzung auf der ganzen Welt zählen. Saßen an diesen Feuern also möglicherweise späte Australopithecinen oder frühe Angehörige der Gattung *Homo* und rösteten sich die Pflanzenwurzeln, die sie mit Hilfe ihrer knöchernen Spatel aus der Erde geholt hatten?

Die verschiedenen Mosaiksteinchen schienen nahezu perfekt zusammenzupassen, und doch wurde das aus ihnen zusammengefügte Bild einer frühen Wurzelgräber- und Knollenesserkultur durch jüngste Forschungsergebnisse fast über Nacht hinfällig. Im Jahr 2000 untersuchten nämlich die südafrikanische Paläanthropologin Lucinda R. Backwell und der französische Prähistoriker Francesco d'Errico die 68 Knochenartefakte von Swartkrans (zuzüglich 16 weiterer, die sie unter den Tierresten aus der Höhle identifiziert hatten) erneut, und ihre sehr viel gründlichere und aufwendigere Analyse ergab ein von der ersten Untersuchung deutlich abweichendes Resultat.

Die beiden Forscher verglichen die nunmehr 84 Artefakte nicht nur mit über 13 000 Knochen aus verschiedenen fossilen und modernen Inventaren, die durch natürliche Wirkkräfte wie Raubtierverbiß, Wassereinfluß oder Windschliff verändert worden waren, sondern auch mit knapp einem Dutzend Fragmenten von Antilopenknochen und -hörnern, mittels derer sie selbst experimentell in unterschiedlichem Erdreich nach Wurzeln gegraben oder aber die harte Erdkruste von Termitenhügeln gewalt-

sam geöffnet und das Innere der Bauten nach den ameisenartigen Insekten durchwühlt hatten. Ihr Ergebnis: Die Kratzer und Schrammen auf den Fundstücken aus der Swartkrans-Höhle stimmen weniger mit denen auf den Knochen überein, die zum experimentellen Wurzelausgraben benutzt wurden, als vielmehr mit denen auf den zum Aufbrechen der Termitenbauten verwendeten Exemplaren. Bei der Verwendung als Grabstock im Boden sind, wie die beiden Forscher durch fotografische Makroaufnahmen (Abb. 1.10) und exakte Feinmessungen überzeugend nachweisen konnten, die Längskratzer sehr viel kräftiger ausgebildet und die durch Berührungen mit Steinen verursachten Querschrammen (vgl. S. 40) sehr viel häufiger zu finden als auf den paläolithischen Artefakten. Bei der Verwendung zum Öffnen der Termitenhügel, die aus sehr feinem und steinlosem Erdmaterial bestehen, bilden sich hingegen fast ausschließlich jene feinen und kantenparallelen Längskratzer, die auch für die meisten Fundstücke aus der Swartkrans-Höhle charakteristisch sind (Abb. 1.9).

Die Übereinstimmung geht so weit, daß sich – wie Backwell und d'Errico feststellen – »die Gebrauchsspuren auf den Swartkrans-Artefakten und auf den zum experimentellen Termitengraben verwendeten Geräten praktisch nicht voneinander unterscheiden« lassen. Die beiden Forscher schließen daraus, daß die über 1 Million Jahre alten Artefakte offenbar »vorwiegend dazu benutzt wurden, Termitenhügel in der

*Abb. 1.9: Die Spitzen verschiedener Knochengeräte in Makroaufnahmen. Links ein Knochenartefakt aus der Swartkrans-Höhle, das die gleichen feinen Längskratzer zeigt wie ein experimentell zum Termitenausgraben verwendetes modernes Gerät (rechts).*

Umgebung von Swartkrans zu öffnen«, und »weniger dazu, Wurzeln auszugraben«.[18] Diesen Schluß hat mittlerweile auch die amerikanische Anthropologin Pat Shipman, die maßgeblich an den früheren Untersuchungen Brains beteiligt war, in einem zustimmenden Kommentar zu den neuen Resultaten anerkannt und bestätigt, und in der Tat lassen sich weitere gute Argumente zu seiner Untermauerung ins Feld führen.

So heben Backwell und d'Errico beispielsweise zu Recht hervor, daß »Termiten eine wertvolle Quelle von Eiweiß, Fett und essenti-

ellen Aminosäuren« bilden und daß sie nicht weniger als »560 Kilokalorien pro 100 g [Nahrung] liefern«, während »ein Rumpsteak [nur] 322 Kilokalorien und Kabeljau [nur] 74 Kilokalorien je 100 g« enthält. Die beiden Wissenschaftler weisen ferner darauf hin, daß auch aus Sterkfontein und Drimolen – zwei anderen Fundstätten in der Nähe von Swartkrans – mehr als 20 Knochenartefakte mit ganz ähnlichen Gebrauchsspuren bekannt sind, so daß »das Auswühlen von Termiten mit Hilfe knöcherner Geräte« offenbar »eine konstante Komponente im Ernährungsverhalten der

*Abb. 1.10: Zwei zum Ausgraben von Wurzeln und Knollen verwendete moderne Knochengeräte, die sehr viel zahl-reichere und kräftigere Querschrammen zeigen als die beiden links abgebildeten Exemplare.*

frühen Hominiden dieser Region« war.[19] Damit tritt, wie Pat Shipman in ihrem erwähnten Kommentar schreibt, »der Insektenverzehr, der in der viele tausend Seiten umfassenden Literatur über die Bestandteile der frühhominiden Ernährung kaum jemals viel Aufmerksamkeit fand«,[20] ganz plötzlich in den Mittelpunkt des Interesses, und er vermag vielleicht auch einen anderen etwas merkwürdigen Befund zu erklären, der in den letzten Jahren für Stirnrunzeln unter den Paläanthropologen sorgte. Analysen der Kohlenstoffisotope im Zahnschmelz verschiedener südafrikanischer Australopithe-

cinenarten – darunter auch des Australopithecus robustus aus der Swartkrans-Höhle – ergaben nämlich 1999, daß diese Vormenschen offenbar wesentlich größere Mengen an Kohlenstoff 13 zu sich genommen hatten, als dies bei vorwiegend von Früchten, Nüssen oder Wurzeln lebenden Hominiden (vgl. S. 30f.) eigentlich zu erwarten wäre.

Dieses Resultat führte seinerzeit zu Spekulationen über einen möglicherweise schon sehr viel früheren Beginn der Fleischnutzung bei den ›Menschenartigen‹ als bisher angenommen (vgl. S. 34f.), doch einzelne Experten wiesen bereits damals darauf hin, daß das C 13 ebensogut vom Verzehr bestimmter Insekten wie beispielsweise Termiten stammen könne. Diese Vermutung scheint sich jetzt durch die Ergebnisse von Backwell und d'Errico bestätigt zu haben.

Die vermeintlichen Knollenausgräber von Swartkrans sind damit – zumindest was die Verwendung der aufgefundenen Knochenspatel betrifft – unvermittelt zu passionierten Termitensammlern geworden, und die neue Hypothese ist, wie wir gesehen haben, nicht weniger einleuchtend und paßt auch nicht weniger gut mit anderen Fakten zusammen als die alte – eine zweifellos sehr aufschlußreiche, aber auch ein wenig bedenklich stimmende Lektion über die Fragilität und Schnellebigkeit des archäologischen Wissens.

Die neuen Resultate erscheinen nicht zuletzt deshalb besonders überzeugend, weil man schon seit langem weiß, daß auch heutige Schimpansen gern und oft mit Grashalmen oder abgebrochenen Zweigen in Termitenbauten herumstochern und die Insekten mit Hilfe dieser pflanzlichen ›Angeln‹ aus ihren Einfluglöchern ›herausfischen‹. Der von Backwell und d'Errico vermutete Gebrauch der fossilen Knochenspatel zum gewaltsamen Öffnen von Termitenbauten wäre also nur eine Ausweitung dieser auch bei unseren nächsten Verwandten im Tierreich zu beobachtenden Verhaltensweise gewesen, und das macht die Hypothese noch sehr viel glaubwürdiger.

Brain und Shipman meinten bei ihren Untersuchungen an den Knochenartefakten von Swartkrans in den achtziger Jahren indessen noch andere Gebrauchsspuren feststellen zu können, die auf ein weit darüber hinausgehendes, spezifisch ›menschliches‹ Verhalten hindeuten würden, wie es ja auch durch die aufgefundenen Steinwerkzeuge belegt ist. Die beiden Forscher entdeckten an sieben der knöchernen Spatel nämlich eine merkwürdige Art von ›Politur‹, die die beschriebenen Arbeitskratzer und -schrammen überlagerte. Wie man aus Experimenten und völkerkundlichen Beobachtungen weiß, entsteht ein solcher ›Gebrauchsglanz‹ an Knochen vor allem durch direkten Kontakt mit weichen Materialien wie beispielsweise Leder über längere Zeiträume hinweg. Brain und Shipman äußerten daher 1988 den Verdacht, die Politur an den Geräten aus der Höhle könne möglicherweise durch ein »Scheuern an Häuten« verursacht worden sein, »die man für Transportzwecke benutzte« – die südafrikanischen Hominiden hätten mit anderen Worten vor über 1 Million Jahren vielleicht schon »einfache Transportbehältnisse gekannt, in denen sie ihre Geräte und gesammelten Nahrungsmittel mit sich herumtrugen«.[21]

In der Tat wäre ein systematisches Sammeln kleinteiliger Nahrungsmittel wie Früchte, Knollen oder Nüsse ohne derartige ›Behälter‹ aus Fell oder Tierhäuten kaum möglich gewesen, sofern man die Kost nicht sofort nach dem Pflücken oder Auswühlen verzehrte, wie es die heutigen Schimpansen und Paviane zu tun pflegen (vgl. S. 40). Viele Fachleute vermuten allein schon aus diesem praktischen Grund, daß die Hominiden des Oldowan über einfache Fellbeutel oder Ledersäcke verfügt haben müssen, und derartige Behältnisse wären auch eine enorme Erleichterung auf den langen Fußmärschen gewesen, die unsere Urahnen Tag für Tag auf der Suche nach Nahrung in ihren Schweifgebieten unternehmen mußten. Als ein wirklicher *Beweis* für das Vorhandensein solcher Transporthilfen kann der erwähnte Gebrauchsglanz auf den Knochengeräten von Swartkrans indessen keinesfalls gelten, zumal auch die Neubearbeiter Backwell und d'Errico seine Relevanz offengelassen haben. Doch auf solche hieb- und stichfesten Beweise wird man in der Paläolithikum-Archäologie ohnehin zumeist vergeblich warten, wenn es um so leicht vergängliche Materialien wie Häute, Felle oder Leder geht (vgl. Kap. 2 und 4).

Als letzter mutmaßlicher Artefakttyp fanden sich in der Swartkrans-Höhle schließlich noch drei kleine, pfriemen- oder ahlenartige Knochensplitter, die nach den Untersuchungen Brains und Shipmans dazu verwendet worden sein könnten, feine »Löcher in Tierhäute oder andere weiche Materialien zu bohren«.[22] Durch solche Löcher hätte sich anschließend leicht eine Pflanzenfaser oder Tiersehne ziehen lassen – ein einfaches Verfahren des ›Nähens‹, das vor der Erfindung der durchbohrten knöchernen Nähnadel im späten Jungpaläolithikum mit Si-

cherheit weithin üblich war. Es wäre allerdings eine gewaltige Überraschung, wenn die Hominiden es tatsächlich bereits in so früher Zeit gekannt hätten, und angesichts der Revision von Brains und Shipmans übrigen Ergebnissen im Verlauf der Neuuntersuchungen ist hier vielleicht doch eher eine gewisse Skepsis angebracht.

## Faustkeilrätsel

Aus den ältesten *Homo*-Formen ging in Afrika vor annähernd 2 Millionen Jahren der *Homo erectus* (›aufgerichteter Mensch‹) hervor, der als erster wirklicher Frühmensch schon seit langem eine Schlüsselrolle in der Wissenschaft von unseren fossilen Vorfahren spielt. Bereits seine frühesten afrikanischen Vertreter, die heute von vielen Fachleuten auch als *Homo ergaster* bezeichnet werden, verfügten über Gehirne mit einem Volumen von 800 bis 900 cm$^3$ und besaßen damit ein wesentlich größeres Denkorgan als alle vorangegangenen Hominidenarten – dieser Wert steigerte sich im Verlauf der mehr als 1,5 Millionen Jahre andauernden Entwicklungsgeschichte des Homo erectus, der in einigen Weltteilen bis vor mindestens 300 000 Jahren lebte, auf schließlich ca. 1250 cm$^3$.

Auch die Schädel- und Gesichtsform entwickelte sich Hand in Hand mit diesem Gehirnwachstum allmählich in eine immer ›menschlichere‹ Richtung (Abb. 1.11), und der

Körperbau des Homo erectus war nun endgültig kaum mehr von dem unseren zu unterscheiden. Insbesondere besaß dieser Frühmensch im Verhältnis sehr viel längere Beine als alle seine Vorgänger und übertraf sie auch deutlich an Körpergröße. Das fast vollständig erhaltene Skelett eines etwa zwölfjährigen Homo erectus-Jungen, der vor 1,6 Millionen Jahren bei Nariokotome am Turkanasee starb, maß beispielsweise mehr als 1,60 m – hätte der Jugendliche das Erwachsenenalter erreicht, so wäre er nach Überschlagsrechnungen möglicherweise um die 2 m groß geworden!

Vor allem aber liegen Knochenreste des Homo erectus im Gegensatz zu den älteren Hominiden, deren Lebensraum nach heutigem Wissen auf den Schwarzen Kontinent beschränkt blieb, auch aus vielen anderen Teilen der Alten Welt – von Europa bis nach China – vor. Dieser Frühmensch war somit der erste ›Weltenwanderer‹, und überall in seinem riesigen Verbreitungsgebiet hinterließ er seine Visitenkarte in Gestalt charakteristischer neuer Steinwerkzeuge, die er vor etwa 1,5 Millionen Jahren in Afrika entwickelt hatte: der berühmten Faustkeile des *Acheuléen* (benannt nach dem Fundort St. Acheul in Nordfrankreich, wo sie zum ersten Mal aufgefunden wurden).

Diese wohl populärsten Steingeräte der Urgeschichte – für viele heutige Menschen stellen sie das Steinzeitwerkzeug schlechthin dar – sind zwischen 8 und 30 cm groß, ähneln in ihrem Umriß einer Mandel oder einem Trop-

fen und zeigen oft eine bewundernswert sorgfältig herausgearbeitete, nahezu perfekte Symmetrie (Abb. 1.13). Sie finden sich an unzähligen Fundorten von Südafrika bis nach Südengland und von Portugal bis nach Indien (Karte 1) – manchmal zu Tausenden und manchmal nur in wenigen Exemplaren. Die Geschichte der Altsteinzeitforschung ist aufs engste mit ihnen verknüpft, denn Faustkeile zählten zu den ersten urgeschichtlichen Steinwerkzeugen, die den Pionieren dieses Wissenschaftszweigs während der ersten Hälfte des 19. Jahrhunderts in die Hände fielen und die sie auf die Spur des frühen Menschen brachten. Heute gehören die Faustkeile zu den wissenschaftlich am besten erforschten paläolithischen Artefakttypen, und dennoch haben sie ihre Geheimnisse bislang nicht völlig preisgegeben.

Hergestellt wurden sie, indem man von einem großen Abschlag oder ›Kernstein‹ (vgl. S. 32ff.) mit Hilfe eines Schlagsteins oder eines knöchernen Schlägels auf beiden Seiten eine Vielzahl kleinerer, flacher Abschläge entfernte, bis die manchmal mehr, manchmal weniger sorgfältig ausgearbeitete charakteristische Endform erreicht war (Abb. 1.12). Der Homo erectus erfand diese Technik wie erwähnt vor etwa 1,5 Millionen Jahren in Afrika, und die letzten

*Abb. 1.11 (rechte Seite): Die Veränderung der Schädelform im Verlauf von 3 Millionen Jahren menschlicher Entwicklungsgeschichte.*

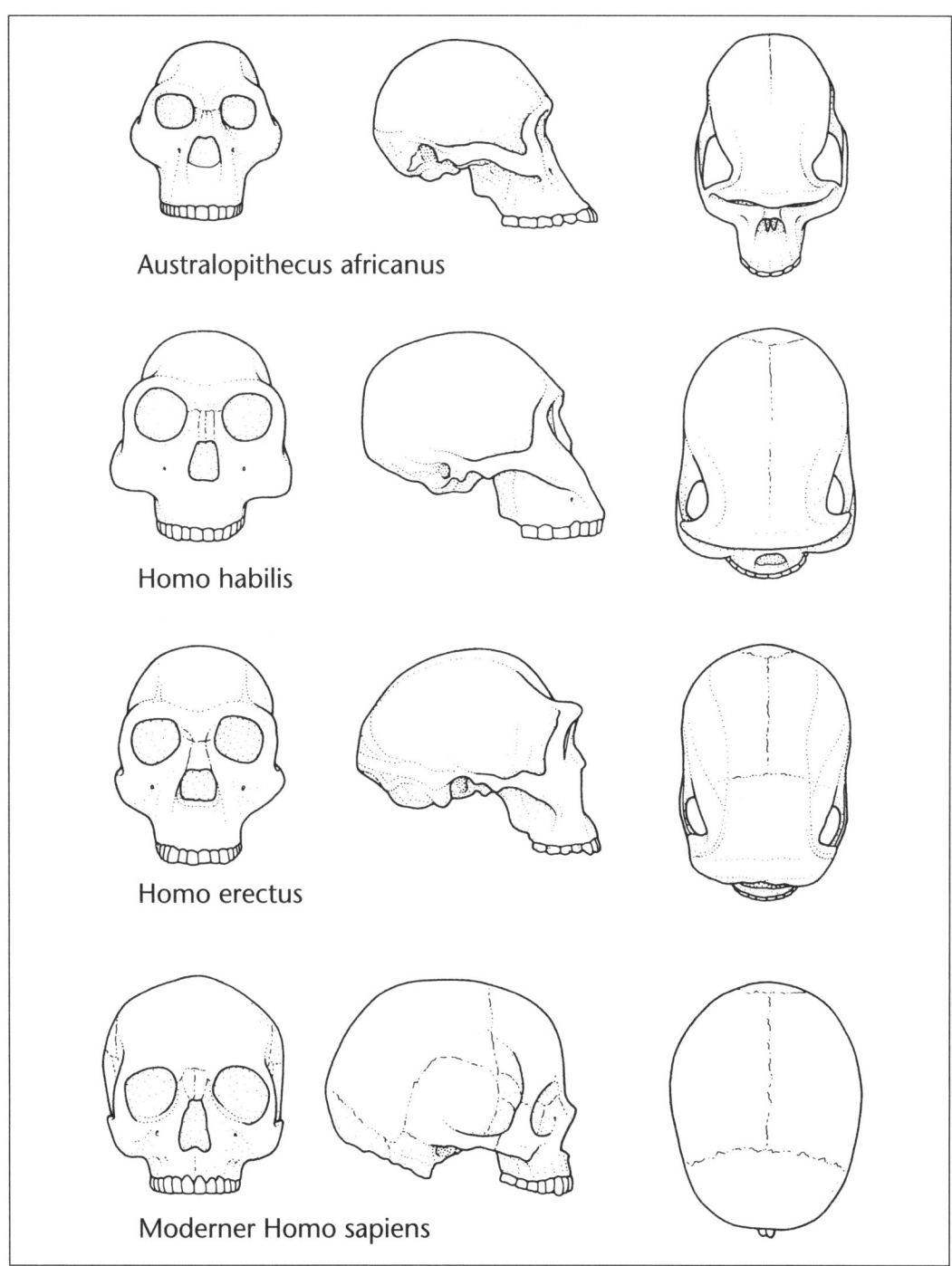

Australopithecus africanus

Homo habilis

Homo erectus

Moderner Homo sapiens

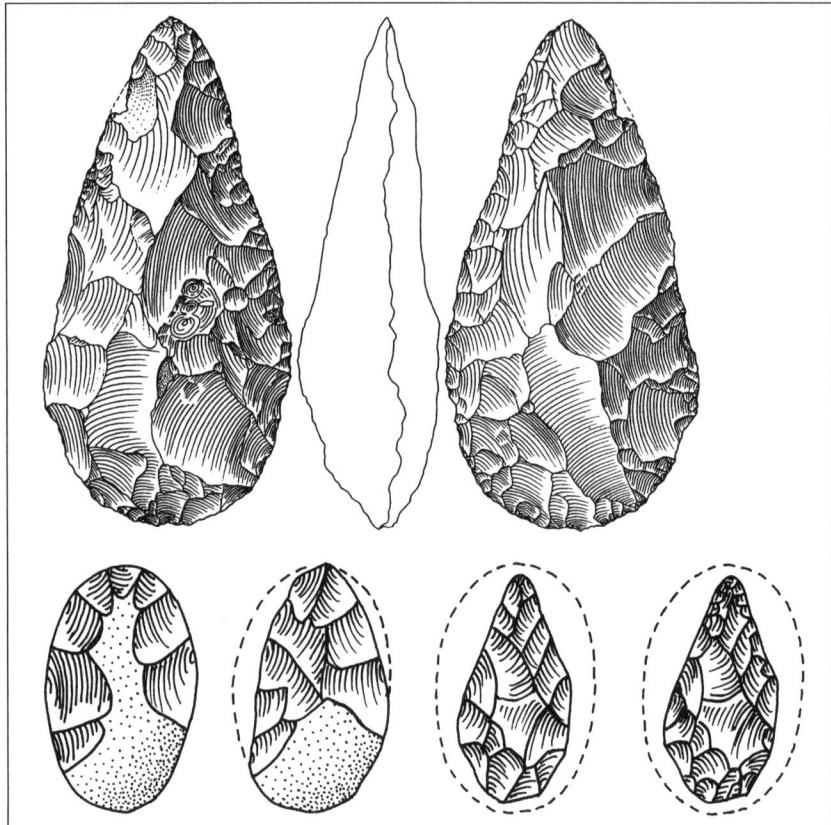

*Abb. 1.12:*
*Ein Faustkeil des*
*entwickelten*
*Acheuléen (oben)*
*und die Fertigungs-*
*technik*
*(unten).*

Faustkeile wurden vor ca. 50 000 Jahren von europäischen Neandertalern hergestellt (vgl. Kap. 4). Während der dazwischenliegenden über 1,4 Millionen Jahre waren diese Steingeräte – dem archäologischen Fundgut nach zu urteilen – die nahezu ständigen Begleiter der Frühmenschen in großen Teilen der damals besiedelten Welt (Karte 1). Wozu wurden sie von ihnen verwendet, daß sie eine derart überragende Bedeutung erlangten?

Diese Frage ist erstaunlicherweise bis heute nicht völlig geklärt, denn obwohl man aufgrund charakteristischer Abnutzungsspuren und Aussplitterungen an vielen dieser Artefakte weiß, daß sie in der Regel wohl tatsächlich als Arbeitsgeräte dienten, sind sich die Fachleute bis heute nicht über die genaue Art ihres Gebrauchs einig geworden. Die traditionelle Bezeichnung ›Faustkeil‹ geht von der Vorstellung aus, daß man ihr breites und zumeist rundliches Ende in der Hand hielt, während die schmale und scharfkantige Spitze als Arbeitsende diente. Und in der Tat eignet sich letztere ganz ausgezeichnet zum Durchtrennen und Schneiden beispielsweise von Fleisch oder Tierhäuten, wie praktische Versuche immer wieder gezeigt haben (vgl. Kap. 2). Doch haben die gleichen Experimente auch bewiesen, daß die langbahnigen Seitenkanten oft nicht weniger gut zum Zerlegen von Tieren oder zur Verarbeitung von Pflanzenfasern oder Holz verwendbar sind, ja daß selbst der breite und schwere ›Griff‹ zum Hämmern oder hebelnden Aufbrechen von Gelenken, Knochen oder anderen harten Objekten nützlich gewesen sein könnte. Viele Urgeschichtsforscher sehen in den Faustkeilen daher heute nicht mehr so sehr Spezialwerkzeuge, die für eine ganz bestimmte Einzeltätigkeit konzipiert waren, sondern vielmehr urgeschichtliche Mehrzweck- und ›Universalgeräte‹, die für ein breites Spektrum von Arbeiten in Frage kamen – gewissermaßen die ›Schweizer Messer‹ der Altsteinzeit.

Warum aber wurden diese Geräte manchmal gestalterisch bis zur Perfektion ausgearbeitet, obwohl für ihren praktischen Zweck sicherlich eine sehr viel gröbere Machart genügt hätte? Mit dieser Frage beschäftigen sich die Fachleute nun schon seit vielen Jahrzehnten, und sie haben darauf die unterschiedlichsten Antworten gegeben. Manche sahen in den Artefakten neben ihrer Gebrauchsfunktion regelrechte ›Kunstwerke‹ – es wären in diesem Fall die ältesten der Menschheitsgeschichte –, andere vermuteten in ihnen Zeremonialobjekte nach Art der australischen ›Tschuringas‹ oder Statussymbole, vergleichbar den historischen Zierdolchen und Szeptern. Die britischen Archäologen Steven Mithen und Marek Kohn spekulierten kürzlich sogar, die Faustkeile könnten eine maßgebliche Rolle bei der Partnerwahl und »sexuellen Auslese« in den Homo erectus-Gruppen gespielt haben: Nach ihrer Hypothese mußten die damaligen Männer unter der strengen Aufsicht ihrer potentiellen Geschlechtspartnerinnen und Frauen einige möglichst wohlgeformte Faustkeile anfertigen, um ihre »guten Gene« und damit ihre Tauglichkeit als Liebhaber und zukünftige Väter unter Beweis zu stellen.[23] Doch mindestens ebenso gut denkbar – und wohl sehr viel naheliegender – ist die Vermutung, daß die Schönheit und Vollkommenheit vieler dieser Artefakte aus dem Streben nach dem (auch formal und ästhetisch) ›perfekten Endprodukt‹ resultierte, das ja auch für zahlreiche Handwerker der historischen Zeit eine wichtige Triebkraft ihres Handelns war. Nicht umsonst spricht man im Zusammenhang mit traditionellem Gewerbe oftmals von ›Handwerkskunst‹, und nicht selten war diese nur schwer vom eigentlichen ›Kunsthandwerk‹ im engeren Sinne abzugrenzen.

Eines jedenfalls läßt sich trotz dieser bis heute nicht vollständig gelösten ›Faustkeilrätsel‹ mit einiger Sicherheit sagen: Die Frühmenschen, die diese ›Steinkunstwerke‹ schufen, können keinesfalls mehr jene gering entwickelten und kulturlosen ›Halbtiere‹ gewesen sein, als die man sie immer noch oft betrachtet. »Die Geometrie der Faustkeile des entwickelten Acheuléen setzt [vielmehr] eine Intelligenzstufe voraus, wie sie charakteristisch für moderne Erwachsene ist«, stellte der amerikanische Archäologe Thomas Wynn, der sich sehr eingehend mit den Artefakten und den geistigen Voraussetzungen ihrer Herstellung befaßt hat, 1985 zu dieser Frage fest. Er zog aus seinen Untersuchungen den Schluß, daß sich »die moderne Intelligenz [bereits in der Zeit] zwischen 1,5 Millionen und 300000 Jahren v. h. entwickelt« haben müsse.[24]

Mit diesen ausgefeilten Steingeräten verfügte der Homo erectus zweifellos über ein sehr wirksames Mittel zur Ergänzung seiner Körperkräfte und zur Nutzung der Umweltressourcen, und so brachte man seine erwähnte Ausbreitung über weite Teile der Alten Welt auch lange Zeit mit der neuen Werkzeugtechnologie in Verbindung. Mit ihrer Herausbildung sei, so vermuteten viele Archäologen, ein ganzes Bündel weiterer technischer Erfindungen und kultureller Neuerungen einhergegangen, und dieses ›Kulturpaket‹ habe dem Homo erectus die Besiedlung auch ferner und fremdartiger Erdregionen ermöglicht. Doch seit einigen Jahren mehren sich die Hinweise darauf, daß diese Sichtweise wohl zu einfach war und daß die erste Kolonisierung der Erde in Wahrheit schon lange Zeit vor der Erfindung des Faustkeils und der kulturellen Blüte des Acheuléen erfolgte. Einer der wichtigsten dieser Hinweise stammt von der Insel Java in Indonesien – mit ihm und mit der Besiedlung des riesigen asiatischen Kontinents wollen wir uns im folgenden beschäftigen.

## Frühmenschen in Asien

Java ist schon seit langem eine wichtige Station bei der Erforschung der menschlichen Entwicklungsgeschichte. 1891 suchte der junge holländische Anatom Eugène Dubois dort nach Zeugnissen des ›Missing Link‹, der seit Darwin vermuteten fossilen Übergangsform zwischen Affe und Mensch, und er fand dabei an den Ufern des Solo-Flusses bei Trinil versteinerte Knochen eines urtümlichen Menschen, den er *Pithecanthropus erectus* (›aufgerichteter Affenmensch‹) nannte. Der javanische Boden gab auch später immer wieder Überreste dieses *Pithecanthropus* frei, die man in den vierziger Jahren zusammen mit ähnlichen Fossilien des *Sinanthropus pekinensis* (›Peking-Menschen‹) aus China und des *Homo heidelbergensis* (›Heidelberg-Menschen‹) aus Europa zur Homo erectus-Gruppe zusammenfaßte.

*Abb. 1.13 (rechte Seite): Ein gut gearbeiteter ovaler Faustkeil aus der libyschen Sahara*

Die asiatischen und europäischen Belege dieses Frühmenschen wurden bis vor kurzem auf ein Alter zwischen 1 Million und 250 000 Jahren geschätzt; in Afrika kamen seit den sechziger Jahren hingegen zahlreiche mehr als 1,5, ja vereinzelt sogar bis zu 1,8 Millionen Jahre alte Fossilien des Homo erectus zutage (vgl. S. 45f.). Die Fachleute nahmen daher an, daß auch dieser Frühmensch – wie seine Vorfahren – lange Zeit nur auf dem Schwarzen Kontinent beheimatet gewesen sei und sich erst vor ungefähr 1 Million Jahren von dort aus in die zuvor unbesiedelten Weiten Asiens und Europas ausgebreitet habe.

Doch Anfang 1994 veröffentlichte ein Team um den amerikanischen Geochronologen Carl Swisher eine Serie naturwissenschaftlicher Datierungen, die dieser traditionellen Sichtweise gänzlich widersprachen. Swisher und seine Kollegen hatten Material aus Sangiran und Modjokerto – zwei Fundstellen des Homo erectus auf Java – mit einem radioisotopischen Verfahren untersucht, bei dem das Verhältnis zweier Argon-Isotope (Argon-40 und Argon-39) Aufschluß über das Alter der analysierten Proben gibt. Das spektakuläre Resultat: Die Funde aus Sangiran – Schädelteile von zwei frühmenschlichen Individuen – sollen nicht, wie zuvor angenommen, 700 000 bis 900 000, sondern 1,6 Millionen Jahre alt sein; und der Fund aus Modjokerto – ein kindliches Schädeldach, dessen Alter früher zumeist auf 1 Million Jahre geschätzt wurde – soll gar aus der Zeit vor 1,8 Millionen Jahren stammen.

Das von Swisher angewandte Verfahren genügte höchsten technischen Standards, und der Forscher gilt als internationale Kapazität auf seinem Gebiet (vgl. S. 63), so daß die Daten in der Fachwelt trotz vereinzelter skeptischer Stimmen bald weithin akzeptiert wurden. Einen gewissen Unsicherheitsfaktor bildete freilich von Anfang an die Tatsache, daß sie nicht an den Fossilien selbst gewonnen wurden (die dafür zu wenig geeignetes Material boten), sondern an Bodenproben aus den Fundschichten, die theoretisch älter sein könnten als die frühmenschlichen Überreste selbst. Auf diesen Schwachpunkt wurde erst kürzlich wieder kritisch hingewiesen, und manche Fachleute stellen die Daten seinetwegen mittlerweile auch in Frage. Doch völlige Sicherheit bieten archäologische Datierungen nur selten. Sollten sich die von Swisher und seinem Team ermittelten Zeitansätze wenigstens in ihrer Größenordnung als richtig erweisen, dann wären die Homo erectus-Reste der beiden javanischen Fundstellen älter als die meisten Belege dieses Frühmenschen in seiner angenommenen Urheimat Afrika und würden an den ältesten afrikanischen Fund – einen 1,8 Millionen Jahre alten Schädel aus Koobi Fora in Kenia – heranreichen.

Eine solche Verschiebung in der urgeschichtlichen Chronologie hätte natürlich weitreichende Konsequenzen für unser gesamtes Bild von der menschlichen Entwicklungsgeschichte, und in der Tat weisen mittlerweile auch Daten von einigen anderen Fundplätzen in Asien (vgl. S. 63) darauf hin, daß sich der Homo erectus schon wesentlich früher als lange Zeit angenommen über den Schwarzen Kontinent hinaus ausbreitete – innerhalb von nur 100 000 oder 200 000 Jahren nach seiner Entstehung, sofern man diese vor etwa 1,8 bis 1,9 Millionen Jahren ansetzt (vgl. S. 45). Manche Forscher vermuten sogar, es könne eine ihm vorausgehende Menschenform wie der *Homo habilis* oder der *Homo rudolfensis* (vgl. S. 31) gewesen sein, die bis nach Ostasien wanderte und aus der sich erst dort der ›klassische‹ *Homo erectus* entwickelte. Doch wie dem auch sei: In jedem Fall verließ der frühe Mensch seine angestammte afrikanische Urheimat, an deren Klima- und Umweltverhältnisse er biologisch ja angepaßt war, auf einem deutlich niedrigeren kulturellen und technischen Entwicklungsniveau als früher angenommen.

Faustkeile und die anderen zur Acheuléen-Technologie gehörenden Steingeräte gab es ja nämlich wie erwähnt vor 1,8 bis 1,6 Millionen Jahren noch nicht (vgl. S. 32f.), und auch gesicherte Nachweise von Feuernutzung oder Wohnbauten sind aus dieser Zeit vorläufig nicht bekannt. Kultur und Technik des frühen Menschen steckten damals vielmehr noch in den Kinderschuhen, und bei den Steinwerkzeugen, die er herstellte und benutzte, handelte es sich um einfache Geröll- und Abschlaggeräte

eines ›fortgeschrittenen Oldowan‹ (vgl. S. 37). Doch auch diese ästhetisch völlig unattraktiven und für das ungeübte Auge kaum als menschliche Erzeugnisse erkennbaren Werkzeuge erfüllten, wie wir ja bereits auf S. 35 gesehen haben, durchaus ihren technischen Zweck: Sie erlaubten das Aufbrechen und Zerlegen von Tieren ebenso wie das Bearbeiten von Holz und weiteren nicht zu harten Naturstoffen. Andernfalls wäre es auch kaum erklärbar, daß solche Abschlag- und Geröllgeräte – freilich in stark weiterentwickelter Form – bis vor wenigen hunderttausend Jahren in Ostasien (und ebenso auch in manchen Teilen Europas) in Gebrauch blieben.

Tatsächlich nämlich wurde der vor 1,5 Millionen Jahren in Afrika erfundene und uns so ungleich ›fortschrittlicher‹ anmutende Faustkeil von den ost- und südostasiatischen Homo erectus-Kulturen auch während ihrer Blütezeit niemals in umfangreicherem Maße übernommen. Dem von der Faustkeilkultur geprägten Westen der Alten Welt (Afrika, westliches Europa, Vorder- und Südasien) stand während des gesamten älteren Paläolithikums vielmehr ein weitgehend ›faustkeilfreier‹ Osten gegenüber, in dem statt dessen ganz überwiegend Abschlag- und Geröllgeräte der erwähnten, fortgeschritteneren Art Verwendung fanden (Karte 1). Die geographische Trennungslinie zwischen diesen beiden Zonen, die unmittelbar nordöstlich des Indischen Subkontinents verlief, wird nach dem amerikanischen Urge-

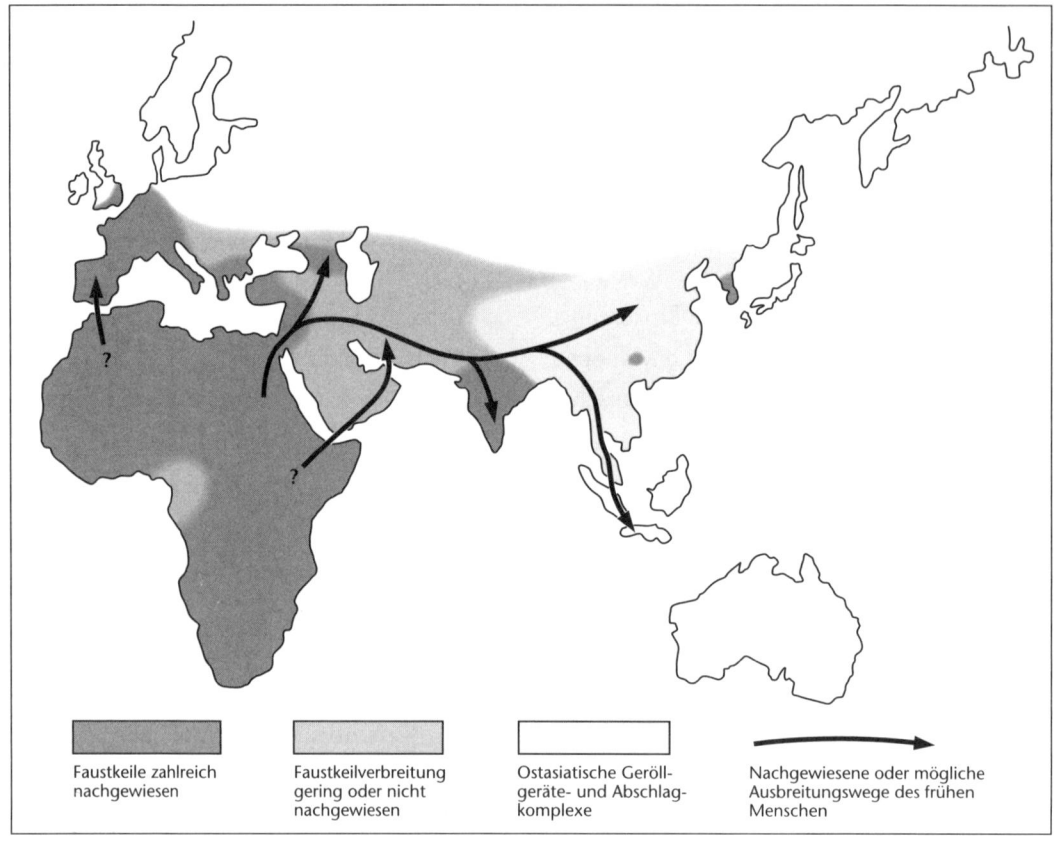

| Faustkeile zahlreich nachgewiesen | Faustkeilverbreitung gering oder nicht nachgewiesen | Ostasiatische Geröll-geräte- und Abschlag-komplexe | Nachgewiesene oder mögliche Ausbreitungswege des frühen Menschen |

*Karte 1: Die Verbreitung faustkeilreicher und faustkeilarmer Kulturen im älteren Paläolithikum. Im östlichen Asien wurden Faustkeile mit hoher Wahrscheinlichkeit nur sehr selten hergestellt und verwendet, während die Faustkeil-armut in weiten Gebieten Mittelasiens und auf der Arabischen Halbinsel auch durch den dort bislang recht unbefriedigenden Forschungsstand bedingt sein kann.*

schichtsarchäologen Hallam Movius, der sie in den vierziger Jahren zum ersten Mal auf einer Karte festhielt, auch als ›Movius-Linie‹ bezeichnet.

Über die Gründe für diese merkwürdige technologische ›Zweiteilung‹ der altpaläolithischen Welt rätseln die Fachleute schon seit langem. Viele Forscher schlossen und schließen

aus dem Fehlen der Faustkeile in Ostasien – wenn sie dies auch nur selten niederschrieben und publizierten –, daß der dortige Homo erectus kulturell weniger leistungsfähig und entwickelt gewesen sei als seine Vettern im Westen und daß er ihnen gegenüber deshalb auch im weiteren Verlauf der Evolutionsgeschichte ins Hintertreffen geraten mußte. Swisher und andere Forscher ergänzten diese alte Vermutung 1994 auf der Grundlage der neuen Java-Daten (vgl. S. 52) durch die ebenso einfache wie einleuchtende Erklärung, der frühe Mensch sei eben bereits zu einer Zeit nach Asien gewandert und dort heimisch geworden, als der Faustkeil als Werkzeugtyp überhaupt noch nicht erfunden war. Als dies dann vor etwa 1,5 Millionen Jahren in Afrika geschah, seien die asiatischen Homo erectus-Gruppen in ihrer neuen Heimat geographisch bereits zu isoliert und zu abgeschottet von ihren westlichen Zeitgenossen gewesen, um die wegweisende Neuerung und die damit verbundenen anderen Errungenschaften des Acheuléen (vgl. S. 51) noch kennenlernen und übernehmen zu können. Sie hätten statt dessen die angestammte Abschlag- und Geröllgerätekultur auf ihre eigene Weise weiterentwickelt und auf dieser Grundlage eine stabile, aber nicht ganz so hochstehende altpaläolithische Kultur wie im Westen geschaffen. In den so grundlegend unterschiedlichen Werkzeugtraditionen der beiden Weltteile würde sich nach dieser Theorie also eine ebenso fundamentale und fast die ganze Altsteinzeit hindurch andauernde Trennung zwischen den sie tragenden Frühmenschengruppen dokumentieren.

Eine derart lange und vollständige Isolierung voneinander hätte natürlich auch schwerwiegende biologische und evolutionäre Konsequenzen gehabt, denn sie hätte fast zwangsläufig zur genetischen und artlichen Auseinander-

entwicklung der Bewohner beider Weltteile führen müssen. Und in der Tat halten es viele Paläanthropologen für wahrscheinlich, daß diese sich im Laufe der Jahrhunderttausende zu zwei getrennten Spezies – also zwei unterschiedlichen und ab einem gewissen Zeitpunkt nicht mehr untereinander fortpflanzungsfähigen Frühmenschenarten – auseinanderentwickelten. Um diese Vermutung auch terminologisch zum Ausdruck zu bringen, verwenden die betreffenden Forscher den Artnamen *Homo erectus* heute nur noch für die asiatischen Frühmenschen, während sie deren afrikanische Vorfahren und Zeitgenossen bis vor etwa 1 Million Jahren als *Homo ergaster*, die jüngeren dann als *Homo heidelbergensis* bezeichnen (vgl. Abb. 2.1, Vorwort und S. 68ff.).

Es erscheint im Rahmen dieses Denkmodells äußerst unwahrscheinlich, daß beide regionalen Sonderformen im weiteren Evolutionsverlauf dann unabhängig voneinander den Weg zum modernen Menschen, zum Homo sapiens, eingeschlagen haben sollten. Die meisten Fachleute gehen vielmehr davon aus, daß die asiatische Homo erectus-Linie eine evolutionäre Sackgasse bildete und zu einem noch nicht genauer geklärten Zeitpunkt ausstarb, während der afrikanische *Homo ergaster* sich über mehrere Zwischenstationen zum Homo sapiens weiterentwickelte, aus dem schließlich die gesamte moderne Menschheit hervorging (vgl. Kap. 2 und 5). Diese Hypothese ist ein wichtiger Bestandteil der seit etwa fünfzehn Jahren in der internationalen Paläanthropologie dominierenden ›Out of Africa‹-Theorie – ihr zufolge entstand der anatomisch moderne Mensch nur einmal und in einer einzigen Region der Erde, nämlich vor 150 000 bis 100 000 Jahren auf dem Schwarzen Kontinent, und trat von dort aus während der letzten ungefähr 60 000 Jahre einen einzigartigen Siegeszug über die ganze Welt an. Nach diesem Modell wurde die Erde also mindestens zweimal im Abstand von mehr als 1,5 Millionen Jahren durch auswandernde afrikanische Menschenformen kolonisiert – zunächst durch den frühen Homo erectus (*Homo ergaster*) und dann wesentlich später noch einmal durch den modernen Homo sapiens.

## Lücken in der ›Movius-Linie‹

Alle diese Mutmaßungen beruhen letztlich auf der Annahme einer räumlichen Isolation und daraus folgenden artlichen Trennung (›Speziation‹) der Frühmenschengruppen in den verschiedenen Teilen der paläolithischen Welt – gerade dieses Postulat ist aber durch jüngste archäologische Entdeckungen prinzipiell in Frage gestellt worden. Chinesische und amerikanische Wissenschaftler unter der Leitung von Huang Weiwen und Richard Potts fanden nämlich während der neunziger Jahre im Bose-Becken in Südchina eine größere Anzahl von Steinwerkzeugen, die den frühesten afrikanischen Faustkeilen von der Machart her sehr

ähnlich sind. Sie wurden wie diese hergestellt, indem man von einem großen ›Kernstein‹ eine Vielzahl flacher, muscheliger Abschläge entfernte, bis die durch eine schmal ausgearbeitete Spitze und einen dicken, rundlichen Griff charakterisierte Endform erreicht war (Abb. 1.12). Der einzige Unterschied zu den afrikanischen Gegenstücken besteht darin, daß die Mehrzahl der chinesischen Geräte nur auf jeweils einer Seite bearbeitet war; etwa jedes dritte Exemplar wies aber eine beidseitige Flächenretusche auf, die auch ebenso sorgfältig und gekonnt ausgeführt war wie bei afrikanischen Faustkeilen des frühen Acheuléen.

Das Alter dieser Steingeräte aus dem Bose-Becken ließ sich mit Hilfe sogenannter Tektiten – glasartiger Partikel geschmolzenen Gesteins von einem Meteoriteneinschlag, der sich etwa zur Zeit der Artefaktablagerung in Südostasien ereignete – auf etwa 800 000 Jahre festlegen. Es handelt sich damit um die ältesten annähernd präzise datierten menschlichen Werkzeuge in Ostasien.

Ihre Entdeckung verleiht einer Reihe von früheren Funden neues Gewicht, die jahrzehntelang kaum beachtet wurden. Schon seit den sechziger Jahren kamen nämlich an einzelnen ostasiatischen Fundplätzen wiederholt Faustkeile zutage, die freilich die ›Movius-Linie‹ (vgl. S. 54) in den Köpfen der meisten Archäologen nicht zu durchdringen vermochten. Solche Funde wurden beispielsweise aus Lantian und Dingcun in Nordchina sowie aus Chongo-

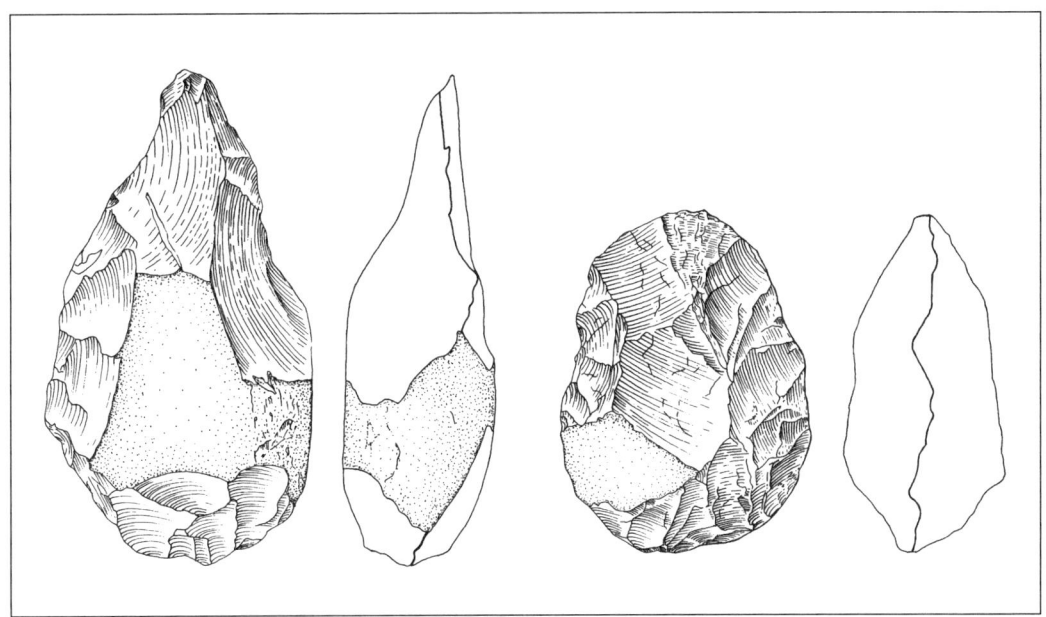

*Abb. 1.14: Möglicherweise 100 000 bis 200 000 Jahre alte Faustkeile aus Chongokni in Südkorea.*

kni in Südkorea gemeldet (Abb. 1.14). Ein einzelner Faustkeil aus Lantian könnte nicht weniger als 1 Million Jahre alt sein, während die Exemplare aus Dingcun und Chongokni mit Sicherheit bedeutend jünger sind – möglicherweise stammen sie aus der Zeit vor 200 000 bis 100 000 Jahren.

Die ganze Machart dieser kostbaren Artefakte aus dem Raum jenseits der ›Movius-Linie‹ beweist, daß die asiatischen Frühmenschen durchaus vergleichbare technische Fähigkeiten hatten wie ihre westlichen Zeitgenossen und daß es nicht an mangelnder Intelligenz oder fehlendem Geschick gelegen haben kann, wenn sie normalerweise keine Faustkeile her-

stellten. Manche Forscher vermuten vielmehr schon seit längerem, daß ein Mangel an geeigneten Rohmaterialvorkommen sowie spezifische Umweltverhältnisse für die andersgeartete Werkzeugtradition im östlichen Asien mit ausschlaggebend gewesen sein könnten. Beispielsweise ist in dieser Weltgegend bekanntlich der Bambus weit verbreitet, aus dem sich ausgesprochen leicht gute und zugleich stabile Werkzeuge der unterschiedlichsten Art herstellen lassen. Möglicherweise waren die asiatischen Frühmenschen also keineswegs zu ›beschränkt‹ zur Anfertigung von Faustkeilen, sondern im Gegenteil viel zu ›clever‹, um ihre Energie in die Herstellung solch komplizierter steinerner

Geräte zu stecken, wenn sich die entsprechenden Arbeiten ebenso gut mit Werkzeugen aus dem wesentlich einfacher zu verarbeitenden Bambus ausführen ließen.

Die neu entdeckten Artefakte aus Südchina könnten diese Hypothese unterstützen. Zusammen mit ihnen fanden sich nämlich in den betreffenden Schichten des Bose-Beckens auch zahlreiche Holzkohlepartikel und verkieselte Holzstückchen, die auf verheerende Waldbrände zur Zeit ihrer Fertigung hindeuten. Die Ausgräber vermuten, daß diese Brände durch den Meteoriteneinschlag verursacht wurden, bei dem auch die Tektiten entstanden, und daß dieses kosmische Ereignis die Pflanzendecke in der ganzen Region weiträumig vernichtete. Doch was auch immer die Ursache gewesen sein mag – in jedem Fall scheinen während dieser zeitlich nur kurz andauernden ›Faustkeilphase‹ einschneidende Umweltveränderungen stattgefunden zu haben, die zu einer starken Reduzierung der Vegetation führten und die Frühmenschen möglicherweise dazu zwangen, ihre Werkzeugtechnologie kurzfristig von Bambus (oder Holz) auf Stein umzustellen. Zu einem späteren Zeitpunkt scheinen sie jedoch wieder zu ihrer gewohnten ›Bambus- und Holz-Kultur‹ zurückgekehrt zu sein – oder aber die Gegend war nicht mehr vom Menschen besiedelt, denn aus der Zeit nach der Naturkatastrophe sind im Bose-Becken weder Faustkeile noch andere altpaläolithische Artefakte bekannt.

Das weitgehende Fehlen der Acheuléen-Geräte in Ostasien könnte, wie dieser rätselhafte Befund andeutet, also in einem engen Zusammenhang mit uns nicht genauer bekannten Umwelt- und Naturfaktoren gestanden haben, so daß man daraus keinesfalls zwingend auf eine strikte geographische Isolierung der dortigen Frühmenschen von ihren westlichen Zeitgenossen schließen kann. Und tatsächlich spricht die auffällige Ähnlichkeit der Bose-Geräte mit den afrikanischen Faustkeilen ja recht eindeutig gegen die Vermutung, den chinesischen Homo erectus-Gruppen sei die Acheuléen-Technologie völlig unbekannt gewesen. Ihre fast identische Fertigungstechnik mit den afrikanischen Gegenstücken macht es vielmehr äußerst wahrscheinlich, daß zwischen den Frühmenschen des Schwarzen Kontinents und Mittel- und Ostasiens doch gewisse Verbindungen existierten, die einen kulturellen und vielleicht auch genetischen Austausch ermöglichten. Ein solcher Austausch aber könnte ohne weiteres zu einer in bestimmten Grundlinien gleichgerichteten, ›synchronen‹ Entwicklung der frühen Menschheit geführt haben, für die es durchaus einige Hinweise gibt.

So kennt man aus China beispielsweise eine ganze Reihe fossiler Menschenfunde aus der Zeit vor etwa 250 000 bis 100 000 Jahren, die auffallend ›fortschrittliche‹ anatomische Merkmale aufweisen und sich am besten einem frühen oder ›archaischen‹ Homo sapiens zuordnen lassen. Im Jahr 1994 wurde ein solcher,

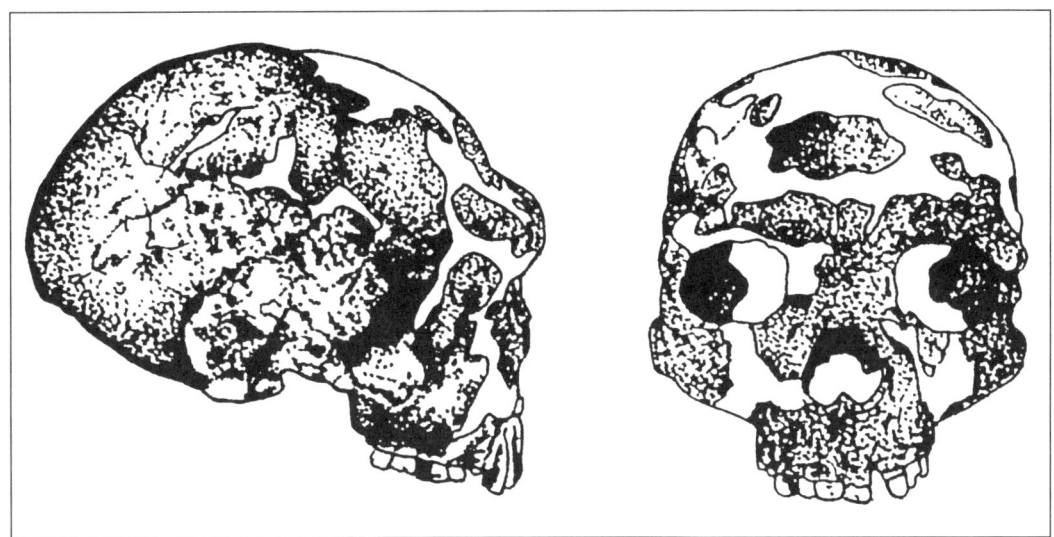

*Abb. 1.15: Etwa 200 000 Jahre alter archaischer Homo sapiens-Schädel aus einer Höhle bei Jinniushan in Nordchina (Vorder- und Seitenansicht). Die Knochenwände des Schädels sind nur 0,5 cm dick, und sein Innenvolumen beträgt annähernd 1400 cm³.*

auffallend zierlicher Schädel aus einer Höhle bei Jinniushan in Nordchina mit naturwissenschaftlichen Methoden auf ein Alter von etwa 200 000 Jahren datiert (Abb. 1.15). Und neuerdings ist sogar aus Java ein über 100 000 Jahre altes Fossil – die sogenannte Schädelkalotte ›SM 35‹ – mit vergleichbar progressiven anatomischen Merkmalen bekannt. Folgt man der erwähnten ›Out of Africa‹-Theorie (vgl. S. 56), so müßte es sich bei diesen frühen Sapiens-Menschen Ostasiens um neuerliche Einwanderer aus Afrika gehandelt haben, das ja angeblich das einzige ›Sapientisierungszentrum‹ auf der Welt war und wo um die gleiche Zeit ganz ähnliche Menschentypen belegt sind. Wenn es hingegen doch regelmäßige Kontakte zwischen dem Westen und dem Osten der paläolithischen Welt gab, dann könnten die damit mutmaßlich einhergehenden genetischen Kontakte und Austauschvorgänge zu einer Weiterentwicklung des jüngeren Homo erectus (bzw. *Homo heidelbergensis*) in Richtung auf den Homo sapiens sowohl in Asien als auch auf dem Schwarzen Kontinent geführt haben.

Genau einen solchen weltweit verzahnten Entwicklungsprozeß vermuten die Anhänger des mit der ›Out of Africa‹-Theorie konkurrierenden ›Multiregionalen Evolutionsmodells‹. Die Vertreter dieser Richtung lehnen das Axiom ab, der moderne Mensch könne nur einmal und an einem einzigen Ort der Welt entstanden sein, und nehmen statt dessen seine gleichzeitige Herausbildung in mehreren Erdregionen an. Dabei denken sie allerdings nicht, wie ihnen oft unterstellt wird, an eine *unabhängige* und dennoch auf wundersame Weise ›parallel‹ verlaufene Evolution der Hominiden in den verschiedenen Weltteilen; nach ihrer Theorie war es vielmehr gerade die vermutete weltweite ›Vernetzung‹ der frühmenschlichen Regionalgruppen, die dazu führte, daß sich diese trotz des Fortbestehens deutlicher regionaler Unterschiede biologisch und kulturell in den Grundzügen ›synchron‹ entwickelten. Nach diesem Modell wären die asiatischen Homo erectus-Bevölkerungen also weder kulturell ›rückständiger‹ noch evolutionär weniger ›erfolgreich‹ gewesen als ihre afrikanischen Zeitgenossen – sie hätten vielmehr ebenfalls ihren Teil zur Herausbildung der modernen Menschheit und ihrer Kultur beigetragen. Auf dieses Problem werden wir in Kap. 5 noch einmal ausführlicher zurückkommen.

Doch nicht nur erstaunlich weit nach Osten gelangten die Frühmenschengruppen, die vor beinahe 2 Millionen Jahren ihre afrikanische Urheimat verließen – sie stießen auch schon sehr viel weiter in nördliche Richtung vor, als man dies bis vor kurzem für möglich gehalten hätte. Das belegt eine weitere frühmenschliche Fundstätte, die wegen ihres hohen Alters und ihrer eindrucksvollen Funde seit einigen Jahren von sich reden macht: Der Fundplatz von Dmanisi im Kaukasusgebiet.

## Dmanisi: Der Homo erectus an der Grenze Europas

Dmanisi ist eine mittelalterliche Ruinenstadt in Georgien, die etwa 85 km südwestlich der Hauptstadt Tiflis auf einem langgestreckten Geländesporn liegt. Georgische Archäologen führen dort schon seit langem Ausgrabungen durch, und bei diesen Forschungen, die zunächst nur den Bauresten aus dem 5. bis 14. Jahrhundert n. Chr. galten, wurde bald deutlich, daß hier ein wissenschaftlicher Schatz aus noch weit älterer Zeit ruhte. 1983 fanden sich in den senkrechten Wänden von Vorratsgruben, die die mittelalterlichen Stadtbewohner unter ihren Häusern eingetieft hatten, nämlich fossile Knochen von Tieren aus dem frühen Eiszeitalter. Bei weiteren Untersuchungen entdeckte man auch eine Reihe von Steinwerkzeugen, und damit war klar, daß sich hier, unter den Gebäuderesten der mittelalterlichen Stadt, eine altpaläolithische Fundstätte befand.

Im Jahr 1990 vereinbarten der Leiter des Archäologischen Zentrums der Georgischen Akademie der Wissenschaften, Otar Lordkipanidze, und der deutsche Urgeschichtsarchäologe Gerhard Bosinski vom Römisch-Germanischen Zentralmuseum, Forschungsstelle Neuwied, ein gemeinsames Grabungsprojekt in Dmanisi, das seit kurzem unter der Leitung des georgischen Paläontologen Leo Gabunia steht. Diese Unternehmung begann 1991 gleich mit einem Paukenschlag: Bereits im ersten Grabungsjahr fanden die georgischen und deutschen Archäologen den noch vollständig bezahnten Unterkiefer eines 20- bis 25-jährigen Frühmenschen, der umgehend für heftige Diskussionen unter den Fachleuten sorgte. Die Ausgräber schrieben dem Fossil nach den ersten provisorischen Datierungen des Fundplatzes nämlich ein sensationell hohes Alter von 1,6 Millionen Jahren oder mehr zu, während einige Paläanthropologen das Fundstück aufgrund seiner anatomischen Gestalt für wesentlich jünger hielten.

1997 kam in der Grabungsfläche erneut ein frühmenschlicher Skelettrest – diesmal ein Mittelfußknochen – zutage, und 1999 gelang es den Ausgräbern Antje Justus, Olaf Jöris und Medea Nioradze sogar, innerhalb von nur zwei Monaten gleich zwei frühmenschliche Schädel zu bergen. Bei dem einen von ihnen handelte es sich um den hervorragend erhaltenen Hirnschädel eines Erwachsenen, der vorn bis zur Stirn und zu den Überaugenbögen reichte (Abb. 1.16). An seinem Hinterhaupt befanden sich zwei auffällige Löcher, die nach der detaillierten Untersuchung des Fossils sicherlich einen wichtigen Hinweis auf die Ursache für den Tod dieses Individuums (möglicherweise die Attacke einer Großkatze?) liefern werden. Der zweite Schädel wurde kaum 2 m von dem ersten entfernt geborgen und stammt nach Ausweis der gut sichtbaren Knochennähte von einem Jugendlichen. Bei ihm sind sogar noch große Teile der Gesichtspartie einschließlich des Oberkiefers mit vier Zähnen erhalten, so daß sich hervorragende Möglichkeiten zu seiner anthropologischen Beurteilung eröffnen (Abb. 1. 17).

Zwischen diesen Menschenresten wurden bislang drei Dutzend Steinartefakte aufgefunden – in allen archäologischen Schichten von Dmanisi zusammengenommen sind es mittlerweile annähernd 1000. Unter ihnen befinden sich keine Faustkeile oder andere Werkzeugtypen des Acheuléen (vgl. S. 48ff.) – es handelt sich vielmehr ausschließlich um einfache Abschlag- und Geröllgeräte nach Art der frühen Artefakte in Afrika (vgl. S. 32f.). Vervollständigt wird das Fundensemble durch zahlreiche Tierknochen einer warmzeitlichen Fauna, die den Archäologen ja wie erwähnt erst den Weg zur Entdeckung dieser altpaläolithischen Fundstätte wies. Diese Tierknochen zeigen nach den bisherigen Untersuchungen keinerlei Schnittmarken von Steinwerkzeugen oder andere Bearbeitungsspuren (vgl. S. 34), so daß unklar bleibt, ob die Frühmenschen sich an ihnen zu schaffen machten oder ob sie nur zufällig mit deren Steinwerkzeugen und Skelettresten zusammen in die gleichen Fundlinsen hineingerieten.

Der größte Teil des archäologischen Materials fand sich nämlich nicht in großflächigen, durchgehenden Bodenschichten, sondern in Hohlräumen, die durch fließendes Wasser in bereits abgelagerte vulkanische Sedimente hineingefressen wurden und in denen sich ganz un-

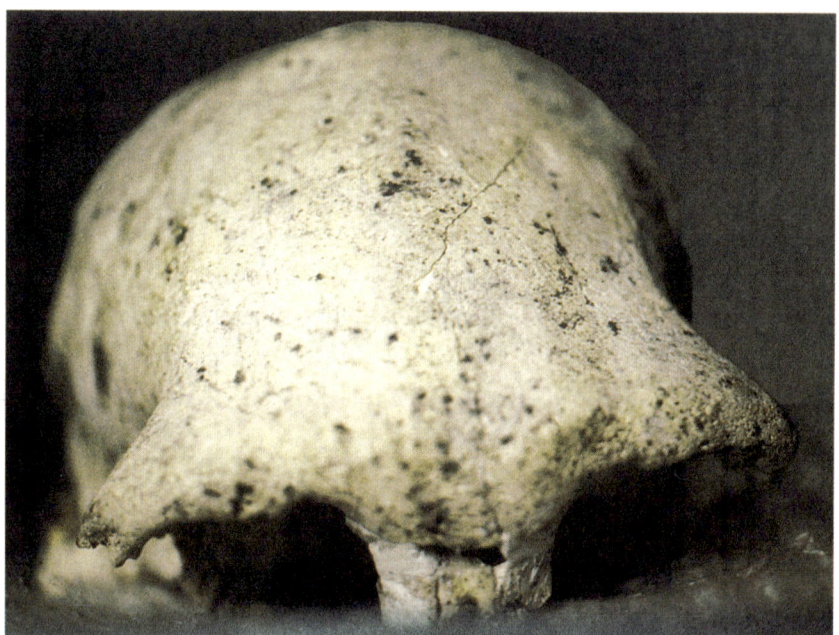

Abb. 1.16:
1,7 Millionen
Jahre alter Schädel
eines Homo erectus
(Homo ergaster)
aus Dmanisi/
Georgien in der
Vorderansicht.
Deutlich erkenn-
bar sind die kräftig
ausgebildeten
Überaugenwülste.

terschiedliches Material ansammelte. Die Tierknochen, die Steinwerkzeuge und die Menschenreste könnten daher ursprünglich von ganz verschiedenen Plätzen stammen und erst nachträglich in diesen ›Fundlinsen‹ zusammengespült worden sein. Allerdings weisen die Tierknochen vergleichsweise scharfe Bruchkanten auf und auch die Steingeräte lassen keine Verrollungsspuren erkennen, so daß Justus und ihre Kollegen von einem nur verhältnismäßig kurzen Transport im Wasser ausgehen. Sie vermuten, daß sich unweit der Fundstelle einst ein frühmenschlicher Lagerplatz befand, von dem aus das Material in die erwähnten Hohlräume eingeschwemmt wurde.

Die insgesamt recht komplizierten Fundverhältnisse waren auch einer der Gründe für den anfänglichen Streit über das Alter der Fossilien von Dmanisi. Zwar ermittelte man für eine vulkanische Schicht direkt unterhalb der Fundlinsen schon 1992 mit mehreren naturwissenschaftlichen Datierungsverfahren ein Alter von etwa 1,8 Millionen Jahren; zahlreiche Kritiker wiesen jedoch darauf hin, daß dieses Datum nur ein *Höchst*alter darstelle und daß die Fundansammlungen in den Hohlräumen unter Umständen sehr viel jünger sein könnten, wie es manche Experten ja auch aus der Form des 1991 aufgefundenen Unterkiefers schlossen (vgl. S. 61).

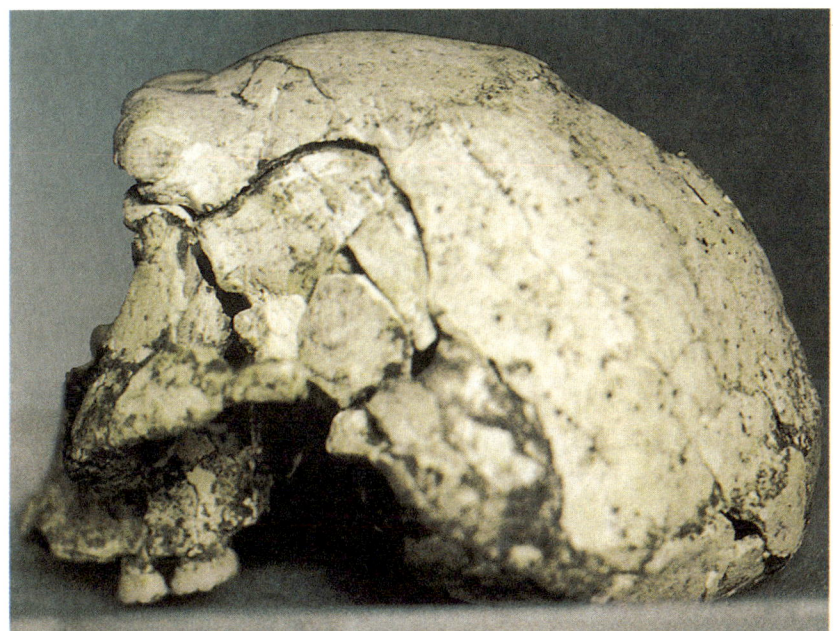

*Abb. 1.17:*
*1,7 Millionen Jahre*
*alter Schädel eines*
*jugendlichen Homo*
*erectus (Homo*
*ergaster) aus*
*Dmansi mit noch*
*großenteils erhalte-*
*ner Gesichtspartie*
*in der Seitenansicht.*

Mittlerweile gelang es aber dem amerikanischen Geochronologen Carl Swisher (vgl. S. 52), der neben seiner Tätigkeit auf Java auch zum Forscherteam von Dmanisi gehört, durch paläomagnetische Messungen (vgl. Kap. 2) für die dortigen Funde ein zuverlässiges Alter von 1,7 Millionen Jahren zu ermitteln. Die Ausgräber weisen ferner zu Recht darauf hin, daß sich unter den Tierknochen des georgischen Fundplatzes auch die Reste zweier Mäusearten der Gattung *Mimomys* befinden, die bekanntermaßen ausschließlich vor 2 bis 1,6 Millionen Jahren lebten. Mittlerweile zweifeln daher nur noch wenige Fachleute daran, daß der Fundplatz und seine frühmenschlichen Zeugnisse tatsächlich rund 1,7 Millionen Jahre alt sind.

Die Fossilfunde von Dmanisi sind damit – zusammen mit den Schädelbruchstücken der beiden erwähnten Fundstätten auf Java (vgl. S. 52) und einem allerdings umstrittenen Unterkieferfragment aus 1,9 Millionen Jahre alten Schichten der Longgupo-Höhle in China – die weltweit ältesten Knochenreste des frühen Menschen außerhalb Afrikas. Zwar liegen darüber hinaus auch aus zwei israelischen Stationen (Yiron und Ubeidija) sichere Hinweise auf die Anwesenheit von Hominiden bereits vor 2,4 bzw. 1,5 Millionen Jahren vor; dort fanden sich – neben umfangreichen Tierknocheninventaren – jedoch bislang ausschließlich Steingeräte und keine frühmenschlichen Skelettreste, so daß unklar bleibt, welche Vertreter der

Gattung *Homo* (oder der späten Australopithecinen, vgl. S. 36 ff.) sich hier schon zu dieser frühen Zeit im ›Vorhof Afrikas‹ (vgl. Kap. 3) aufhielten.

Die beiden 1999 in Dmanisi entdeckten Schädel lassen dagegen aufgrund ihrer anatomischen Gestalt keinen Zweifel daran, daß sie vom Homo erectus stammen und daß sich dieser Frühmensch tatsächlich bereits unmittelbar nach seiner Herausbildung in Afrika auf die Wanderschaft in andere Weltgegenden begab. Im Gegensatz zu dem 1991 geborgenen Unterkiefer (vgl. S. 61) wirken sie nämlich außerordentlich altertümlich: Sie haben Innenvolumina von nur ungefähr 650 bzw. 780 cm$^3$, wie sie innerhalb der Homo erectus-Linie nur bei den frühesten Vertretern vorkommen, und weisen auch im anatomischen Bau deutlich mehr Ähnlichkeiten mit den ältesten afrikanischen Angehörigen dieser Linie (*Homo ergaster*, vgl. S. 45 f.) aus der Zeit vor 1,8 bis 1,5 Millionen Jahren auf als mit jüngeren asiatischen Homo erectus-Individuen. Wären die Schädel »in einem frühen afrikanischen Fundzusammenhang« entdeckt worden, so wäre »niemand überrascht gewesen«, zitierte das amerikanische Wissenschaftsmagazin ›Science‹ den britischen Paläanthropologen Peter Andrews.[25] Und ihre Ähnlichkeit mit dem 1,6 Millionen Jahre alten Skelett eines jugendlichen Homo erectus von Nariokotome am kenianischen Turkanasee (vgl. S. 46) ist sogar so groß, daß der amerikanische Frühmenschenforscher Dan Lieberman

bemerkte: »Sie könnten die Geschwister des Jungen von Nariokotome sein«.[26]

Auch die in Dmanisi ausgegrabenen einfachen Steingeräte, die in ihrer Machart den ältesten afrikanischen Artefakten ähneln, passen gut zu der vermuteten Besiedlung des Platzes noch vor der Erfindung des Faustkeils und der Herausbildung der Acheuléen-Technologie. Manche Archäologen spekulieren sogar, die Frühmenschen von Dmanisi könnten zu einer jener afrikanischen Auswanderergruppen gehört haben, die sich vor 1,7 Millionen Jahren gerade auf dem Weg nach Ostasien befanden und dort dann die ›faustkeilfreie‹ Werkzeugtradition begründeten (vgl. S. 53 f.). Doch dazu liegt Dmanisi geographisch viel zu weit nördlich, und überdies dürften damals (wie auch während des ganzen nachfolgenden Paläolithikums) nahezu ständig größere oder kleinere Wanderungen von Frühmenschengruppen in ganz unterschiedliche Richtungen und Regionen stattgefunden haben, so daß es unsinnig wäre, diese Migrationen als ›punktuelle‹, individuell erschließbare Einzelereignisse zu betrachten (vgl. S. 58 f. und Kap. 5).

Was aber ermöglichte es diesen frühen Homo erectus-Gruppen vor 1,7 oder 1,8 Millionen Jahren, sich mit einer noch vergleichsweise rudimentären Technologie über so erstaunlich große Teile der Alten Welt zu verbreiten und in derart weit voneinander entfernten Regionen Fuß zu fassen? Der Schlüssel zur Beantwortung dieser Frage liegt möglicherweise in den damaligen Klima- und Umweltverhältnissen, die trotz der großen räumlichen Distanzen in den seinerzeit besiedelten Regionen recht ähnlich gewesen sein könnten. So befanden sich die Fundstätten Javas beispielsweise auf fast genau demselben geographischen Breitengrad wie diejenigen Ostafrikas, und selbst an dem vergleichsweise weit nördlich gelegenen Fundplatz Dmanisi tummelten sich zur Zeit seiner Besiedlung, wie die aufgefundenen Faunenreste beweisen, wärmeliebende Großtierarten wie der Südelefant, das etruskische Nashorn oder die Giraffe. Die Frühmenschen dürften also auch dort in einer »offene[n], savannenartige[n] Graslandschaft« ähnlich derjenigen Afrikas gelebt haben, wie Justus und Jöris vom Dmanisi-Ausgräberteam hervorheben.[27] Und »ein Gürtel offener tropischer und subtropischer Landschaften erstreckte sich« nach den Worten der amerikanischen Forscher Roy Larick und Russell L. Ciochon auch »vom heutigen Saudi-Arabien ostwärts (...) bis nach Südostasien«. – »Diese Habitate lockten, obwohl sie verschiedenartige Vegetationstypen umfaßten, die (...) Hominiden nicht weniger an als die afrikanischen Graslandschaften«, vermuten die beiden Forscher weiter.[28]

Die Besiedlung der südlicheren Teile Asiens durch den frühen Menschen erforderte aufgrund dieser günstigen Umweltbedingungen wohl noch keine besondere Anpassungsleistung, und komplizierte Steinwerkzeuge waren daher ebenso wenig notwendig wie die Nut-

zung des Feuers oder die Verwendung von Kleidungsstücken und Behausungen als Kälteschutz (was natürlich nicht ausschließt, daß die eine oder andere dieser Errungenschaften dennoch bereits vorhanden war). Der frühe Homo erectus konnte sich vielmehr – wie zahlreiche Tiere auch – nackt und ohne umfangreichere technische Hilfsmittel in den Nahen Osten und ins Kaukasusgebiet, ja sogar bis nach Indien, Indonesien und Südchina ausbreiten, ohne daß er dabei die subtropische und warm temperierte Umwelt, an die er von Natur aus angepaßt war, verlassen mußte. Die erste ›Kolonisierung der Erde‹ durch den Menschen war mit anderen Worten noch nicht so sehr ein ›kultureller‹ als vielmehr ein ›biologischer‹ Prozeß, bei dem der gegenüber den Australopithecinen veränderte Körperbau des Homo erectus, sein wesentlich höherer Wuchs und sein verbessertes Laufvermögen bedeutsamer gewesen sein könnten als die Machart seiner Steingeräte.

Ganz ohne ›Kultur‹ kam er aber dennoch schon bei seinen damaligen Wanderungen nicht aus, denn um die Tierkadaver zu zerteilen, deren Fleisch ihn zumindest ein Stück weit unabhängig von den regional ja in sehr unterschiedlichem Maße verfügbaren Nahrungspflanzen machte, benötigte er wie erwähnt seine steinernen Messer und Hämmer (vgl. S. 35). Und um die bei seinen Streifzügen gewiß wichtigen Wasser- und Nahrungsreserven mit sich führen zu können, dürfte er auch bereits irgendwelche Behältnisse aus Fell oder Häuten gekannt haben, die freilich archäologisch kaum nachweisbar sind (vgl. S. 45).

Um die warmen Savannenlandschaften des südlichen Eurasien zu verlassen, reichte diese vor 1,6 Millionen Jahren bereits vorhandene rudimentäre ›Kulturausstattung‹ allerdings noch nicht aus. Vermutlich deshalb ist Dmanisi bis heute der nördlichste Punkt auf der Karte der damals besiedelten Welt geblieben, und vielleicht aus dem gleichen Grund drang der Homo erectus zu dieser Zeit anscheinend auch noch nicht weiter nach Westen, ins kühlere Mitteleuropa, vor. Dies gelang ihm erst, als er ein großes Stück weiter auf seinem Weg vom Natur- zum ›Kulturwesen‹ (vgl. S. 31) vorangekommen war – vor frühestens 1 Million Jahren, als ein neues Kapitel in der urgeschichtlichen Kulturentwicklung aufgeschlagen wurde.

Kapitel 2

# Die früheste Besiedlung Europas (1 Million bis 400 000 Jahre v.h.)

Bis vor kurzem war der rund 600 000 Jahre alte Unterkiefer des *Homo heidelbergensis* (vgl. S. 52) der älteste fossile Menschenrest Europas. Tatsächlich nahmen auch viele Fachleute an, daß der frühe Mensch erst etwa um diese Zeit den europäischen Kontinent zum ersten Mal betreten habe – zuvor hatten ihn nach Überzeugung der betreffenden Forscher das dortige stellenweise sehr kühle Klima und die in Europa häufig vorkommenden gefährlichen Raubtiere (unter ihnen die berühmten Säbelzahnkatzen) daran gehindert. Doch diese Vermutung zerstob 1994 gleichsam über Nacht, als in Italien und Spanien fast zeitgleich fossile Menschenreste ans Tageslicht kamen, die die Besiedlung zumindest der südlichen Teile des

Kontinents um mehr als 200 000 Jahre zurückdatierten.

In Italien waren es zahlreiche Knochenfragmente, die im Frühjahr 1994 beim Bau einer Straße nahe Ceprano 90 km südöstlich von Rom aufgefunden und in annähernd zweijähriger Puzzlearbeit zur imposanten Schädelkappe eines Frühmenschen mit gewaltigen Überaugenwülsten zusammengesetzt wurden. Sein Alter schätzen die Experten auf der Grundlage naturwissenschaftlicher Datierungen auf etwa 800 000 bis 900 000 Jahre. Ungefähr gleich alt oder eine Spur jünger sind die iberischen Funde; sie kamen in der Sierra de Atapuerca in Nordspanien, 14 km östlich der Stadt Burgos zutage, und sie sind aufgrund ihres gut dokumentierten Fundzusammenhangs besonders aufschlußreich.

## Die Frühmenschen von Atapuerca

Eine Bergbaugesellschaft sprengte gegen Ende des 19. Jahrhunderts eine Eisenbahntrasse durch die Kalksteinhügel von Atapuerca und legte dabei zahlreiche Karsthöhlen frei, die mit fossilen Tierknochen verfüllt waren. In einer ehemaligen Höhlenkammer namens Gran Dolina gruben spanische Archäologen unter der Leitung von Eudald Carbonell und Aurora Martín Nájera zwischen 1994 und 1996 nicht weniger als 80 frühmenschliche Schädelbruchstücke, Zähne und Extremitätenknochen aus, die nach den anatomischen Analysen von mindestens sechs verschiedenen Individuen stammen. Die Fossilien fanden sich zusammen mit zahlreichen Steingeräten und Tierknochen in einem geologischen Horizont, der in der Schichtenabfolge der Fundstelle ungefähr 1 m unterhalb des ›Matuyama-Brunhes-Überganges‹ liegt – einer in der Geologie wohlbekannten Grenzlinie zwischen zwei aufeinanderfolgenden erdmagnetischen Epochen (Umkehrrung des Magnetfeldes von südlicher zu nördlicher Polarität), die weltweit auf ein Alter von ungefähr 780 000 Jahren geschätzt wird. Die Frühmenschenreste aus der Gran Dolina müssen also – wie mittlerweile auch andere Datierungsverfahren bestätigt haben – etwas

älter sein als diese markante Epochengrenze, und für eine solch frühe Zeitstellung weisen sie einige unerwartete anatomische Besonderheiten auf.

So stellten die Bearbeiter beispielsweise mit Erstaunen fest, daß die (allerdings überwiegend stark fragmentierten) Schädelreste zum Teil ein überraschend ›modern‹ ausgebildetes Mittelgesicht besaßen, während die Überaugenwülste und die Zähne sich noch äußerst robust und archaisch ausnehmen. Die Fossilien zeigen mit anderen Worten eine merkwürdige Mischung aus ›fortschrittlichen‹ und ›altertümlichen‹ Merkmalen, für die sich zum Teil Parallelen beim modernen Menschen, zum größeren Teil aber beim europäischen Neandertaler und sogar noch beim frühen afrikanischen Homo erectus (*Homo ergaster*, vgl. Kap. 1) finden lassen. Die Forscher folgerten aus diesem Umstand, daß die Skelettreste keiner der bisher bekannten Hominidenarten angehören, und entschlossen sich, sie einer gänzlich neuen Frühmenschenspezies zuzuordnen, die sie *Homo antecessor* (lat. ›Vorfahr‹, ›Pionier‹) nannten.

Nach ihrer Theorie soll es sich bei diesem Hominiden um den letzten gemeinsamen Vorfahr von Neandertaler und modernem Homo sapiens gehandelt haben, woraus sie auch das merkwürdige Puzzle verschieden gearteter anatomischer Merkmale erklären. Der ursprünglich in Afrika aus dem *Homo ergaster* entstandene (dort allerdings bislang noch nirgends nach-

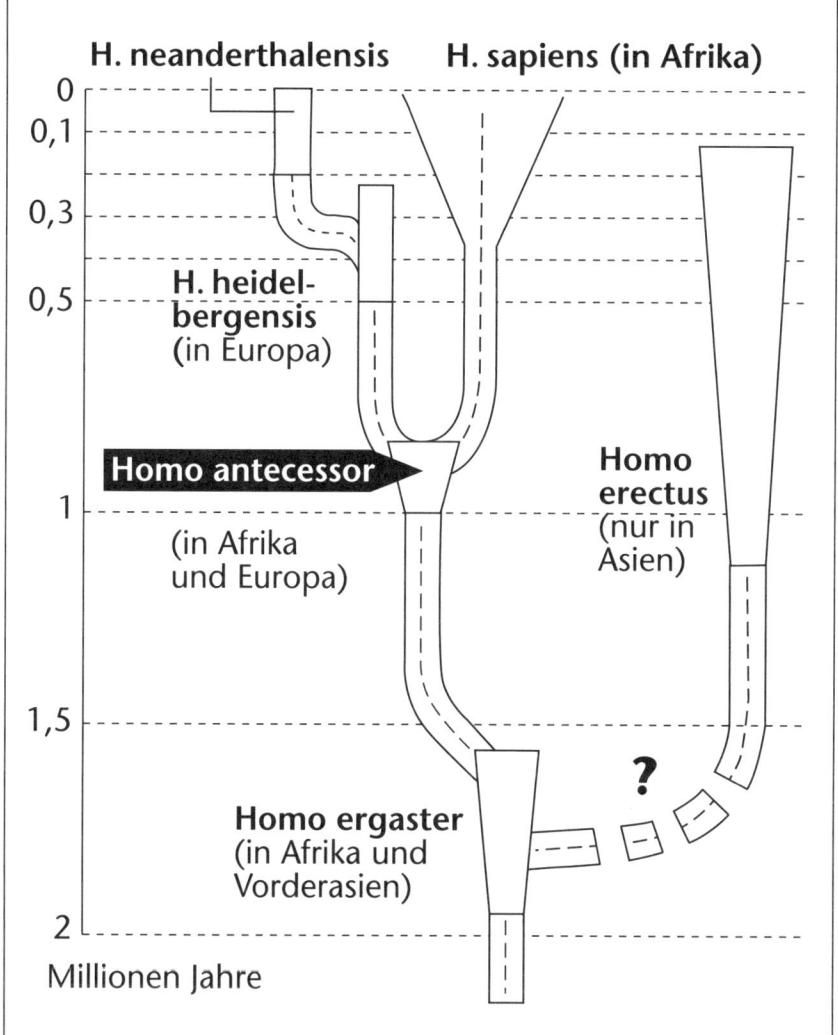

Abb. 2.1:
Entwicklungs-
stammbaum der
Frühmenschen
nach den Vorstel-
lungen der Bear-
beiter des ›Homo
antecessor‹ von
Atapuerca in
Spanien.

**Figure labels:**

H. neanderthalensis    H. sapiens (in Afrika)

0
0,1
0,3
0,5

H. heidel-
bergensis
(in Europa)

Homo antecessor

(in Afrika
und Europa)

Homo
erectus
(nur in
Asien)

1

1,5

?

Homo ergaster
(in Afrika und
Vorderasien)

2

Millionen Jahre

gewiesene) *Homo antecessor* sei, so mutmaßen sie, vor 1 Million bis 800 000 Jahren als erster Hominide nach Europa gewandert und habe sich dort zum *Homo heidelbergensis* (vgl. S. 67) weiterentwickelt, aus dem dann später der Neandertaler hervorging (Abb. 2.1). Aus den in Afrika verbliebenen *antecessor*-Populationen sei dagegen der archaische Homo sapiens und schließlich, vor etwa 150 000 Jahren, der anatomisch moderne Mensch entstanden. Als Gruppen dieses afrikanischen Homo sapiens während der letzten Eiszeit vor etwa 40 000 Jahren erneut in Europa einwanderten und dort auf die klassischen Neandertaler stießen (vgl. Kap. 5), habe es sich mithin um die Begegnung zweier Menschenformen gehandelt, deren evolutionäre Stammlinien gleichermaßen aus dem rund 800 000 Jahre zuvor lebenden *Homo antecessor* hervorgingen. Zur Untermauerung dieses Modells verweisen einige Urmenschenforscher auch auf aktuelle paläogenetische Studien, nach denen sich die Entwicklungswege von Neandertaler und Homo sapiens tatsächlich vor ungefähr 600 000 Jahren getrennt haben sollen.

Wir werden auf diese Fragen in Kap. 5 noch einmal ausführlicher zurückkommen – vorläufig soll der Hinweis genügen, daß die Einführung des neuen Artnamens für die Fossilien aus der Gran Dolina in der Fachwelt nicht ohne Kritik blieb und daß die Bezeichnung *Homo antecessor* keineswegs allgemein akzeptiert worden ist. Ebenso stieß auch die Hervorhebung der scheinbar so ›modernen‹ Züge dieses Frühmenschen auf beträchtliche Skepsis, weil sie sich in erster Linie auf den gut erhaltenen Schädelrest eines einzelnen Jugendlichen stützt; nicht ausgewachsene Individuen besitzen aber stets eine zierlichere und ›grazilere‹ Anatomie als Erwachsene, die daher kaum als für die ganze betreffende Menschengruppe repräsentativ gelten kann.

Zusammen mit den frühmenschlichen Fossilien wurden in der Gran Dolina von Atapuerca auch annähernd 200 Steingeräte ausgegraben, bei denen es sich – wie in Dmanisi und nahezu allen altpaläolithischen Fundstellen Asiens (vgl. Kap. 1) – ausschließlich um Abschlag- und Geröllgeräte handelte. Faustkeile und die mit ihnen verbundenen anderen charakteristischen Werkzeugtypen des Acheuléen sind in der Fundstätte vorläufig nicht belegt, obwohl sie in Afrika und im Nahen Osten – woher die frühen Europäer ja vermutlich stammten – vor 800 000 Jahren schon längst gebräuchlich waren (vgl. Kap. 1). Dieser Umstand unterstreicht ein weiteres Mal, daß das Vorhandensein oder Fehlen ›acheuloider‹ Geräteformen in einem bestimmten Fundensemble oder auch einer ganzen Fundregion nicht unbedingt aus ihrer Kenntnis oder Nichtkenntnis durch die betreffenden Frühmenschen zu erklären sein muß, sondern auch mit anderen, uns noch weitgehend unbekannten Faktoren zusammenhängen kann (vgl. Kap. 1).

Steingeräte von vergleichbarem oder sogar noch höherem Alter, deren Artefaktcharakter allerdings zum Teil umstritten ist, wurden auch an anderen Fundplätzen in Spanien (Carmona), Südfrankreich (Grotte du Vallonet, Soleilhac) und Italien (Monte Poggiolo, Isernia la Pineta) aufgefunden. In dieser Beziehung machte jüngst besonders das Orce-Bassin in Andalusien (Südostspanien) von sich reden, wo Archäologen gleich an mehreren Stellen im Uferbereich eines ehemaligen Sees zweifelsfreie Steinartefakte von sehr hohem Alter entdeckten. Nach vorläufigen paläomagnetischen Messungen sol-

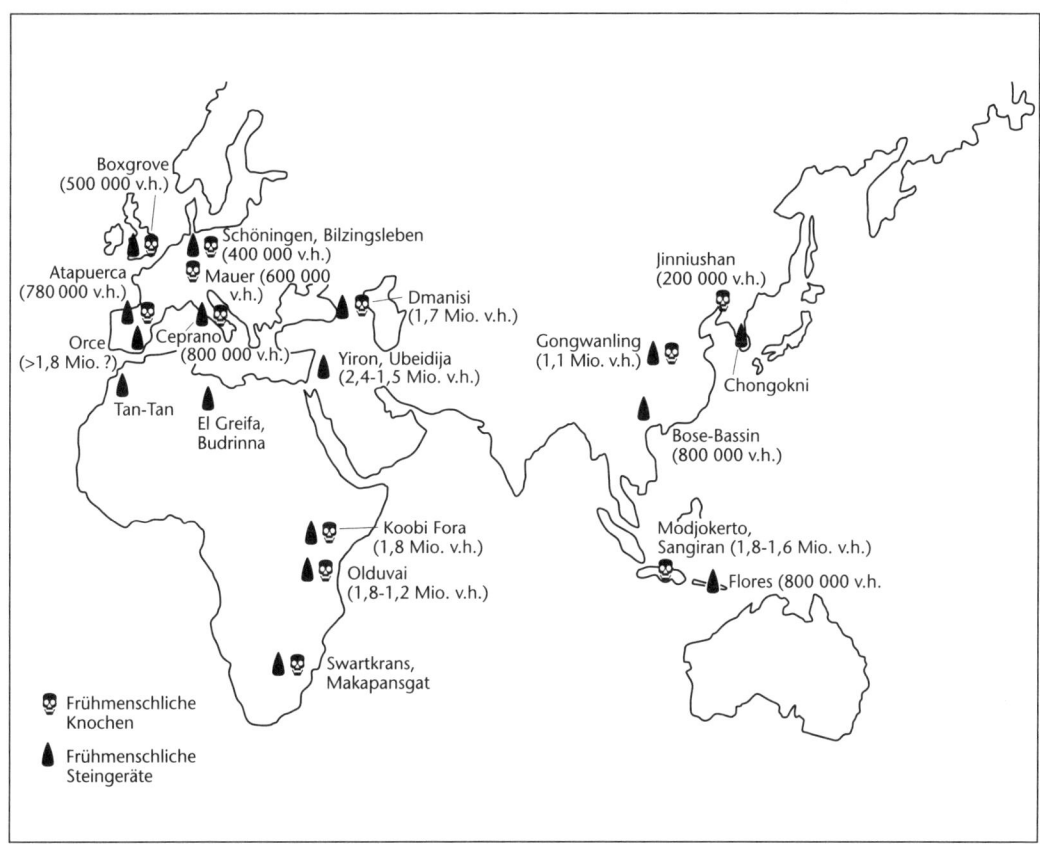

*Karte 2: Wichtige in Kap. 1 bis 3 erwähnte frühmenschliche Fundorte.*

len sie vor nicht weniger als 1,8 bis 1,4 Millionen Jahren abgelagert worden sein – die entsprechenden Untersuchungen haben jedoch gerade erst begonnen, und viele Fachleute halten ein deutlich jüngeres Alter zwischen 1,2 Millionen und 800000 Jahren für sehr viel wahrscheinlicher.

Doch ganz gleich, welche der beiden Schätzungen sich am Ende auch als die richtige erweisen mag: Die beschriebenen Entdeckungen der letzten zehn Jahre in Südwesteuropa lassen kaum mehr einen Zweifel daran, daß die ›kurze Chronologie‹ für die Besiedlung unseres Kontinents, die eine Anwesenheit des Menschen frühestens seit etwa 600000 Jahren annimmt, heute nicht mehr pauschal aufrechterhalten werden kann, sondern daß zumindest im wärmeren südlichen Teil Europas Hominidengruppen bereits vor 1 Million Jahren oder mehr Fuß gefaßt haben müssen.

Das wirft die interessante Frage auf, woher diese Frühmenschen genau kamen und auf welchen Wegen sie im einzelnen nach Spanien, Italien und Südfrankreich gelangten. Nach traditioneller Auffassung soll Europa vorwiegend von Osten her, über Vorderasien und den Balkanraum, besiedelt worden sein – doch liegen in Südosteuropa bislang noch kaum Funde aus der fraglichen Zeit vor, die eine solche Einwanderung während dieser Periode belegen könnten. Die frühesten Fundplätze Europas konzentrieren sich vielmehr, wie beschrieben, im westlichen Mittelmeerraum, und dieser Umstand hat eine Diskussion darüber ausgelöst, ob nicht hier, in Südwesteuropa, eine direkte Kolonisierung der Iberischen Halbinsel von Nordafrika her stattgefunden haben könnte. Dieser Gedanke ist nicht ganz neu, denn einzelne Archäologen haben ihn schon seit längerem im Hinblick auf die Träger der Faustkeilkulturen vor 500 000 bis 300 000 Jahren geäußert, weil sie eine außergewöhnliche Ähnlichkeit und Parallelentwicklung des Acheuléen in Nordafrika und auf der Iberischen Halbinsel feststellten. Durch die Entdeckung der beschriebenen, noch weit älteren Fundplätze in Südwesteuropa hat die Frage aber eine neue, zusätzliche Aktualität und ein weit größeres Gewicht erhalten.

Nun hätte freilich ein Übergang von Afrika nach Europa im Bereich der Straße von Gibraltar, wo sich die beiden Kontinente am nächsten liegen, nach allem, was man heute weiß, eine Meeresüberquerung von mehreren Kilometern Länge erfordert. Die heute etwa 14 km breite und über 300 m tiefe Meeresstraße dürfte nämlich nach übereinstimmender Meinung der Fachleute selbst während der kältesten Phasen des Eiszeitalters, als der Meeresspiegel zeitweise bis zu 150 m unter seinem heutigen Niveau lag, immer noch mindestens 5 bis 7 km breit gewesen sein – ein völliges Trockenfallen erscheint aus geologischen Gründen so gut wie ausgeschlossen. Damit aber müßten die Frühmenschen, wenn sie wirklich an dieser Stelle zum ersten Mal nach Europa übersetzten, über einfache Wasserfahrzeuge – möglicherweise Flöße irgendwelcher Art – oder zumindest über wirksame Schwimmhilfen wie Schilfbündel oder aufgeblasene Tierhäute verfügt haben.

In der Zeit vor mehr als 1,5 Millionen Jahren, aus der die ältesten Steinwerkzeuge von Orce in Spanien stammen sollen (vgl. S. 70f.), erscheint eine solche Meeresüberquerung nur schwer vorstellbar, doch für die Periode vor 800 000 oder 1 Million Jahren ist sie sehr viel eher denkbar. Eben aus jener Zeit liegen nämlich vom anderen Ende der Welt – aus Südostasien – Hinweise darauf vor, daß der Homo erectus die indonesische Insel Flores 600 km östlich von Java, die während des gesamten Eiszeitalters durch tiefe Meeresstraßen vom Festland abgetrennt war, über eine Wasserstrecke von möglicherweise 15 km hinweg besiedelte. Als Hilfsmittel könnten ihm dabei, wie die auf Flores tätigen australischen, holländischen und indonesischen Archäologen vermuten, einfache Flöße aus Bambus gedient haben.[1] Und auch von der Insel Sardinien, die während des Eiszeitalters weder mit dem italienischen Festland noch mit Afrika eine Landverbindung besaß, wurden Hinweise auf eine mögliche Besiedlung übers Meer schon vor mehreren hunderttausend Jahren gemeldet.[2] Wenn sich diese Indizien für die Kolonisierung dauerhaft vom Festland abgetrennter Inseln schon während des älteren Paläolithikums erhärten ließen, dann wäre auch eine ›seefahrerische‹ Überquerung der Straße von Gibraltar vor 1 Million oder 800 000 Jahren keineswegs undenkbar.

## Wann wurde Mitteleuropa besiedelt?

Im weiter nördlich gelegenen Teil des Kontinents, jenseits der Pyrenäen und Alpen, stellt sich die Situation bis heute etwas anders dar. Hier ist der massige Unterkiefer des *Homo heidelbergensis* von Mauer nahe Heidelberg, den aufmerksame Sandgrubenarbeiter 1907 aus fossilreichen Ablagerungen des Neckar bargen, nach wie vor der älteste bekannte menschliche Knochenrest – nur ein 1993 in der südenglischen Fundstätte Boxgrove entdeckter Unterschenkelknochen (vgl. S. 82) könnte ihm an Alter annähernd gleichkommen. Leider ließ sich die genaue Zeitstellung des Mauerer Fossils, das von den meisten Fachleuten der Art

*Homo erectus* zugerechnet, von einigen Forschern aber auch zur Aussonderung einer eigenen Spezies *Homo heidelbergensis* verwendet wird (vgl. S. 69 und Vorwort), trotz intensiver Forschungen bis heute nicht eindeutig klären; verschiedene naturwissenschaftliche Datierungsverfahren erbrachten vielmehr recht unterschiedliche Resultate im Bereich zwischen 750 000 und 500 000 Jahren v. h. Am häufigsten wird dem Unterkiefer derzeit ein Alter von ungefähr 600 000 Jahren zugeschrieben, und etwa 100 000 Jahre nach dieser Zeitmarke setzen in Mitteleuropa auch die ersten archäologisch gut überlieferten Jagd- und Lagerplätze der Frühmenschen ein, von denen wir nachher zwei noch genauer kennenlernen werden.

Die meisten Forscher halten dieses zeitliche Zusammentreffen nicht für einen Zufall, sondern gehen davon aus, daß Mitteleuropa tatsächlich erst vor gut einer halben Million Jahren vom Homo erectus oder einer Sonderform wie dem *Homo heidelbergensi*s besiedelt wurde. Sie halten für diesen Raum also an der erwähnten ›kurzen Chronologie‹ fest, und tatsächlich erscheint es grundsätzlich denkbar, daß ein gewisser zeitlicher Abstand zwischen der Erschließung der südlichen und der nördlichen Teile des Kontinents lag. Jenseits der großen Gebirge herrschte nämlich ein wesentlich kühleres Klima als im südlicher gelegenen Mittelmeerbereich, und vor allem die kalten, vegetationsarmen Winter dürften den ursprünglich ja ans Savannenleben gewöhnten

Hominiden (vgl. Kap. 1) eine erhebliche Anpassungsleistung abverlangt haben. Ein wirklich schlüssiger Beweis ist dieses Argument freilich trotz seiner scheinbaren Plausibilität nicht, zumal der Homo erectus in Asien schon vor rund 1 Million Jahren auch in die nördlicheren, winterkalten Regionen vorgedrungen zu sein scheint. Dies zeigt beispielsweise die ungefähr 900 000 Jahre alte paläolithische Fundstätte Gongwangling in China (ca. 90 km östlich der alten Kaiserstadt Xi'an), die jenseits der Tsinlingshan-Gebirgskette, welche den Süden und den Norden des Landes trennt, etwa auf Höhe des 35. nördlichen Breitengrades liegt.

Einige Forscher sind denn auch davon überzeugt, daß die menschliche Besiedlung Mitteleuropas ähnlich weit zurückreicht, und in der Tat gibt es eine ganze Reihe von Funden und Indizien, die eine solche ›lange Chronologie‹ zu stützen vermögen. So sind besonders aus dem östlichen Teil Mitteleuropas einige Fundstätten fossiler Tierknochen (z. B. Prezletice und Stránská Skála in Tschechien) bekannt, in denen die Ausgräber auch auf frühmenschliche Artefakte und – im Falle Prezletices – sogar auf einen frühmenschlichen Behausungsgrundriß aus der Zeit vor rund 700 000 Jahren gestoßen zu sein glauben. In Deutschland, Frankreich und Tschechien bargen überdies Hobbyforscher wie der Essener Diplomingenieur Klaus Schmude und der Halterner Diplomchemiker Horst Klingelhöfer ganze Serien von modifizierten und zumindest ›artefaktverdächtigen‹

Quarz- und Quarzitgeröllen aus Kiesgruben und aus Schotterkörpern eiszeitlicher Flußterrassen beispielsweise des Rheins, der Mosel und der Werra, denen sie ein Alter von 700 000 bis zu 1 Million Jahren, ja in einigen Fällen sogar noch mehr zuschreiben. Diese durch den einstigen Transport im Wasser zumeist stark verschliffenen und verrollten Fundstücke (Abb. 2.3 a und b) weisen eine große Ähnlichkeit mit den Steingeräten auf, die man aus dieser Periode in Nordafrika und in Südeuropa kennt. Ihre Entdecker wie auch einige Facharchäologen sehen in ihnen die letzten erhalten gebliebenen und heute noch auffindbaren Zeugnisse einer Erstbesiedlung Mitteleuropas mehrere Jahrhunderttausende vor der Zeit, aus der die erwähnten ältesten Hominidenreste und ›vollständig‹ überlieferten Jagd- und Lagerplätze in unserem Raum bekannt sind.[3]

»Es ist kein Zufall, daß so viele archäologische Relikte aus den Anfängen menschlicher Geschichte im Zusammenhang mit alten Flußterrassen gefunden werden«, bemerkt der Urgeschichtsarchäologe Lutz Fiedler, einer der wichtigsten Verfechter der ›langen Chronologie‹ unter den Fachwissenschaftlern in Deutschland, zu diesem Material. »Die oft mehrere Kilometer breiten Hauptterrassen des Altpleistozäns waren einst Spielräume von Flußsystemen, die ständig mäandrierend ihr Hauptbett verlagerten und mit Nebenrinnen und verlandenden Totarmen eine naturgemäß offene und für Jäger siedlungsgünstige Land-

KAPITEL 2 – DIE FRÜHESTE BESIEDLUNG EUROPAS

*Abb. 2.2:*
*Blick in die Kies-*
*grube Welbers bei*
*Weeze in Nord-*
*rhein-Westfalen.*
*Hier fanden Samm-*
*ler eine größere An-*
*zahl ›artefaktver-*
*dächtiger‹ Funde*
*aus bis zu*
*1 Million Jahre*
*alten Ablagerungen.*

schaft formten. Wasser und Wild waren reichlich vorhanden, Steinmaterial zum Anfertigen von Werkzeugen gab es im Überfluß, und angeschwemmtes Treibholz erleichterte den Bau von Unterschlüpfen und Behausungen. Lagerplätze in einer solchen Umgebung wurden zwar durch erneute Überspülung immer wieder zerstört, aber die relativ stabilen Steingeräte blieben trotz Umlagerungen und Abrieb erhalten.«[4] Sie stellen angesichts ihrer räumlichen Zerstreuung und Vereinzelung, wie der Anthropologe und Artefaktsammler Günter Landeck erläutert, zwar »kein geschlossenes Inventar [mehr] dar und liefern demzufolge [auch] keine Erkenntnisse aus einem ableitbaren, zeitlich einheitlichen Zusammenhang damaliger Aktivitäten und Lebensgewohnheiten einer Urmenschengruppe. Sie zeigen aber bei Kenntnis der Altersstellung des Sediments die Anwesenheit des Menschen in einem definierten Zeitraum an und liefern Informationen über durchschnittliche technische Fertigkeiten und Erfordernisse«.[5] Diese Funde lassen daher nach Überzeugung der zitierten (und anderer) Forscher den Schluß zu, daß auch Mitteleuropa bereits vor annähernd 1 Million Jahren zum ersten Mal von Frühmenschen besiedelt wurde und daß deshalb auch hier – wie im Süden des Kontinents – eine nach unten hin ›verlängerte‹ Chronologie an die Stelle der ›kurzen‹ treten sollte.

Die Mehrheit der Facharchäologen weist diesen Standpunkt freilich bislang entschieden zurück, und einige unter ihnen lehnen es sogar

Abb. 2.3 a und b: Natürlich zerstoßene Flußkiesel oder stark verrollte frühmenschliche Steinwerkzeuge? An dieser Frage scheiden sich die Auffassungen der Fachleute. Die beiden Fundstücke stammen aus über 800 000 Jahre alten Flußablagerungen bei Weeze in Nordrhein-Westfalen.

rundweg ab, sich mit den Flußterrassenfunden auch nur ernsthaft auseinanderzusetzen. Nicht zuletzt aufgrund dieser manchmal geradezu feindseligen Haltung hat der Streit zwischen den beiden Lagern in den letzten Jahren bisweilen die Züge eines ›Glaubenskriegs‹ angenommen, der von beiden Seiten mit einiger Verbissenheit ausgetragen wird. Dabei ist die Frage, um die es letztlich geht, bei weitem nicht von so grundsätzlicher Bedeutung wie andere

kontrovers diskutierte Themen in der Urgeschichtsforschung (vgl. etwa Kap. 3 und 5), denn ob die Frühmenschen nun einige Jahrhunderttausende früher oder später in den Raum nördlich der großen europäischen Gebirge vordrangen, ist weltanschaulich gesehen sicherlich von eher geringer Brisanz. Vielmehr sind es wohl in erster Linie unterschiedliche Ansichten über die archäologische Arbeitsmethodik, die zu der Schärfe der Auseinandersetzung geführt haben, und im Hintergrund spielen gewiß auch Ressentiments mancher im Staatsdienst arbeitender Facharchäologen gegenüber den zumeist autodidaktisch geschulten und aus privatem Engagement arbeitenden Sammlern eine Rolle, die einen Großteil der umstrittenen Fundstücke geborgen haben.

Die Kritiker vermuten kurz gesagt, daß es sich bei den meisten der vorgelegten Funde in Wahrheit um natürlich zerscherbte und zerstoßene Flußgerölle, um sogenannte ›Geofakte‹ oder ›Pseudoartefakte‹, handele. Man weiß nämlich schon seit langem, daß Steine beim Transport in fließenden Gewässern durch das Schleifen am Flußgrund und durch den Zusammenprall mit anderen Steinen häufig zerplatzen und daß sie dabei die absonderlichsten

Formen annehmen können – darunter auch solche, die paläolithischen Steinwerkzeugen verblüffend ähnlich sehen. »In den nicht selten mächtigen Geröllagen der Flußterrassen bietet sich so immer Gelegenheit, auch an ›komplexe‹ Artefakte erinnernde Stücke zu finden«, begründeten die Urgeschichtsarchäologen Michael Baales, Olaf Jöris, Antje Justus und Wil Roebroeks kürzlich ihre ablehnende Haltung gegenüber den Funden und stellten eine Reihe von Merkmalen und Besonderheiten der Stücke zusammen, die nach ihrer Ansicht für deren natürliche Entstehung sprechen.[6]

So bestehen die ›Flußterrassenartefakte‹ fast ausschließlich aus den gleichen Gesteinsarten wie die Schotterkörper, innerhalb derer sie aufgefunden wurden – ortsfremde, aus weiterer

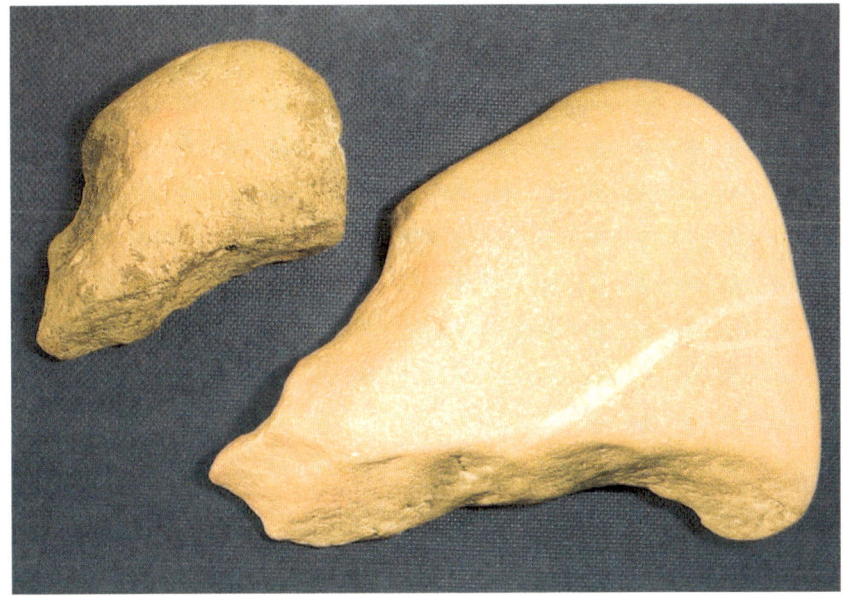

*Abb. 2.4: Artefaktverdächtiges Fundstück aus mehr als 800 000 Jahre alten Ablagerungen bei Weeze (rechts) und ein sicher vom frühen Menschen gefertigtes Steingerät aus der Fundstätte Terra Amata in Südfrankreich (links, sogenannter ›Terra-Amata-Pic‹, ca. 400 000 Jahre alt).*

Entfernung herantransportierte Gesteine kommen hingegen so gut wie nicht vor; der Typus des Geröll- oder Kerngeräts mit einer mehr oder minder großen Zahl von ›Abschlagnegativen‹ überwiegt bei ihnen mengenmäßig beträchtlich, während die Abschläge selbst, die in regulär ausgegrabenen Fundstellen den größten Teil des Artefaktmaterials ausmachen (vgl. Kap. 1), nur in vergleichsweise geringer Zahl vertreten sind; die meisten dieser seltenen Abschläge tragen dazuhin auf ihrer Rückseite noch die Außenrinde (›Kortex‹) des Gerölls, von dem sie abgetrennt wurden – es handelt sich bei ihnen somit überwiegend um ›Erstabschläge‹ und kaum um Zweit-, Dritt- oder Viertabschläge von einem stufenweise und zielgerichtet abgebauten Kernstein, wie sie bei einer Herstellung durch den frühen Menschen eigentlich ebenfalls zu erwarten wären (vgl. Kap. 1). Schließlich bleibt nach den Worten der Kritiker »festzuhalten, daß uns mit den Geröllkomplexen aus Schotterterrassen keine geschlossenen Fundinventare vorliegen. Die Funde stammen [vielmehr] aus den Geröllpaketen fluviatiler Terrassen und wurden zu Serien zusammengestellt, wobei durch Selektion der ›besseren Stücke‹ aus der vorhandenen Masse der Eindruck eines ›Fundensembles‹ entsteht«.[7]

Die Vertreter der ›langen Chronologie‹ bestreiten diese außergewöhnliche Zusammensetzung der Terrassenfundserien keineswegs, erklären sie jedoch aus den besonderen Ablagerungs- und Fundbedingungen in den ehemaligen Flußbetten, die sich keineswegs mit denen der ›regulären‹ Fundstellen in feinem Sediment vergleichen ließen. So habe die Ausspülung der Steingeräte aus überschwemmten Lagerplätzen an den Flußufern und ihr anschließender Transport im reißenden Wasser der Ströme zwangsläufig zu einer natürlichen Auslese und ›Sortierung‹ des Artefaktmaterials geführt, bei der sich nur die größten und stabilsten Stücke – eben die Kerngeräte und die Kortexabschläge – erhalten konnten. Auch die Zerstreuung der ursprünglich zusammengehörigen Artefaktensembles und die Vermischung der einzeln vom Wasser verlagerten Steingeräte mit dem natürlichen Schottermaterial des Flusses sei unter solchen Umständen nicht weiter verwunderlich, sondern geradezu zu erwarten. Wenn also ufernahe Lagerplätze auf die vermutete Weise vom Fluß ›ausgeräumt‹ und ihre Steingeräte später an anderer Stelle wieder abgelagert wurden, könne man gar keine andere ›Sortierung‹ und Zusammensetzung des Materials erwarten, als sie im Bereich der Flußterrassen tatsächlich anzutreffen ist – so lautet die zweifellos schlüssige und überzeugende Argumentation der Fürsprecher der Funde. Und auch die ausschließliche Verwendung am Ort verfügbarer Gesteinsarten für die Geräteherstellung und das beanstandete Übergewicht von Kortexabschlägen sind keineswegs allein für die Flußterrassenfunde typisch, sondern ebenso bei Inventaren aus anderen altpaläolithischen Fundstätten zu beobachten.

KAPITEL 2 – DIE FRÜHESTE BESIEDLUNG EUROPAS

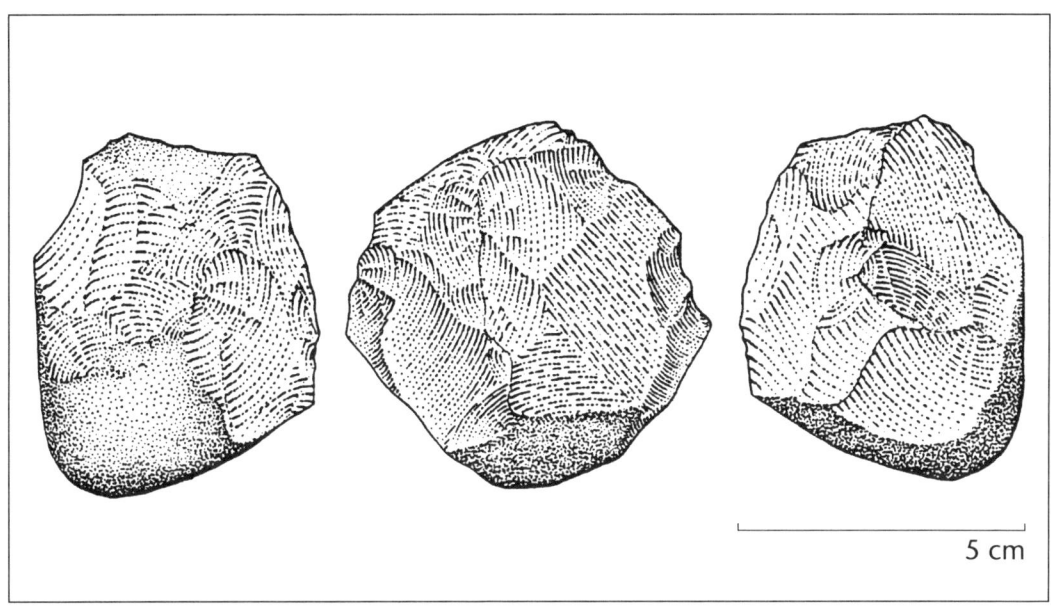

5 cm

*Abb. 2.5: Drei Ansichten eines Quarzitgerätes (sog. ›Polyeder‹) aus Ablagerungen der Fundstätte Dorn-Dürkheim 3 am Oberrhein, die nach paläomagnetischen Messungen sowie den fossilen Tierresten mindestens 800 000 Jahre alt sind.*

Eine Beurteilung ist damit naturgemäß schwierig und von der Sachlage her nur sehr eingeschränkt möglich, denn einerseits bestreitet kaum ein Archäologe, daß viele der in den Flußterrassen aufgesammelten Stücke von ihrer Formgebung und Gestalt her tatsächlich altpaläolithische Steingeräte sein *könnten*; andererseits fehlen aufgrund ihrer vereinzelten Auffindung und ihrer Einlagerung in eine große Masse natürlich zerstoßenen Gesteins eine ganze Reihe wichtiger Indizien und Belege für die Absicherung des Artefaktcharakters, die bei ›regulären‹ Fundstätten zumeist vorhanden sind und die auch zu Recht gefordert werden, wenn es um definitive, beweiskräftige Aussagen geht.

Die vernünftigste Schlußfolgerung aus dieser zwiespältigen Situation lautet daher wohl, daß es für eine abschließende Beurteilung dieser ›Incertofakte‹ (›unsicheren Geräte‹), wie sie einmal genannt wurden, ganz einfach noch zu früh ist. Um ein wirklich fundiertes Urteil über sie zu gewinnen, sollte unbedingt noch weiteres Material gesammelt, geprüft und mit erwiesenermaßen natürlich entstandenen ›Geofakten‹ verglichen werden. Gerade letztere sind in ihrer Entstehung und in ihrem Formenspektrum bislang noch viel zu wenig erforscht, was unbedingt nachgeholt werden sollte, denn wenn man Geofakte und Artefakte »im Grenzbereich möglichst exakt unterscheiden« lernen will, dann muß man, wie Klaus Schmude zu Recht betont, »*beide* [Gruppen] kennen, nicht nur eine«. – »Das Kennenlernen und die Untersuchung von Geofakten erfordert« aber, wie der Sammler weiter hervorhebt, »denselben Zeitaufwand wie den, den man für Artefakte aufwendet«[8] – besonders, wenn es sich um Stücke aus gröberen, ›zäheren‹ Gesteinen wie Quarz oder Quarzit handelt, auf denen Schlagmerkmale und Bestoßungsspuren sehr viel schwerer zu erkennen sind als auf dem ungleich feiner strukturierten Feuerstein (Silex). Schmude setzt sich daher für die Anlage regelrechter Geofaktsammlungen zu Vergleichszwecken ein, wie sie in Frankreich bereits vereinzelt existieren, und er plädiert darüber hinaus für den Einsatz von Verfahren der Mustererkennung und anderer Methoden aus der Informatik, um in der Natur regelhaft auftretende Stoß- und Bruchmerkmale besser von künstlichen unterscheiden zu können.

Diese Vorschläge erscheinen durchaus sinnvoll und vernünftig, und sie ließen sich am besten verwirklichen, wenn die mit wissenschaftlicher Autorität und öffentlichen Mitteln ausgestatteten Facharchäologen in Zukunft aufgeschlossener mit den privaten Sammlern zusammenarbeiten, sie kritisch beraten und so weit wie möglich auch praktisch unterstützen würden, wie es einzelne Forscher schon seit längerem tun. Die an sich berechtigte Vorsicht gegenüber möglichen ›Pseudoartefakten‹ sollte jedenfalls nicht, wie Fiedler zu Recht anmerkt, »dazu führen, daß archaische Steingeräte aus geologisch alten Terrassensystemen unbeachtet bleiben«; dies wäre um so bedauerlicher, als »Kulturrelikte des frühen Altpaläolithikums in größerer Anzahl in Mitteleuropa« möglicherweise »nur in dieser Situation zu finden« sind.[9]

Es ist vor diesem Hintergrund erfreulich, wenn die auf S. 77 zitierten Kritiker im Anschluß an ihre Einwände und Anmerkungen betonen, trotz ihrer skeptischen Haltung »alle Aktivitäten, die sich mit der Erstbesiedlung Europas befassen, uneingeschränkt zu begrüßen«. »Unsere Ablehnung dieser Funde als Artefakte sollte nicht als Ignoranz oder Intoleranz gegenüber den Befürwortern aufgefaßt werden«, erklären sie weiter, und begrüßen in diesem Zusammenhang ausdrücklich, daß »durch die andauernde Erforschung altpleistozäner Sedimente im nördlichen Europa ständig und wiederholt die (...) ›kurze Chronologie‹ auf ihren Bestand hin getestet [wird]«.[10] Wie schnell sich dabei die Befundlage verändern und die Chronologie der menschlichen Besiedlung um einige Jahrhunderttausende nach unten ›verlängern‹ kann, das hat ja die südwesteuropäische Forschung in den letzten zehn Jahren eindrucksvoll gezeigt (vgl. S. 67ff.).

Wenn einzelne Facharchäologen hingegen die Auffassung vertreten, die Suche nach derartigem Material und dessen gewissenhafte Auswertung belebe nur »unnötigerweise die alte Eolithendiskussion neu«[11] (als Eolithen oder ›Steine der Morgenröte‹ bezeichnete man im späten 19. und frühen 20. Jahrhundert vermeintliche Steingeräte, die sich später als Pseudoartefakte herausstellten), so erweisen sie damit dem Wissensfortschritt keinen guten Dienst. Übergroße Skepsis und voreingenommene Ablehnung von Funden und Meinungen, die nicht in das gerade gängige Wissenschaftsbild passen, haben in der Urgeschichtsforschung nämlich stets eine mindestens ebenso schädliche Rolle gespielt wie zu große Leichtfertigkeit und Laxheit im Umgang mit den wissenschaftlichen Standards.[12] Auch dies ist eine wichtige Lehre der Forschungsgeschichte, aus der es für die Zukunft Konsequenzen zu ziehen gilt.

Über die Erstbesiedlung des europäischen Kontinents besteht also nach nunmehr 150 Jahren Urgeschichtsforschung immer noch keine wirkliche Klarheit – doch ab der Zeit vor etwa 500 000 bis 400 000 Jahren werden die Verhältnisse wie erwähnt übersichtlicher. Aus dieser Periode sind in ganz Europa eine Reihe gut erhaltener und im ›Gesamtbefund‹ überlieferter Jagd- und Siedlungsplätze des frühen Menschen bekannt. In Deutschland sind dies etwa die Fundstätten Bilzingsleben in Thüringen sowie Miesenheim und Kärlich-Seeufer im Rheinland, in Frankreich die Stationen Terra Amata bei Nizza und Cagny bei Amiens, in England die Fundplätze Clacton-on-Sea in Es-

sex, Swanscombe in Kent und Hoxne in Suffolk, und in Ungarn die Station Vértesszölös unweit von Budapest.

An einzelnen dieser Fundstätten wurden ganze Lagerplätze der Frühmenschen mit den dazugehörigen Siedlungs- und Wohnstrukturen freigelegt,[13] an anderen fand man hingegen kaum mehr als ihre Steinwerkzeuge und die Knochen ihrer Beutetiere. Wir wollen im folgenden zwei Fundplätze aus dieser Zeit genauer unter die Lupe nehmen, die erst während der vergangenen beiden Jahrzehnte mit allen Raffinessen der modernen Archäologie ausgegraben wurden. Ihre Funde und Befunde sollen beispielhaft verdeutlichen, was die Frühmenschen in Europa vor 400 000 bis 500 000 Jahren bereits zu leisten vermochten – und was die heutige Urgeschichtsforschung mit geradezu detektivischen Methoden aus ihren unscheinbaren Hinterlassenschaften zu erschließen vermag. Der eine dieser Plätze ist der Fundort Schöningen in Niedersachsen, der seit einigen Jahren durch die Entdeckung einzigartiger altpaläolithischer Waffen und Geräte aus Holz von sich reden macht. Doch beginnen wollen wir mit der Fundstätte Boxgrove in Südengland, die seit nunmehr 15 Jahren mit beispielhafter Sorgfalt und Akribie untersucht wird und deren Fundmaterial viele Meinungen und Lehrsätze, die gerade in der englischsprachigen Archäologie lange Zeit als verbindlich und unanfechtbar galten, ins Wanken gebracht hat.

## Die Faustkeile von Boxgrove

Boxgrove liegt am Fuße der ›South Downs‹ in Sussex, 7 km nordöstlich des kleinen Städtchens Chichester. Die dortige Küstenebene war während der Warmzeiten des Eiszeitalters, als die Gletscher weltweit abschmolzen und der Meeresspiegel zum Teil einige Meter über seinem heutigen Niveau lag, mehrfach überflutet, und die während dieser Phasen abgelagerten Sande und Kiese werden heute industriell abgebaut. Schon im 19. Jahrhundert fanden sich in den dazu angelegten Sandgruben die ersten paläolithischen Steinwerkzeuge, und seit 1985 führt der britische Archäologe Mark Roberts an diesem Ort systematische archäologische Ausgrabungen durch. Sie weiteten sich mit dem Umfang der Entdeckungen im Laufe der Jahre immer mehr aus und mündeten schließlich in regelrechte Flächengrabungen, die von der britischen Denkmalpflegeinstitution ›English Heritage‹ mit einem finanziellen und personellen Aufwand vorangetrieben wurden, von dem deutsche Urgeschichtsarchäologen nur träumen können (das Budget für die Boxgrove-Grabung betrug allein im Jahr 1995 nicht weniger als 230 000 britische Pfund!).

Zu Weltruhm gelangte die Fundstätte, als Roberts und seine Mitarbeiter dort Ende 1993 den ersten frühmenschlichen Knochen entdeckten – das linke Schienbein eines Mannes, der von den britischen Medien sogleich enthu-siastisch als der ›erste Engländer‹, ja der ›erste Europäer‹ gefeiert wurde. Tatsächlich ermittelte man für die Fundschicht mit physikalischen Datierungsmethoden und mit Hilfe der sogenannten ›Mäuseuhr‹ – der minutiösen Auswertung des Knochenspektrums der Nagetiere, die während des Eiszeitalters starken Veränderungen unterworfen waren (vgl. Kap. 1) – ein Alter von 478 000 bis 524 000 Jahren, also rund einer halben Jahrmillion. Das Schienbein von Boxgrove wäre damit deutlich jünger als die Menschenreste von Ceprano und aus der Gran Dolina von Atapuerca (vgl. S. 67 f.), dagegen annähernd gleich alt wie der Unterkiefer von Mauer, dessen Alter heute wie erwähnt auf ungefähr 500 000 bis 600 000 Jahre geschätzt wird (vgl. S. 73). Die Bearbeiter rechnen den Boxgrover Fund daher auch der Art *Homo heidelbergensis* zu, die nach dem Mauerer Fossil benannt ist, und tatsächlich scheint dieser Frühmensch der erste Hominide gewesen zu sein, der England besiedelte. Dies geschah mit Sicherheit auf dem Landweg, denn die heutige Insel war während der Kaltphasen des Eiszeitalters mit ihren stark abgesenkten Meeresspiegelhöhen (vgl. S. 72) immer wieder mit dem Festland verbunden und bildete in diesen Perioden eine gut erreichbare Halbinsel des europäischen Kontinents.

Interessante Ergebnisse erbrachten die Detailuntersuchungen des Schienbeins von Boxgrove. Es war an seinen beiden Enden von Hyänen abgekaut, so daß seine ursprüngliche Län-

*Abb. 2.6:*
*Freilegung einer*
*Ausgrabungsfläche*
*an dem etwa*
*500 000 Jahre alten*
*Fundplatz Boxgrove*
*in Südengland.*
*Neben zahlreichen*
*Tierknochen und*
*Steinabfällen fan-*
*den sich dort auch*
*hervorragend erhal-*
*tene Faustkeile und*
*andere Steinwerk-*
*zeuge.*

ge nur noch annähernd geschätzt werden konnte; dennoch ließ sich ermitteln, daß es von einem etwa 1,80 m großen Mann stammte, der nicht viel älter als 20 Jahre geworden war. Die Dicke und Massivität des Knochens sowie seine überaus kräftigen Muskelansätze ließen überdies keinen Zweifel daran, daß es sich um ein außerordentlich kräftiges Individuum gehandelt haben muß, das seine Beine stark beanspruchte und lange Fußmärsche gewöhnt war.

1995 wurden in einer etwas tiefer gelegenen Schicht von Boxgrove auch noch zwei Schneidezähne eines anderen frühmenschlichen Individuums gefunden, das wohl etwas früher gelebt hatte. An diesen Zähnen fielen den Bearbeitern vor allem deutlich sichtbare Schnittlinien auf der Frontseite auf, die offensichtlich von den rasiermesserscharfen Schneiden steinerner Werkzeuge stammten. Sie weisen auf eine Gewohnheit hin, die man auch von den Neandertalern und den Inuit (Eskimos) der Neuzeit her kennt, nämlich den Gebrauch des Gebisses als eine Art ›dritte Hand‹. Die Menschen von Boxgrove scheinen demnach beispielsweise beim Essen die Nahrung zwischen ihre Vorderzähne geklemmt und mit einer Hand festgehalten zu haben, während sie mit einem steinernen Messer in der anderen Hand einzelne Stücke heruntersschnitten. Bei dieser Verfahrensweise konnte es kaum ausbleiben, daß die scharfe Messerschneide hin und wieder einmal versehentlich die Zähne streifte, und bei solchen unabsichtlichen Berührungen entstanden die feinen Schnitte im Zahnschmelz, die uns noch heute über diese Angewohnheit unserer Vorfahren vor einer halben Million Jahren unterrichten.

Mindestens ebenso bedeutsam wie diese paläanthropologischen Aufschlüsse sind aber die reichen archäologischen Zeugnisse, die Roberts und seine Mitarbeiter an der Fundstätte zutage förderten. Sie fanden dort im Laufe der Jahre nämlich immer zahlreichere Indizien und Belege für eine ganze Reihe von Verhaltensweisen, Fähigkeiten und kulturellen Leistungen, die gerade die englischsprachige Forschung den Frühmenschen während des letzten Jahrzehnts nachdrücklich abgesprochen hat: organisierte Großwildjagd beispielsweise, vorausschauendes Handeln und technisches Geschick, ja ganz allgemein Intelligenz und ein sprachliches Kommunikationsvermögen. Boxgrove hat zu all diesen Aspekten wichtiges neues Material geliefert und ist dadurch zu einer Schlüsselstation bei der Überwindung der ›minimalistischen Sichtweise‹ in der angloamerikanischen Urgeschichtsarchäologie geworden (vgl. Vorwort), nachdem viele britische und amerikanische Forscher das für diese Fragen relevante Fundmaterial aus Deutschland und anderen europäischen Ländern nur sehr zögerlich oder gar nicht zur Kenntnis nehmen.[14]

Und tatsächlich sind viele ›Momentaufnahmen‹ des Lebens vor einer halben Million Jahren, wie sie der südenglische Fundplatz geliefert hat, weltweit einzigartig. Das hängt nicht zuletzt mit dem Umstand zusammen, daß es

*Abb. 2.7:*
*Dichte Ansamm-*
*lungen von Feuer-*
*steinabfällen mar-*
*kieren in Boxgrove*
*jene Stellen, an de-*
*nen vor 500 000*
*Jahren Faustkeile*
*hergestellt wurden.*

sich bei Boxgrove nicht um eine einzelne, räumlich eng begrenzte Fundstelle handelt, sondern eher um eine ganze archäologische ›Fundlandschaft‹. Verteilt über ein größeres Areal im Vorland einer alten Küstenklippe, die geeignetes Rohmaterial zur Steingeräteherstellung lieferte, finden sich dort an verschiedenen Stellen immer wieder Ansammlungen von Tierknochen, wunderschön gearbeitete Faustkeile (Abb. 2.9), die das ›Markenzeichen‹ von Boxgrove sind, sowie der bei der Herstellung dieser Artefakte entstandene Schlagabfall. Diese Hinterlassenschaften stammen von einer ganzen Anzahl unterschiedlicher ›Tätigkeitsepisoden‹, die sich im Laufe mehrerer zehntausend Jahre an diesem Ort ereigneten und die zumeist mit der Jagd und Verwertung großer Tiere zusammenhingen.

So fanden Roberts und seine Mitarbeiter beispielsweise die Skelettreste von drei Rhinozerossen mit eindeutigen Zerlegungsspuren, außerdem einen Pferdeschlachtplatz, der besonders wertvolle Aufschlüsse lieferte. Um den Kadaver des erlegten Tieres herum stießen die Archäologen nämlich auf eine Vielzahl von Silexabschlägen, die sich an fünf oder sechs Stellen konzentrierten – dort waren offenbar Steinwerkzeuge zurechtgeschlagen worden (Abb. 2.7). Den Forschern gelang es, aus dem Steinmaterial eines dieser Schlagplätze eine rund 30 cm lange Flintknolle fast vollständig wieder zusammenzusetzen (Abb. 2.8). Nur in ihrem Inneren verblieb ein großer, flacher Hohlraum, der fast genau die Form eines Faustkeils besaß, welcher vor einer halben Million Jahren aus dieser Knolle gefertigt worden war – bei den aufge-

*Abb. 2.8:*
*Aus derartigen*
*›Schlagabfällen‹*
*setzten britische*
*Archäologen die ab-*
*gebildete Flintknolle*
*wieder zusammen;*
*in ihrem Inneren*
*verblieb ein Hohl-*
*raum, der von*
*einem ehemals aus*
*ihr gefertigten*
*Faustkeil stammt.*

fundenen Abschlägen handelte es sich um den dabei entstandenen Herstellungsabfall. Offenbar hatten die Jäger von Boxgrove also erst unmittelbar nach der Erlegung des Pferdes hier an Ort und Stelle ihre ›Schlachtmesser‹ in Gestalt derartiger Faustkeile zurechtgeschlagen und sie nach der Verwertung des Tieres anderswohin mitgenommen, denn von den fertigen Geräten fand sich in diesem Grabungsabschnitt keine Spur. Faustkeile eignen sich, wie Roberts und seine Mitarbeiter zusammen mit einem Metzger im praktischen Experiment herausfanden, ganz ausgezeichnet zur Ausweidung und Zerlegung von Tierkadavern – doch gilt das gleiche auch für einfache, rasiermesserscharfe Steinabschläge, wie sie an anderen, ungefähr gleichalten Fundplätzen zur Schlachtung der Jagdbeute verwendet wurden (vgl. S. 93f. und Kap. 1).

Wenn die Menschen des Altpaläolithikums für ein- und denselben Zweck also derart unterschiedliche Arbeitsgeräte verwendeten, dann mögen dabei vielleicht doch auch verschiedenartige Kulturtraditionen eine bestimmende Rolle gespielt haben.

In einem anderen Grabungsabschnitt von Boxgrove fanden sich auf einer Fläche von weniger als einem viertel Quadratmeter mehr als 1700 Silexabschläge und -splitter in einer nach außen hin scharf abgegrenzten Konzentration. Auch hier hatte offenkundig ein Frühmensch ein Steinwerkzeug zurechtgeschlagen, und die Ausgräber fanden den Flintabfall noch genauso

*Abb. 2.9 (rechte Seite):*
*Typischer Faustkeil aus Boxgrove*

KAPITEL 2 – DIE FRÜHESTE BESIEDLUNG EUROPAS

vor, wie er vor 500 000 Jahren zu Boden gefallen war. Sie konnten aus dem Verteilungsmuster der Silexabsplisse sogar noch überzeugend erschließen, daß der damalige Steinbearbeiter bei seiner Tätigkeit auf dem Boden gesessen hatte und ein Bein ausgestreckt hielt, und daß es sich bei ihm um einen Linkshänder handelte! Ein derart vorzüglich konservierter Befund ist für diese frühe Zeit wahrhaft einmalig und läßt Roberts' Feststellung keineswegs übertrieben erscheinen, daß Boxgrove möglicherweise über die »am besten erhaltenen altpaläolithischen Fundflächen in ganz Europa« verfügt.[15]

Die an den beschriebenen Schlagplätzen hergestellten Faustkeile, von denen in Boxgrove mehrere hundert zutage kamen, verblüfften die Fachleute durch das Können und die fortschrittliche Technik, mit der die elegante flach-ovale Form (Abb. 2.9) aus den Kernsteinen herausgearbeitet worden war. Lange Zeit nahmen die meisten Archäologen nämlich irrtümlich an, die Menschen des Altpaläolithikums hätten die zur Herstellung eines Faustkeils erforderliche ›Flächenretusche‹ – also die Entfernung einer Vielzahl flacher, muscheliger Abschläge auf beiden Seiten des Geräts (vgl. Kap. 1 und Abb. 1.12) – ausschließlich mit Hammersteinen durchgeführt, deren ›harter Schlag‹ den Endprodukten stets ein etwas grobes und rohes Aussehen verleiht (Abb. 2.10). Detaillierte Untersuchungen an den Faustkeilen und am Schlagabfall von Boxgrove verstärkten nun aber den schon aufgrund des Augenscheins na-

heliegenden Verdacht, daß die Frühmenschen an diesem Ort bereits den sogenannten ›weichen Schlag‹ mit Hilfe von Hämmern und Schlägeln aus Knochen oder Geweih kannten und anwandten, der den Faustkeilen eine sehr viel flachere und gleichmäßigere Form verschafft. Die Anwendung dieser bereits ziemlich fortschrittlichen Technik, die die Archäologen den paläolithischen Bewohnern Europas ursprünglich erst einige Jahrhunderttausende später zugetraut hatten, wurde schließlich zur endgültigen Gewißheit, als man in Boxgrove auch mehrere Hämmer aus Tierknochen und Hirschgeweih entdeckte, die nach ihren Gebrauchsspuren eindeutig zur Steinbearbeitung gedient hatten.

Unter diesen Hämmern beeindruckte den Ausgräber Roberts ein aus dem Geweih eines Riesenhirschs gefertigtes Exemplar besonders, weil derartige Geweihe nach seinen Worten »nur zu bestimmten Jahreszeiten und an bestimmten Orten« auffindbar waren. Daher sei es, so der Forscher, »wahrscheinlich, daß dieser Hammer nicht einfach im Verlauf der Herstellung eines Flintkeils angefertigt wurde, sondern als ein separater, vorausschauender Akt«. Überdies hatte man ihn »so oft verwendet – vielleicht zur Herstellung von mehr als hundert Faustkeilen –, daß das Ende des Geweihs aufgrund der Abnutzung kaum mehr zu erkennen war«. Dieser Umstand könnte nach Roberts »darauf hindeuten, daß das Stück einem bestimmten Individuum gehörte und von ihm

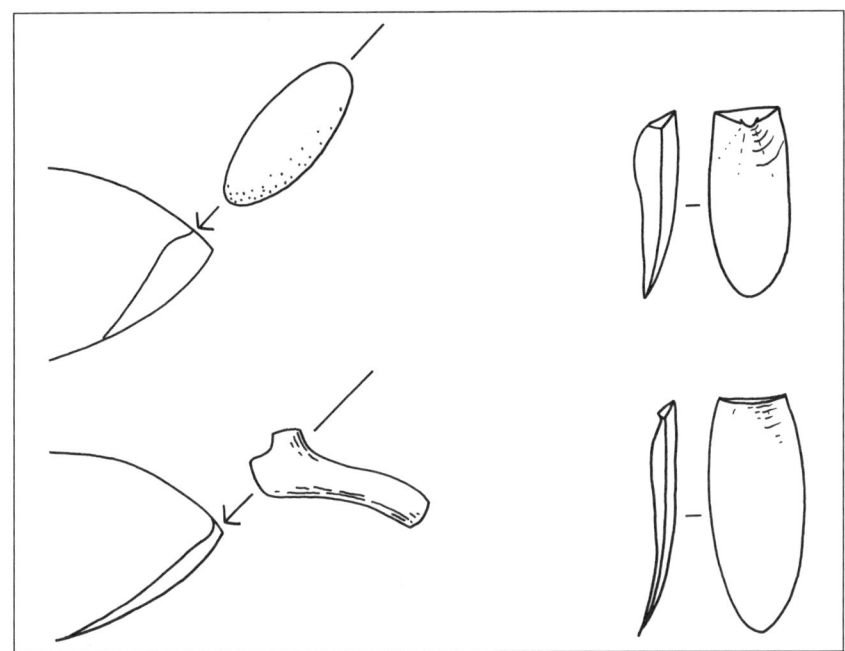

*Abb. 2.10*
*›Harte‹ Schlagtech-*
*nik mit einem*
*Schlagstein (oben)*
*und ›weiche‹*
*Schlagtechnik mit*
*einem Geweihham-*
*mer (unten) bei der*
*Herstellung von*
*Feuersteingeräten.*
*Die ›weiche‹*
*Schlagtechnik er-*
*möglicht eine sehr*
*viel feinere Bearbei-*
*tung (rechts).*

umhergetragen und aufbewahrt wurde«. Alles in allem bestärkte der Fund den Archäologen daher in seiner »wachsenden Überzeugung, daß die Verfertiger dieser Faustkeile tatsächlich schon ziemlich aufgeweckte Wesen waren«.[16]

Auch andere Beobachtungen in Boxgrove wiesen in diese Richtung. So spielte nach Ausweis der Schnittmarken auf den Tierknochen offenbar das sorgfältige Enthäuten der Tierkadaver bei deren Zerlegung eine große Rolle. Wozu die Frühmenschen die so gewonnenen Häute verwendeten, darüber läßt sich natürlich letztlich nur spekulieren – doch belegt der Fund eines Faustkeils mit spezifischen Gebrauchsspuren, wie sie beim Schaben von Fell oder Leder entstehen, immerhin recht eindeu-

tig, *daß* man sie tatsächlich weiterverarbeitete. Roberts denkt in diesem Zusammenhang unter anderem an die mögliche Anfertigung einfacher Kleidungsstücke, denn »um auch nur einen normalen Winter in Südengland zu überleben, benötigte man irgendeine Bekleidung«. »Eine solche Bekleidung muß«, wie er weiter schreibt, »aus kaum mehr als Häuten und Fellen bestanden haben. Doch selbst solche einfachen Kleidungsstücke hätten eine gewisse Präparierung erfordert. Behandelt man eine Tierhaut nämlich nicht rasch genug, dann wird sie so steif wie ein Brett, oder sie zieht jedes Insekt und jeden Schädling im Umkreis von Kilometern an, bevor sie schließlich verrottet«.[17] Einem solchen Fäulnisprozeß wollte man mög-

*Abb. 2.11:*
*Freilegung eines*
*Rhinozerosschädels*
*in einer Grabungs-*
*fläche von Boxgrove.*

KAPITEL 2 – DIE FRÜHESTE BESIEDLUNG EUROPAS

licherweise durch das Ausschaben der Häute vorbeugen, und vielleicht folgte darauf auch noch eine Behandlung mit natürlichen konservierenden oder gerbenden Substanzen wie Rötel oder Urin (vgl. Kap. 4).

Nachdem die Frühmenschen von Boxgrove ein Beutetier auf die beschriebene Weise enthäutet und zerlegt hatten, zerschlugen sie noch seine Knochen und verzehrten an Ort und Stelle das darin enthaltene Mark. Dann wurde der größte Teil des gewonnenen Fleisches offenbar an einen anderen, besser geschützten Ort gebracht, der vielleicht jenseits der Kalkklippen im Hinterland der Fundstätte (vgl. S. 85) lag – jedenfalls fehlten bei den aufgefundenen Tierskeletten auffallend oft gerade die fleischreichsten Knochen. Das ist ein deutlicher Hinweis darauf, daß es sich bei den bislang ausgegrabenen Arealen der Fundstätte nicht um längerfristig bewohnte Siedlungs- und Lagerplätze, sondern um nur jeweils für kurze Zeit aufgesuchte Jagd- und Schlachtplätze handelte. Vermutlich deshalb fanden sich dort bisher auch keine eindeutigen Nachweise von Feuerstellen oder Wohnbauten, wie sie von etwas jüngeren Stationen her vereinzelt bekannt sind (vgl. S. 98ff.)

Ebensowenig kamen zweifelsfreie Überreste der Jagdwaffen zutage, mit denen die aufgefundenen Rhinozerosse, Pferde und Bisons erlegt worden waren. Daß es sich bei diesen Tieren tatsächlich um Jagdbeutereste der Frühmenschen handelte und nicht etwa um natürlich verendete Tiere, die von ihnen nur nachträglich

ausgeschlachtet wurden, das schließen Roberts und seine Mitarbeiter aus den Schnittmarken der Steinwerkzeuge, die sich stets *unter* den gleichfalls vorhandenen Verbißspuren von Hyänen und anderen Raubtieren befinden – bei natürlich zu Tode gekommenem Wild, an dem sich gewöhnlich zuerst Raubzeug zu schaffen macht, wäre die umgekehrte Reihenfolge zu erwarten (vgl. Kap. 1). Darüber hinaus wurde in Boxgrove aber auch noch das Schulterblatt eines Pferdes gefunden, das an seinem ausgebrochenen Rand den Rest eines kreisrunden Loches von etwa 4 cm Durchmesser aufweist. Die Ausgräber vermuten, daß diese Beschädigung von einem Holzspeer stammt, der das Tier traf und möglicherweise tödlich verletzte – doch von einem solchen Speer wurden in der südenglischen Fundstätte bislang wie erwähnt keine eindeutigen Überreste gefunden.

Auch sonst stand es mit Waffenfunden aus dem älteren Paläolithikum lange Zeit hindurch nicht zum Besten. Zwar entdeckte man 1948 in einer Mergelgrube bei Lehringen in Niedersachsen eine 2,38 m lange, in mehrere Teile zerbrochene Eibenholzlanze, die noch zwischen den Rippen eines Waldelefanten steckte – doch stammte sie aus der letzten großen Warmzeit vor 125 000 Jahren, also aus einer weit jüngeren Periode. Aus der Frühphase der Besiedlung Europas kannte man bis vor kurzem nur eine 38 cm lange Eibenholzspitze aus der Fundstätte Clacton-on-Sea in Südostengland, die abwechselnd als Grabstock und als Lanzenspitze interpretiert wurde, sowie einige ebenfalls nicht ganz sicher zu deutende längliche Holzreste aus mehreren deutschen Grabungsstätten.[18]

Diese ausgesprochen bescheidene Fundsituation änderte sich jedoch im Herbst 1995 schlagartig, als der deutsche Urgeschichtsarchäologe Hartmut Thieme in einer niedersächsischen Fundstätte gleich auf mehrere 400 000 Jahre alte Holzspeere stieß. Diesmal horchte sogar die englischsprachige Fachwelt auf, denn die Funde waren zu sensationell, als daß man sie – wie viele frühere Entdeckungen auf dem Kontinent – einfach hätte ignorieren können.

## Die Holzspeere von Schöningen

Thieme untersucht seit 1992 altpaläolithische Fundstellen im Braunkohlentagebau Schöningen im Nordharzvorland. Obwohl ihm für seine Arbeit sehr viel weniger Zeit, Geld und Personal zur Verfügung steht als den in Boxgrove tätigen Archäologen (vgl. S. 82), hat er ebenso eindrucksvolle Ergebnisse vorzuweisen wie seine britischen Kollegen. In 8 bis 15 m Tiefe unter der heutigen Geländeoberfläche konnte er bislang fünf verschiedene Fundplätze aus der Zeit vor 450 000 bis 380 000 Jahren dokumentieren und zum Teil ausgraben. Zwei von ihnen haben auch vorzüglich erhaltene hölzerne Artefakte geliefert, wie sie sonst aus dieser frühen Menschheitsperiode kaum bekannt sind.

So fanden sich in einer 1992 untersuchten Grabungsfläche vier Tannenaststücke von 11 bis 32 cm Länge, die an einem oder beiden Enden mit künstlich eingeschnittenen Kerben versehen sind. Thieme vermutet, daß diese Eintiefungen zur Aufnahme steinerner Werkstücke dienten, so daß es sich bei den Holzartefakten »um Schäftungshilfen für Feuersteingeräte oder auch scharfkantige Abschläge, also um Griffe handeln [könnte], die im Sinne von Klemmschäften funktionierten«. Obwohl die Stücke »von unterschiedlicher Länge« sind, so schreibt der Archäologe weiter, »spricht die Gleichartigkeit der Bearbeitung (...) [doch] für einen hohen Standardisierungsgrad dieser Holzgegenstände, für die es meines Wissens aus dem Paläolithikum bisher keine Parallelen gibt. Derartige Belege zur möglichen Verwendung von Kompositgeräten [aus mehreren Teilen zusammengesetzten Geräten] bereits im Altpaläolithikum sind bisher in der Welt einmalig«.[19]

Uns soll hier jedoch vorrangig der zweite Schöninger Fundplatz mit wohlkonservierten Holzartefakten, nämlich die Speerfundstelle, interessieren. Sie lag zur Zeit ihrer Besiedlung vor ungefähr 400 000 Jahren am Ufer eines langgestreckten Sees, dessen feuchte Ablagerungen den außergewöhnlich guten Erhaltungszustand aller Funde, besonders auch der Holzobjekte, erklären. Thieme und seine Mitarbeiter entdeckten auf der seit 1994 ausgegrabenen Fläche von bisher etwa 2500 m² mehr als

*Abb. 2.12: Grabungssituation im Braunkohlentagebau Schöningen in Niedersachsen. Auf dem großen Sediment-*
*sockel rechts im Bild befindet sich unter dem Zelt die archäologische Fundfläche.*

20 000 Tierknochen, die auf einem uferparallelen Streifen von ca. 10 x 50 m in dichtester Konzentration einsedimentiert waren. Sie stammen nach den bisherigen Auswertungen zu weit über 90 Prozent von Wildpferden, von denen auch mindestens 17 vollständige Schädel erhalten geblieben sind – die meisten davon noch mit den zugehörigen Unterkiefern. Zahlreiche der Knochen weisen vorzüglich erhaltene Schnittspuren auf, und viele waren wie in Boxgrove zerschlagen worden, um an das Mark in ihrem Inneren zu gelangen.

Zwischen diesen Skelettresten stießen die Ausgräber noch auf die zur Zerlegung der Tiere verwendeten Steingeräte. Unter ihnen fand sich – anders als in Boxgrove – bis jetzt kein einziger Faustkeil. Statt dessen dominierten sorgfältig bearbeitete Schaber sowie verschiedene Spitzenformen – wir stoßen hier erneut auf das schon mehrfach angesprochene Problem der faustkeilführenden und der faustkeilfreien Inventare (vgl. S. 70 und Kap. 1). Auch regelrechte Werkzeugherstellungsplätze wie in Boxgrove entdeckten Thieme und seine Mitarbeiter in Schöningen nicht, so daß die Steingeräte nach der Vermutung des Ausgräbers wohl bereits fertig an diesen Ort mitgebracht wurden. Allerdings schärfte man sie, wie über tausend kleine Retuschierabfälle zeigen, offenbar während des Schlachtens und Zerlegens der Pferde immer wieder nach, und zwar mit der schon in Boxgrove belegten ›weichen Schlagtechnik‹ (vgl. S. 88f.), von der auch mehrere in Schöningen aufgefundene knöcherne ›Retuscheure‹ zeugen.

Inmitten dieser Ansammlung von Steingeräten und Pferderesten entdeckten Thieme und seine Mitarbeiter seit Herbst 1995 die erwähnten Holzspeere (Abb. 2.13), und zwar bisher sechs nahezu vollständig erhaltene Exemplare sowie Fragmente von zwei weiteren. Die Speere waren zwischen 1,82 m und 2,50 m lang und hatten an ihrer dicksten Stelle einen Durchmesser von 3 bis 5 cm. Sieben von ihnen waren aus Fichtenholz hergestellt, der achte wurde aus dem Holz der Kiefer gefertigt.

Die Entdeckung dieser Speere, deren erste drei Exemplare Thieme 1997 in der international führenden britischen Wissenschaftszeitschrift ›Nature‹ veröffentlichte, schlug in der archäologischen Fachwelt ein wie eine Bombe. Nicht nur handelte es sich um die ältesten bekannten und vollständig erhaltenen Jagdwaffen der Menschheit, die völlig unerwartet aus einer Epoche ans Tageslicht gekommen waren, in der die Hominiden nach Meinung vieler britischer und amerikanischer Urgeschichtsforscher noch als Aasfresser und Kleintierjäger ihr kärgliches Dasein gefristet hatten (vgl. S. 84);[20] sie waren darüber hinaus auch noch in einer überraschend raffinierten und gekonnten Technik aus den Nadelbaumstämmchen herausgearbeitet worden, die ihren Herstellern als Rohmaterial gedient hatten, und vermittelten damit ein erstaunlich fortschrittliches Bild von der ansonsten ja praktisch unbekannten Holzverarbeitungstechnik der Frühmenschen vor 400 000 Jahren.

Ihre Verfertiger hatten sich nämlich nicht etwa darauf beschränkt, diese Stämmchen vom Astwerk zu befreien, sie durch Schnitzen zu verdünnen und ihre Spitzen mit Hilfe von Steinwerkzeugen auszuformen. Sie arbeiteten die Waffen vielmehr ›verkehrt herum‹ aus den Rohlingen heraus, indem sie ihre Spitzen (Abb. 2.14) aus dem unteren Teil der Stämmchen, ihren Basisbereich hingegen aus den Spitzen der Bäumchen fertigten. Diese Verfahrensweise zeugt von einer ausgezeichneten Materialkenntnis und von großem handwerklichen Geschick, denn tatsächlich ist das Holz im unteren Bereich solcher Stämmchen sehr viel här-

Abb. 2.13:
Der 400 000 Jahre
alte Holzspeer II
von Schöningen in
Fundlage; direkt
daneben ein
Pferdeschädel.

ter als weiter oben, was der Durchschlagskraft der – für die Wirksamkeit der Waffen entscheidenden – Projektilspitzen natürlich zugute kam. Um diese Durchschlagskraft noch weiter zu erhöhen, legte man die Spitzen der Speere außerdem nicht ins Zentrum der Stämmchen, wo der sogenannte ›Markstrahl‹ eine Zone minderer Qualität bildet, sondern etwas daneben, wo das Holz die optimale Härte und Festigkeit besitzt.

Auf große handwerkliche Souveränität und lange Erfahrung in der Herstellung derartiger Waffen lassen auch die anderen Bearbeitungsmerkmale der Schöninger Speere schließen. So wurden alle ursprünglich an den Stämmchen vorhandenen Astansätze restlos entfernt und die Speeroberflächen sorgfältig abgearbeitet

und geglättet (Abb. 2.14). Auch den Basisbereich der Waffen richtete man spitz zu, wie es noch bei heutigen Sportspeeren regelmäßig geschieht, um die Flugeigenschaften zu verbessern.

Diese Besonderheit sowie der Umstand, daß die Speere ihren größten Durchmesser und Schwerpunkt im vorderen Drittel des Schaftes haben, ließen für Thieme von Anbeginn an keinen Zweifel daran, daß es sich bei ihnen nicht um Stoßlanzen, sondern um Wurfspeere handelte – um »technisch ausgefeilte [und] ballistisch ausbalancierte Fernwaffen«, wie der Archäologe ausdrücklich betont.[21] Auch diese Hypothese erregte unter den Urgeschichtsforschern einiges Aufsehen, denn bis dahin hatte man für das ältere Paläolithikum stets nur an

KAPITEL 2 – DIE FRÜHESTE BESIEDLUNG EUROPAS

Stoßlanzen gedacht, die den Beutetieren aus nächster Nähe in den Leib gerammt wurden – die wenigen vor den Schöninger Speeren verfügbaren Funde (vgl. S. 91) schienen auch gut in diese Kategorie zu passen.

Jüngste experimentelle Untersuchungen haben Thiemes Hypothese nun aber zweifelsfrei bestätigt und darüber hinaus gezeigt, um was für erstaunlich leistungsfähige und entwickelte Fernwaffen es sich bei den Schöninger Speeren tatsächlich handelte. Ein Team von Sportwissenschaftlern der Universität Heidelberg unter Leitung von Hermann Rieder baute einen von ihnen (Speer II, vgl. Abb. 2.14 und 2.16a) im Jahr 1998 nach und führte umfangreiche praktische Versuche mit dem Replikat durch. Das kurzgefaßte Ergebnis in Rieders Worten: »Die Wurf- und Flugeigenschaften [...] können als phänomenal bezeichnet werden, geeignet sowohl für kurze, direkte Würfe mit maximaler Kraft [als] auch für lange Bogenwürfe auf große Entfernung«.[22] Ein geübter Werfer schleuderte den nachgebauten Speer gleich beim ersten Versuch 64 m weit und schätzte die mit ihm erreichbare Wurfweite auf annähernd 100 m. Auch die Zielsicherheit der Waffe ließ trotz einiger Krümmungen in ihrem Holz nichts zu wünschen übrig: Bei Wurfversuchen auf Gelatineblöcke aus 7 m Entfernung traf das Projektil stets in einen Kreis von 20 cm Durchmesser, und seine Eindringtiefe in das zähe Material betrug im Durchschnitt 23 cm. Die Leistungsfähigkeit blieb damit nur geringfügig unter derjenigen moderner Damenspeere aus Metall, denen die Schöninger Fundstücke auch in ihren Maßen und ihrem Gewicht (500 bis 600 g) ähneln. »Wer solche Speere herstellen konnte, muß hervorragende Wurffähigkeiten gehabt haben und einen ›technischen Erfahrungsschatz‹ des Werfens, der wohl schon über viele Jahrtausende tradiert wurde«, urteilt Rieder zusammenfassend. »Unsere ursprüngliche Tendenz, die Fähigkeit eher zu unterschätzen, haben wir längst fallen gelassen«.[23]

Nach diesem so über alle Maßen erfolgreichen ›Leistungstest‹ kann wohl kaum mehr ein Zweifel daran bestehen, daß die Wildpferde von Schöningen tatsächlich mit den inmitten ihrer Knochen aufgefundenen Holzspeeren erlegt wurden. Nach Thiemes Rekonstruktion »lief das Jagdgeschehen am westlichen Uferrand [des] sich auf mehr als 800 m Länge erstreckenden flachen Sees ab, und zwar auf seinem trockengefallenen Seggengürtel, der nicht von Baum- oder Gebüschvegetation besiedelt und daher weit überschaubar war.« Die Speere wurden an dieser Stelle, wie die weitgehend homogene Zusammensetzung der Tierreste (über 90 Prozent Pferd, vgl. S. 93) vermuten läßt, anscheinend »ausschließlich [zur Jagd] auf Pferde, auf schnelles, flüchtiges Herdenwild eingesetzt [...]; eine Jagdtechnik und -spezialisierung, für die es aus dem Altpaläolithikum bislang keine Nachweise gab« – den meisten Archäologen galt sie vielmehr als erst im Jungpaläolithikum üblich (vgl. Kap. 4). Zusammen mit der raffinierten Herstellungsweise der Speere beweist diese Jagdstrategie nach Thieme »in aller Deutlichkeit, daß der Homo erectus [...] ein äußerst geschickter Jäger war. Zu dieser frühen Zeit verstand er es anscheinend längst, eine Großwildjagd mit speziellen Fernwaffen vorausschauend zu planen, zu organisieren, zu koordinieren und erfolgreich durchzuführen, und verfügte damit bereits über die [vielfach] erst dem modernen Menschen zugeschriebenen intellektuellen Fähigkeiten vorausschauenden, planenden Denkens und Handelns«.[24] Von der abschätzigen Betrachtungsweise dieses Frühmenschen als bloßem Aassammler und Kleinwildjäger, wie sie bis vor kurzem besonders im englischen Sprachraum weit verbreitet war,[25] bleibt angesichts dieses eindrucksvollen Befundes jedenfalls kaum etwas übrig.

Vorläufig unklar ist allerdings, ob die Wildpferde von Schöningen nach und nach, bei mehreren aufeinanderfolgenden Jagdzügen an dieser topographisch günstigen Stelle des früheren Seeufers erlegt wurden oder ob sie gleichzeitig – im Rahmen einer erfolgreichen Jagd auf eine ganze Wildpferdeherde – zu Tode kamen. Der Ausgräber Thieme hält aufgrund der Fundumstände – vor allem der offenbar raschen Einsedimentierung des ganzen Fundkomplexes – die zweite Variante für die weitaus wahrscheinlichere, und zweifellos würden die meisten Fachleute diesem Urteil zustimmen, wenn es sich um einen Jagdplatz aus dem Jung-

paläolithikum handelte. Aus der Zeit vor 400 000 Jahren gibt es indessen bislang kein zweites Beispiel einer solchen erfolgreichen Herdenjagd,[26] und so muß die Sachlage vorläufig offen bleiben.

Wären die Tiere tatsächlich gleichzeitig erlegt worden, so würde das unmittelbar die Frage aufwerfen, was eine sicherlich kaum mehr als einige Dutzend Menschen zählende Homo erectus-Gruppe überhaupt mit einer derart großen Menge an verderblichem Fleisch hätte anfangen können. Im Jungpaläolithikum vor 40 000 bis 10 000 Jahren, als solche Herdenjagden auf Wildpferde oder Rentiere regelmäßig stattfanden,[27] erfolgten sie zumeist im Herbst, und die dabei anfallenden gewaltigen Fleischmengen wurden im Rahmen einer gut organisierten Vorratswirtschaft für den nahrungsarmen Winter eingefroren oder durch Trocknen, Rösten oder Räuchern haltbar gemacht. Doch ist Derartiges auch schon für den 400 000 Jahre alten Fundplatz Schöningen denkbar?

Thieme hat eine Reihe von Funden und Beobachtungen zusammengestellt, die diesen zunächst eher unwahrscheinlich anmutenden Gedanken doch zumindest erwägenswert erscheinen lassen. So deuten beispielsweise verschiedene Indizien darauf hin, daß die Einlagerung der Funde vermutlich im Spätherbst oder Winter erfolgte und daß die Nutzung des Areals durch die Frühmenschen daher am ehesten in den Spätsommer oder Herbst gefallen sein

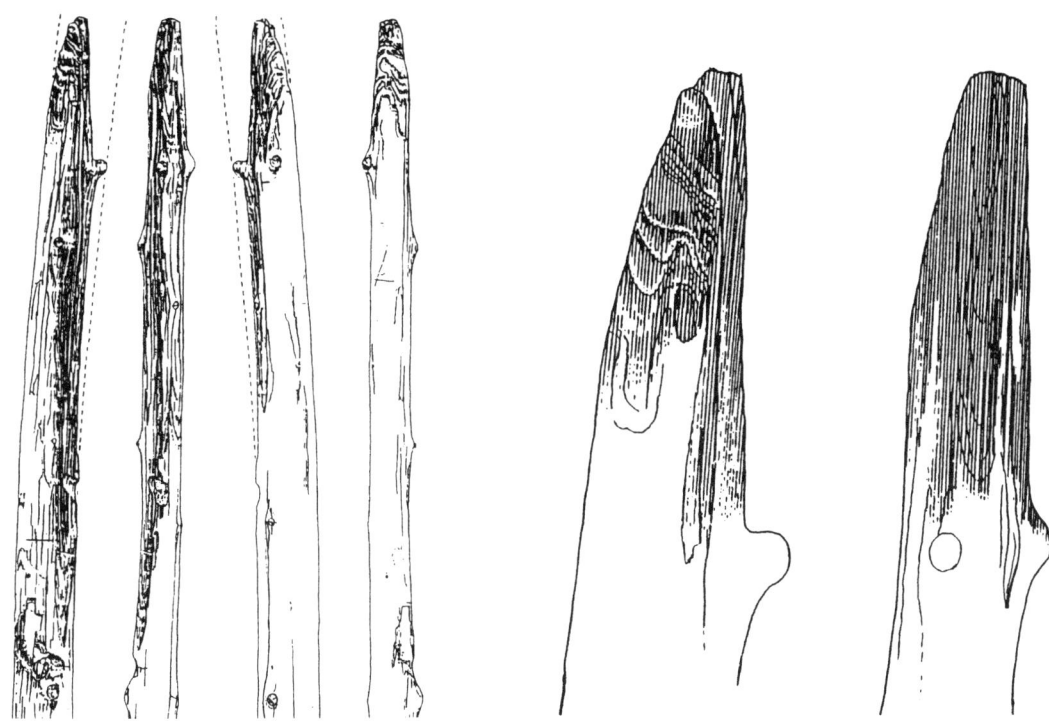

*Abb. 2.15: Angekohlter Holzstab aus Schöningen in vier Perspektiven (links) und Details seiner Spitze (rechts).*

dürfte – in genau jene Jahreszeit also, während der im Jungpaläolithikum und noch bei den Inuit (Eskimos) und nördlichen Indianern der Neuzeit die großen vorwinterlichen Herden jagden stattfanden. Thieme weist ferner auf den Fund eines Wisentknochens hin, der auf einer Seite »von einem mehr als 10 cm langen und gut 4 cm breiten Bündel dichter, weitgehend gleichgerichteter Schnittlinien überzogen ist«. Er diente nach Ausweis dieser Gebrauchsspuren offensichtlich über längere Zeit hinweg als Arbeitsunterlage beim »Durchtren-

nen organischer Materialien« mit »scharfkantigem Feuerstein«.[28] Derartige Schnittlinien könnten zum Beispiel bei der Verarbeitung von Tierhäuten zu Riemen oder auch beim Schneiden von Fleisch in Streifen entstanden sein, wie es noch heute vor dem Trocknen an der Luft oder dem Räuchern überm Feuer üblich ist.

Vor allem aber legten Thieme und seine Mitarbeiter am Westrand der Schöninger Fundkonzentration mehrere »durch Hitzeeinwirkung rot gefärbte« Bodenflecken von »jeweils gut 1 m Durchmesser« frei – mit Sicherheit Spuren ehemaliger Feuerstellen, die möglicherweise auch zum Rösten oder Räuchern von Fleisch und damit zur »Schaffung von Nahrungsreserven« gedient haben könnten.[29] Nicht weit von ihnen entfernt fanden die Ausgräber einen 88 cm langen, sorgfältig bearbeiteten Fichtenholzstab, der an einem Ende angekohlt war (Abb. 2.15). Thieme vermutet einen eindeutigen »Funktionszusammenhang« mit den Brandflecken und nimmt an, der Stab könne »z.B. zum Betreiben und Unterhalten einer Feuerstelle oder zum Schüren und Entfachen der Glut als ›Stocherholz‹ oder ›Schürhaken‹ gedient haben«. Darüber hinaus könnte er aber auch – so der Archäologe weiter – »die Funktion eines ›Bratspießes‹ gehabt haben, der zur Nahrungszubereitung, wie zum Braten von Fleisch am offenen Feuer oder auch zum Räuchern von in Streifen geschnittenem Fleisch, genutzt wurde«.[30]

Es ist nach diesen Funden also durchaus denkbar, daß die Frühmenschen von Schöningen die mit Hilfe der Holzspeere an diesem Ort erbeuteten Wildpferde nicht nur schlachteten und zerlegten, sondern daß sie ihr Fleisch auch gleich am Jagdplatz über den nachgewiesenen Feuern rösteten oder räucherten, um sein Gewicht zu vermindern und um es für eine längere Zeitperiode haltbar zu machen. Ebenso möglich wäre natürlich auch, daß sie ihren Jagderfolg unmittelbar nach der Tötung der Tiere ›feierten‹, indem sie sich nicht nur an deren

Knochenmark labten (wie es ja durch die vielen zerschlagenen Pferdeknochen belegt ist, vgl. S. 93), sondern sich überdies auch noch einige Fleischportionen als ›Festschmaus‹ am Feuer brieten.

Eine weitere, dritte Möglichkeit bestünde darin, daß es sich bei den freigelegten Fundflächen nicht allein um einen Jagd- und Zerlegungsplatz handelt, sondern daß sie auch den Randbereich eines längerfristig besiedelten Lagers erfassen, das möglicherweise im Zusammenhang mit der Verwertung der Beute an diesem Ort angelegt wurde und zu dem natürlich auch Feuerstellen gehört hätten. Ein Hinweis darauf könnte der Umstand sein, daß »an den Tausenden Knochen nur wenige Spuren von Raubtierverbiß« beobachtet wurden, so daß nach Thiemes Vermutung das Fundareal bis zu seiner Einlagerung in den Boden »noch weitgehend unter Kontrolle der dort oder in der Nähe weilenden Urmenschengruppe gestanden haben« muß.[31] Träfe diese Annahme zu, so könnten sich in der Nähe auch einfache zelt- oder hüttenartige Behausungen befunden haben, wie sie der Urgeschichtsarchäologe Dietrich Mania an einem ungefähr gleich alten Homo erectus-Lagerplatz bei Bilzingsleben in Thüringen nachgewiesen hat.[32]

Daß die Schöninger Frühmenschen das Seeufer vermutlich nicht nur für die kurze Episode einer Pferdejagd aufsuchten, darauf könnte auch ein anderes Fundstück hindeuten, das Thieme auf der von ihm freigelegten Fläche

KAPITEL 2 – DIE FRÜHESTE BESIEDLUNG EUROPAS

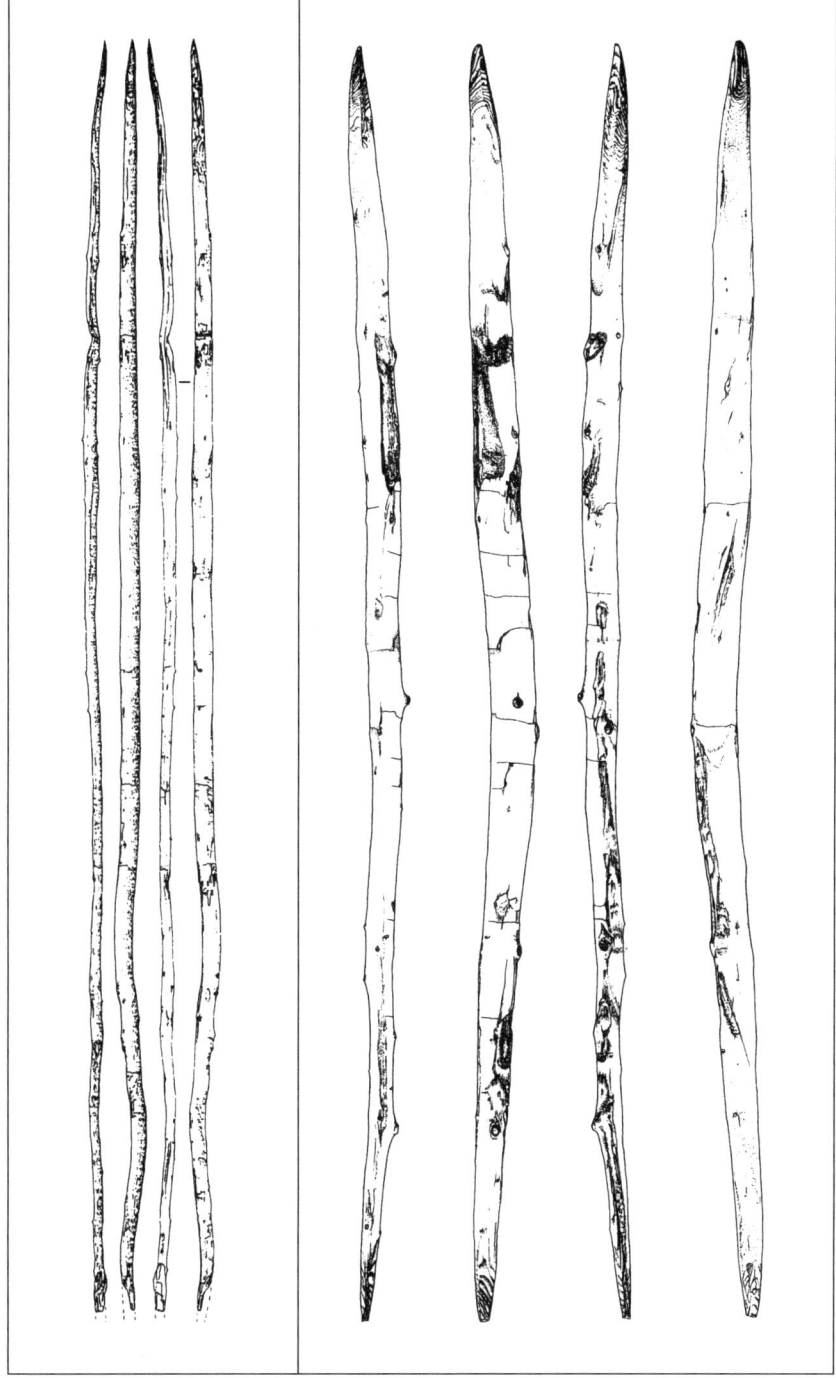

Abb. 2.16 a und b
Links: Der über
2,30 m lange Holz-
speer II von Schö-
ningen in vier
verschiedenen
Perspektiven;
rechts: Knapp 80 cm
langes, an beiden
Enden angespitztes
Wurfholz aus
Schöningen.

DIE HOLZSPEERE VON SCHÖNINGEN

entdeckte. Es handelt sich um ein 78 cm langes, an beiden Enden sorgfältig zugespitztes Fichtenholzgerät (Abb. 2.16 b), das nach den Worten des Ausgräbers »ebenso dimensionierten Wurfhölzern oder -keulen (›clubs‹) der Aborigines in Südostaustralien« ähnelt. Im Gegensatz zu den weitaus bekannteren Bumerangs kehren diese Wurfhölzer zwar nicht zum Werfer zurück, sie rotieren beim Flug aber um die eigene Achse und sind daher besonders geeignet zur Jagd auf Vögel – vor allem auf ganze Vogelschwärme. Das Schöninger Exemplar könnte nach Thieme etwa gegen »aus dem Röhrichtgürtel des Sees aufflatternde Enten« eingesetzt worden sein[33] und würde damit eine gezielte Jagd auch auf kleinere Tiere belegen, die sicherlich eher an einem längerfristig besiedelten Lagerplatz als an einer reinen Großwildjagdstätte zu erwarten wäre (vgl. Kap. 4).

Alles in allem vermitteln die Funde von Schöningen und Boxgrove also ein erstaunlich ›fortschrittliches‹ Bild von den frühen Europäern vor 400 000 bis 500 000 Jahren. Selbst das Erlegen großer und gefährlicher Tiere wie der Rhinozerosse von Boxgrove (vgl. S. 85)[34] war für sie offenkundig keineswegs mehr eine Sache des Zufalls oder ein Resultat glücklicher Umstände, sondern eine geradezu alltägliche und gezielt vorbereitete Arbeit, die sie geschickt und routiniert erledigten. Und das mußte auch so sein, denn ohne die Fleischnahrung, die sich die Frühmenschen mit ihrer Hilfe sicherten, wäre ein Überleben in Mitteleuropa mit seinen

kalten Wintern und seinem selbst während der warmen Jahreszeit eher beschränkten Angebot an eßbaren Pflanzen kaum möglich gewesen.

Die systematische Großwildjagd war damit eine wesentliche Voraussetzung für das Vordringen des frühen Menschen in die kühleren nördlichen Klimazonen – ebenso wie das in Schöningen ja gleichfalls nachgewiesene Feuer, eine einfache Bekleidung, wie sie Roberts für die Jäger von Boxgrove annimmt (vgl. S. 89), und primitive Behausungen, wie Mania sie in Bilzingsleben nachgewiesen hat (vgl. S. 100 und Anm. 32). Diese Abhängigkeit von selbst geschaffenen Hilfsmitteln und selbst erworbenen Verhaltensweisen war etwas gänzlich Neues, denn wie wir in Kap. 1 gesehen haben, blieben die Wanderungen des frühen Homo erectus vor 2 bis 1 Million Jahren ja noch auf die subtropischen Klimazonen beschränkt und erforderten daher nur vergleichsweise wenige technische und kulturelle Hilfsmittel. Jetzt, vor einer halben Million Jahren, war das anders – jetzt war ganz eindeutig die Kultur zum Schlüssel und ›Türöffner‹ bei der Ausdehnung des frühmenschlichen Lebensraumes geworden, und sie sollte es im Laufe der weiteren Entwicklungsgeschichte unserer Gattung in stetig wachsendem Maße bleiben.

Trotz dieser kulturellen Hilfsmittel mögen die europäischen Homo erectus-Gruppen jedoch zunächst nur während der Wärmephasen des Eiszeitalters auf der britischen Halbinsel oder im Bereich der deutschen Mittelgebirge verblieben sein und sich beim Anbruch neuer Kälteperioden wieder ins südliche Frankreich, nach Italien oder Spanien zurückgezogen haben. Doch nach und nach vermochten sie dank der oben erwähnten technischen und kulturellen Hilfsmittel auch während der Abkühlungsphasen in den einmal besiedelten Gebieten zu verweilen. Diese Fähigkeit kündigt sich in den Befunden von Schöningen bereits an, denn nach Thiemes Worten stammen diese aus einer Periode »lange nach dem Wärmemaximum des Reinsdorf-Interglazials [einer Warmzeit vor ca. 400 000 Jahren], zu bereits kontinental boreal bis kühl temperierten Klimaverhältnissen, im Übergang zur nächsten Kaltzeit«. – »Hier im Nordharzvorland am Nordrand der (nach dem heutigen Kenntnisstand) damals besiedelten Ökumene ist dies«, wie der Forscher betont, »ein Beleg für die dank seiner kulturellen Ausstattung weit entwickelten Anpassungsstrategien des frühen Menschen«.[35]

100 000 bis 150 000 Jahre später vermochten die Nachfahren des Homo erectus dann, wie eine ganze Reihe von Fundstätten beweisen, selbst während der eigentlichen Kaltzeiten in Mitteleuropa zu überleben, und mit dem klassischen Neandertaler der Zeit vor 100 000 bis 27 000 Jahren bildete sich schließlich eine Menschenform heraus, die auch körperlich optimal an die kaltzeitlichen Klimaverhältnisse angepaßt war (vgl. Kap. 4).

Doch bevor wir uns diesen späteren europäischen Altmenschen zuwenden, wollen wir noch einmal auf den Erdteil zurückkehren, der die Urheimat und ›Wiege‹ der Hominiden war – nach Afrika. Forschungen im Norden dieses Kontinents und im benachbarten Nahen Osten haben während der letzten Jahrzehnte überraschende, ja zum Teil sensationelle Einblicke in die kulturelle Entwicklung der Menschheit vor 400 000 bis 100 000 Jahren und besonders in das erste Auftreten der Kulturelemente Schmuck und ›Kunst‹ erbracht. Mit diesen zum Teil noch viel zu wenig bekannten und beachteten Ergebnissen wollen wir uns im folgenden Kapitel ausführlich beschäftigen.

# Kapitel 3    Nordafrika, Vorderasien und die Entstehung von Schmuck und ›Kunst‹ (400 000 bis 100 000 Jahre v. h.)

Wenn es um die Urgeschichte des Schwarzen Kontinents geht, dann stehen zumeist die in Kap. 1 erwähnten Fundstätten in Ost- und Südafrika im Mittelpunkt des Interesses. Die Olduvai-Schlucht in Tansania, der Turkanasee in Kenia oder die Höhlen des südafrikanischen Transvaal gelten zu Recht als die Schlüsselstationen für die Erhellung der frühesten biologischen und kulturellen Entwicklungsgeschichte des Menschen, denn hier fanden die umfangreichsten urgeschichtlichen Forschungen auf dem afrikanischen Kontinent statt, und von hier stammen die mit Abstand bedeutendsten Knochen- und Artefaktfunde aus der Zeit bis vor etwa einer halben Million Jahren. Die Namen dieser Fundorte stehen daher völlig zu

Recht als Synonyme für die ältesten Abschnitte des Menschwerdungsprozesses.

Der nördliche Teil Afrikas hat bis heute leider immer ein wenig im Schatten dieser spektakulären Entdeckungen gestanden, und die urgeschichtliche Forschung wurde dort auch nicht annähernd mit der gleichen Intensität vorangetrieben wie im östlichen und südlichen Afrika. Dieser Umstand ist bedauerlich und eigentlich auch nicht recht nachvollziehbar. Zwar wurde in Nordafrika jenseits des 20. Breitengrades bis jetzt noch kein einziger Australopithecinenrest geborgen, und die hominide Überlieferung setzt dort erst mit dem Homo erectus ein, so daß es eher fraglich ist, ob die Region zu jener Zone des Schwarzen Kontinents gehörte, in der sich unsere Gattung ursprünglich herausbildete (vgl. Kap. 1). Das nördliche Afrika ist aber im Westen – im Bereich der Meerenge von Gibraltar – nur durch eine wenige Kilometer breite Wasserstraße vom europäischen Kontinent getrennt, und im Osten ist es über die Sinai-Halbinsel unmittelbar mit Vorderasien verbunden, so daß es während der gesamten Altsteinzeit eine bestimmende Rolle bei der Ausbreitung afrikanischer Frühmenschengruppen nach Asien und Europa gespielt haben muß (vgl. Kap. 1). Auch sonst war die Region aufgrund ihrer geographischen Lage derjenige Teil Afrikas, der am unmittelbarsten mit den paläolithischen Kulturen der übrigen Welt in Berührung kam und insofern eine wichtige Zone des Kontakts und Austauschs gebildet haben muß. Vielleicht ist es deshalb kein Zufall, daß gerade dort und in der angrenzenden Levante – die ökologisch eigentlich noch zu Nordafrika gehört – in den letzten Jahren einige der weltweit interessantesten Funde zur kulturellen Entwicklung der Menschheit während der vergangenen halben Million Jahre zutage kamen. Sie sollen im Mittelpunkt des vorliegenden Kapitels stehen.

## Die Sahara zwischen Wüste und Savanne

Nordafrika, das ist heute fast gleichbedeutend mit der Sahara, die sich als die größte Wüste der Erde über nicht weniger als 5500 km vom Atlantik im Westen bis ans Rote Meer im Osten erstreckt. Die Sahara gilt in unseren Tagen völlig zu Recht als ein Inbegriff menschenfeindlicher Natur, denn sie ist geprägt von ausgedehnten, hitzeflirrenden und nahezu vegetationslosen Sandflächen (den sogenannten *Ergs*), von riesigen, nur hier und dort mit wenigen Pflanzen bewachsenen Kies- und Geröllebenen (den sogenannten *Regs* oder *Serirs*) und von bis zu 3000 m hohen Gebirgen und Hochflächen (den sogenannten *Hamadas*), die mit ihren kahlen und bizarren Felsen teilweise an eine Mondlandschaft erinnern.

Aus Funden fossiler Pflanzen und Tiere weiß man indessen schon lange, daß die Region nicht immer so aussah, sondern daß es dort noch vor wenigen tausend Jahren wasserreiche Flüsse und Seen, grüne Landschaften und eine reiche Flora und Fauna gab, die die Herausbildung blühender jungsteinzeitlicher Nomaden- und Oasenbauernkulturen ermöglichten. Diese Kulturen des sogenannten ›Saharaneolithikums‹ vor etwa 10 000 bis 3000 Jahren haben überall in der heutigen Wüste ihre augenfälligen Spuren hinterlassen – nicht nur in Gestalt manchmal kilometerweit ausgedehnter Ansammlungen von Steingeräten, Tonscherben und Getreidemahlsteinen, sondern auch in den mittlerweile berühmten Felsmalereien der Sahara-Gebirge. Sie zeigen neben vielfältigen Szenen aus einem offenkundig reichen Hirten- und Jägerleben auch heute in der Sahara so unvorstellbare Tiere wie Elefanten und Nashörner oder Antilopen und Giraffen, die als ausschließliche Pflanzenfresser ganz erhebliche Mengen an Grünfutter benötigen, ja sogar Flußpferde und Krokodile, die bekanntlich nur in der Nähe größerer Wasservorkommen zu überleben vermögen.

Diese Bilddarstellungen und Funde dokumentieren damit eindrucksvoll, wie markant und tiefgreifend sich Klima und Umwelt im Verlauf weniger Jahrtausende wandeln können, und in der Tat veränderte Nordafrika während des Eiszeitalters offenbar immer wieder grundlegend sein landschaftliches und ökologisches Gesicht. Wechselten im nördlichen Eurasien im Laufe der letzten zwei Millionen Jahre periodisch eiszeitliche Kältesteppen und warmzeitliche Urwälder einander ab, so scheint die heutige Sahara abwechselnd parkartige Strauch und Buschsavanne mit zum Teil dichten Galeriewäldern an den Ufern der Flüsse und Seen (vgl. S. 116f.), nur spärlich bewachsene Trokkensteppe oder aber weitgehend vegetationslose Wüste wie heute gewesen zu sein. Die genaue zeitliche Abfolge dieser unterschiedlichen Klima- und Umweltphasen ist noch wenig erschlossen, doch besteht an dem wiederholten, einschneidenden Wandel von Landschaftsbild und Naturverhältnissen kein Zweifel.

Dies aber bedeutet, daß die Sahara in den letzten ein bis zwei Millionen Jahren während der siedlungsgünstigeren Feuchtperioden immer wieder Menschen aus den umliegenden Regionen angezogen und sie in den Phasen der Klimaverschlechterung und Austrocknung wie-

der ›abgestoßen‹ haben muß. Manche Archäologen sehen in diesen Vorgängen der Klimaverschlechterung und Wüstenbildung sogar eine wichtige Ursache für die wiederholte Auswanderung größerer Frühmenschengruppen aus Afrika während des gesamten Eiszeitalters, weil der mit solchen Austrocknungsphasen verbundene, drastische Rückgang der Pflanzen- und Tierwelt den nordafrikanischen Jägern und Sammlern großenteils ihre Lebensgrundlagen entzogen und sie zur Suche nach neuen Jagd- und Sammelgebieten gezwungen haben muß.

## Archäologie in der Wüste

Derartige Überlegungen sind jedoch bislang kaum mehr als plausible Spekulationen, denn gerade mit der Erforschung der älteren Steinzeit steht es in Nordafrika bislang leider nicht zum Besten. Zwar fanden in der Sahara während der letzten Jahrzehnte einige großangelegte archäologische Forschungsunternehmungen statt, unter denen das von dem Kölner Prähistoriker Rudolph Kuper in den achtziger Jahren geleitete Projekt zur ›Besiedlungsgeschichte der Ost-Sahara‹ (B.O.S.) eines der umfangreichsten und bedeutendsten war. Die meisten dieser Unternehmungen konzentrierten sich jedoch auf die jüngeren Vorgeschichtsperioden – vor allem auf das so weitverbreitete und fundreiche ›Saharaneolithikum‹ und seine unmittelbaren Vorläuferkulturen. Die Besiedlung der Region während der älteren Urgeschichtsabschnitte vor mehr als 50 000 Jahren ist hingegen bislang nur sehr spärlich erforscht, so daß es zum Teil noch an ganz elementaren Kenntnissen beispielsweise über den Zeitpunkt ihres Beginns (möglicherweise vor etwa 2 Millionen Jahren?) mangelt.

Dabei liegen aufgrund der fehlenden Vegetation und Bodenbildung auch zahlreiche Artefakte und Siedlungsspuren aus dieser Zeit frei zugänglich auf dem Wüstenboden, so daß es in weiten Teilen der Sahara gar keiner Ausgrabungen bedarf, um ganze urgeschichtliche Lagerplätze noch nahezu so vorzufinden und erforschen zu können, wie sie vor mehreren zehntausend oder gar hunderttausend Jahren zurückgelassen wurden. Was ein Segen für die Archäologie sein könnte, ist in der Realität jedoch mindestens ebensosehr ein Fluch, denn »die moderne Verkehrserschließung der Sahara bedeutet«, wie der seit längerer Zeit dort tätige Archäologe Lutz Fiedler (vgl. Kap. 2) betont, »für tausende von prähistorischen Siedlungsplätzen die endgültige Vernichtung. Die an der Oberfläche liegenden Feuerstellen, Behausungsstrukturen (...) und Steinwerkzeuge werden durch Fahrspuren, Straßenbau, Pipelines und nicht zuletzt durch einige einheimische und zahlreiche durchreisende Neugierige, Sammler, Antiquitätenhändler und Amateurarchäologen für immer entstellt oder vernichtet.« – »Ein Teil der kommerziellen Saharareiseunternehmen wirbt«, wie Fiedler kritisch anmerkt, ganz offen »mit der Möglichkeit, Faustkeile, Reibschalen oder Pfeil-

spitzen als Souvenir[s] finden zu können«,[1] und in Frankreich hat der Antiquitätenhandel mit Faustkeilen und anderen Artefakten aus der Sahara mittlerweile fast die Ausmaße eines Industriezweiges erreicht.

Es ist also ›fünf vor zwölf‹ für die archäologische Forschung in Nordafrika, und um einen Beitrag zur Untersuchung und Dokumentation möglichst vieler Fundstellen vor ihrer endgültigen Zerstörung zu leisten, gründete Fiedler 1984 mit einer Reihe gleichgesinnter Wissenschaftler aus unterschiedlichen Fachdisziplinen sowie einigen Laienforschern ein Projekt zur ›Erfassung vorgeschichtlicher Lagerplätze in der Sahara‹ (EVLS). Wichtigstes Ziel war es dabei nach Fiedler, »Wege zu finden, wie eine Dokumentation großen Stils« der zahllosen urgeschichtlichen Siedlungsreste in der Sahara »durchgeführt werden kann, und wie deren Auswertung machbar ist, ohne daß [...] die Fülle der aufgenommenen Daten selbst ein Hemmnis wird und rasche Aussagen blockiert«.[2]

Zur Erreichung dieses Ziels unternahmen die Projektteilnehmer seit 1984 rund ein Dutzend archäologischer Erkundungsreisen nach Nordafrika und durchforschten dabei während der Frühjahrs- oder Herbstmonate jeweils sechs bis zehn Wochen lang ausgedehnte Wüstengebiete in Marokko, Algerien, Mali, Tunesien, Libyen und Ägypten nach ungestört erhaltenen urgeschichtlichen Siedlungsplätzen. An besonders interessanten Stellen führten sie systematische archäologische Geländebegehungen

– sogenannte Surveys – durch und dokumentierten die wichtigsten der dabei entdeckten Fundplätze. Teilweise nahmen sie diese zunächst auch nur in ihrer geographischen Position auf und suchten sie erst in späteren Jahren gezielt wieder auf, um sie eingehender zu erforschen. Der räumliche Schwerpunkt der Surveyreisen lag in der mittleren und westlichen Sahara, und thematisch stehen Siedlungsplätze des Paläolithikums im Mittelpunkt des EVLS-Projekts – verschiedentlich wurden aber auch interessante neolithische Fundstätten untersucht und aufgenommen. Alle Beteiligten wirken an den Unternehmungen aus reinem Forschungsinteresse und Idealismus mit und tragen die damit verbundenen Kosten vollständig selbst – ein Antrag auf logistische Unterstützung bei der Deutschen Forschungsgemeinschaft (DFG) wurde 1986 abschlägig beschieden.

Das wichtigste methodische Prinzip des EVLS-Projekts ist es nach Fiedlers Worten, die bei den Surveys entdeckten »Fundstellen nicht abzusammeln, sondern zu vermessen und aufzunehmen«.[3] Alle auf der Bodenoberfläche sichtbaren Artefakte und eventuellen Behausungsstrukturen (vgl. S. 110ff.) werden dabei einzeln eingemessen oder viertelquadratmeterweise erfaßt und in einem detaillierten Lageplan dokumentiert. Anschließend werden die wichtigsten Artefakte – nach der Markierung ihrer Fundposition am Boden – vorsichtig aus dem Sand genommen, untersucht, vermessen und fotografiert sowie in einer Skizze festgehalten,

um sie anschließend wieder an ihren ursprünglichen Fundplatz zurückzulegen und zum Schutz vor Sammlern etwas in den Sand hineinzudrücken. Es handelt sich mithin um eine im höchsten Maße schonende und bewahrende Vorgehensweise, bei der die Fundplätze praktisch nicht verändert werden und dennoch mit einem vergleichsweise geringen Zeitaufwand zumindest in ihren Grundzügen dokumentiert werden können. Schon bei einem der ersten Surveys gelang es sieben Personen auf diese Weise, eine Siedlungsfläche von 20 x 17,5 m Größe in nur fünf Stunden einzumessen und mit allen Fundstücken zu kartieren, und bei einer anderen Gelegenheit nahmen Fiedler und seine Begleiter 13 000 Artefakte in gerade einmal dreieinhalb Tagen auf, wobei bis tief in die Nacht hinein gezeichnet und fotografiert wurde.

»Grabungen [werden] von uns nicht durchgeführt, da sie auf Serir-Gelände [Kieswüstengelände] nur selten erforderlich sind, um Strukturen der Lagerplätze zu erfassen«, schreibt Fiedler. »Fast alle größeren Objekte liegen auf der Oberfläche und kleinere sind hier repräsentativ selektiert.« Der Forscher schätzt konkret, daß sich mit der beschriebenen Arbeitsweise 60 bis 70 Prozent aller über 5 cm großen archäologischen Objekte und immerhin noch 50 Prozent aller über 3 cm großen Artefakte erfassen lassen, so daß ihre »Dichte, Anzahl und Typenvielfalt als annähernd repräsentativ aufgenommen gelten« kann.[4]

Der Hauptvorteil einer solchen Dokumentation von Oberflächenfundstellen im Rahmen großräumiger Surveys besteht darin, daß sich mit ihrer Hilfe in vergleichsweise kurzer Zeit ein Überblick über die archäologischen Überreste größerer Gebiete gewinnen läßt und »Siedlungsflächen innerhalb weniger Stunden oder Tage befriedigend erfaßt werden können, bevor Erosion, Tourismus oder Fahrspuren (weitere) endgültige Schäden anrichten und noch vorhandene Strukturen für immer zerstören«.[5] Der gravierendste Nachteil dieser Arbeitsweise ist, daß sich die dabei aufgenommenen Artefakte und Siedlungsstrukturen wegen des Fehlens einer ›Stratigraphie‹ – also einer Abfolge altersmäßig geordneter Siedlungsschichten – nicht so leicht einer bestimmten Zeitperiode zuordnen lassen, wie es bei regulären Ausgrabungen zumeist der Fall ist. Man muß sich zur ungefähren Abschätzung ihres Alters – sofern naturwissenschaftliche Datierungen nicht möglich sind – vielmehr auf ihr Typen- und Formenspektrum, ihre technischen Merkmale sowie einige andere Indizien wie Erhaltungszustand, Grad der Oberflächenverfärbung durch ›Wüstenlack‹ (Patinierung) usw. verlassen, was beim heutigen Kenntnisstand aber zumindest in den Größenordnungen recht zuverlässige Resultate erbringt.

Dafür erwiesen sich die Oberflächenfundplätze in der Sahara aber in anderer Hinsicht als ungewöhnlich aufschlußreich. Oftmals waren sie nämlich nur ein einziges Mal über einen vergleichsweise kurzen Zeitraum hinweg besiedelt und wurden danach nie wieder vom Menschen aufgesucht. In der Wüstenlandschaft weitgehend vor den zerstörerischen Wirkungen von Wasser, Bodenbildungsprozessen und intensiver Landnutzung geschützt, liefern sie dem Archäologen nach Fiedlers Worten »zum Teil sehr viel schärfere Bilder von den menschlichen Verhaltensmustern«, als es bei vielen durch Ausgrabungen erschlossenen Fundstätten in Höhlen oder unter Felsüberhängen der Fall ist.[6] Sind die Siedlungsstrukturen an solchen geschützten und daher während der gesamten Vorgeschichte immer wieder gern aufgesuchten Plätzen wegen der wiederholten und vielfach länger dauernden Aufenthalte nämlich in der Regel zerstört oder zumindest verwischt, so lassen sich in der offenen Wüste nicht selten Zehntausende oder gar Hunderttausende von Jahren alte Lagerplätze finden, deren Wohnstrukturen und Siedlungsmuster trotz ihres hohen Alters so ausgezeichnet erhalten sind, als seien sie erst vor kurzem verlassen worden.

## Urgeschichtliche Wohnbauten

So stießen Fiedler und seine Begleiter während ihrer Surveys immer wieder auf unterschiedlich gestaltete Steinstrukturen, bei denen es sich offenbar um die Fundamente künstlicher Schutzbauten und Behausungen an urgeschichtlichen Lagerplätzen handelte. In der Regel über 10 m lange und leicht bogenförmig ge

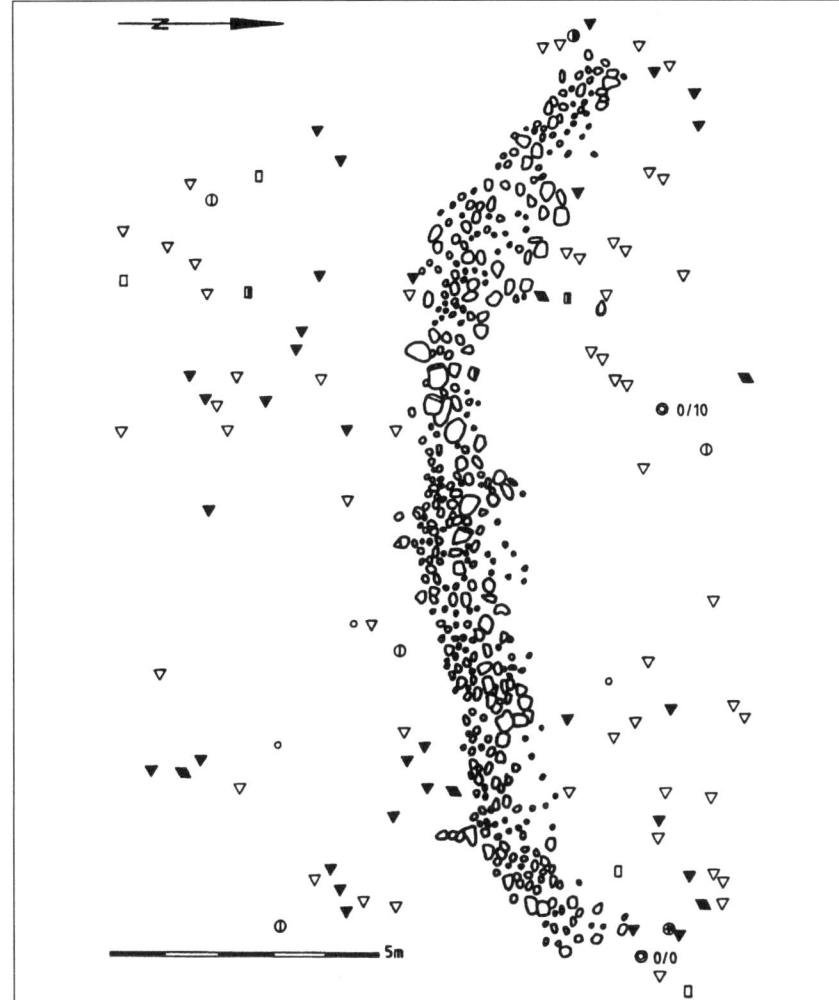

Abb. 3.1:
Bogenförmiger
Grundriß eines
›Windschirms‹ des
Atérien in der
algerischen Sahara.
Die geometrischen
Symbole bezeichnen
unterschiedliche
Typen von Stein-
werkzeugen.

wölbte Steinsetzungen mit einer erhaltenen Höhe von manchmal noch einem halben Meter (Abb. 3.1) dürften zur Verankerung der Pfosten und Zweige von Windschirmen aus Gräsern, Tierhäuten oder Blattwerk gedient haben, wie sie manche Saharavölker noch heute zum Schutz gegen den in der Wüste fast ständig wehenden Wind und die brennende Mittagssonne errichten. Die meisten dieser Strukturen scheinen nach den zahlreich in ihrer Umgebung aufgefundenen Steingeräten aus dem späten Mittelpaläolithikum, dem sogenannten ›Atérien‹ vor etwa 70000 bis 40000 Jahren (oder früher), zu stammen. Bei einigen von ih-

Abb. 3.2:
Vermutlich aus dem
Jungacheuléen
stammender Behau-
sungsgrundriß in
der algerischen
Sahara. Die Stein-
struktur mißt in
ihrer Länge
ungefähr 2 m.

nen war, wie die EVLS-Forscher feststellen konnten, die zentrale Zone direkt hinter der Steinsetzung nahezu frei von Artefakten, so daß die Menschen dort wohl vor Wind und Sonne geschützt der Ruhe und Geselligkeit frönten, während sie an anderen Stellen nach dem Zeugnis der von ihnen hinterlassenen Steingeräte offenbar verschiedenartige Arbeiten ausführten.

Ein anderer Typus von Wohnstrukturen, dem Fiedler und seine Begleiter recht häufig begegneten, waren Steinringe von 2 bis 4 m Durchmesser (Abb. 3.2), die einst wohl als Fundamente für einfache Rundhütten oder zeltartige Bauten aus Zweigen, Gräsern oder Häuten dienten, von denen sonst nichts erhalten geblieben ist. Im Gegensatz zu den offenen Windschirmen boten solche Behausungen

ihren Erbauern also wohl ein wirkliches ›Dach über dem Kopf‹, das in den oft empfindlich kalten Saharanächten ein wichtiger Überlebensfaktor gewesen sein könnte. Die ältesten dieser Rundstrukturen, die vereinzelt auch komplexere Formen bilden konnten (Abb. 3.3), scheinen bemerkenswerterweise bis ins Jungacheuléen vor etwa 250000 Jahren zurückzureichen, denn die EVLS-Forscher fanden in ihrem Umfeld zahlreiche gut gearbeitete Faustkeile und andere Steingeräte aus dieser Urgeschichtsperiode, die in ihrer räumlichen Verteilung deutlich auf die Strukturen Bezug nahmen. Ganz ähnliche Behausungsgrundrisse beobachtete man jedoch auch im Bereich von Artefaktansammlungen des Atérien und des Neolithikums, so daß es sich um eine in dieser Region wenig zeitspezifische Grundform von

Abb. 3.3:
Ein weiterer ver-
mutlich acheuléen-
zeitlicher Behau-
sungsgrundriß in
der algerischen
Sahara.

Wohnbauten gehandelt zu haben scheint. Sie ist darüber hinaus aber auch in der Urgeschichte anderer Weltgegenden durchaus geläufig, wie die gleichfalls runden bzw. ovalen Strukturen von Bilzingsleben aus der Zeit vor fast 400 000 Jahren (vgl. Kap. 2) und ähnliche Grundrisse an mehreren Neandertalerfundplätzen in Europa (vgl. Kap. 4) zeigen. Diese langandauernde und weiträumige Gleichartigkeit dürfte ein Hinweis darauf sein, daß solche kleinen, rundlichen Zelt- oder Hüttenbauten den technischen Möglichkeiten wie auch den Lebensbedürfnissen mobiler, nur vergleichsweise kurz an einem Ort verbleibender Steinzeitgemeinschaften nahezu optimal entsprachen.

Hervorzuheben ist im übrigen, daß wahrscheinlich nur ein Teil der urgeschichtlichen Wohnbauten mit solchen archäologisch gut nachweisbaren, aber vom Bauaufwand her eher lästigen ›Steinfundamenten‹ befestigt war. Man benötigte sie vermutlich vorwiegend in Gegenden, wo der Boden – wie vielerorts in der Sahara – durch Hitzeeinwirkung zu stark verkrustet war oder wo er – wie zum Teil wohl im eiszeitlichen Europa – zu hart gefror, um die Äste und Stangen der Behausungswände ausreichend tief im Untergrund zu verankern. Anstelle eines solchen ›Steinfundaments‹ häuften manche Gruppen im neuzeitlichen Afrika auch flache Sandwälle um ihre Zelte oder Hütten herum auf. Eine solche technische Lösung ist natürlich archäologisch schon nach kurzer Zeit kaum mehr nachweisbar – die EVLS-Forscher vermochten jedoch in einem Fall die schon längst verschwundenen Sandwälle eines heutigen Nomadenzeltes noch anhand deutlicher Anhäufungen von feinen Kiespartikeln zu erschließen, die sich in dem längst vom Wind verwehten Sand befunden hatten.

Im Bereich einer der ältesten Behausungsstrukturen aus dem Jungacheuléen machten Fiedler und seine Begleiter 1984 in der südmarokkanischen Kieswüste einen interessanten, über reine Siedlungsfragen hinausweisenden Fund. In der Mitte eines gut 2 m messenden Steinkreises der beschriebenen Art entdeckten sie dort das knapp über 6 cm lange, völlig verwitterte und vom Wind verschliffene Bruchstück eines versteinerten Kopffüßers aus der Karbon- oder Devonzeit, eines sogenannten Orthoceras (griech. ›Geradhorn‹; Abb. 3.4). Fossilien dieser Art kommen in manchen Teilen Nordafrikas in gewaltigen Mengen vor und sind unter Sammlern äußerst beliebte Objekte. In der Umgebung des genannten Fundplatzes befand sich jedoch weit und breit kein weiteres derartiges Stück, und auch Funde aus anderen Vorgeschichtsepochen waren dort nicht anzutreffen – es handelte sich vielmehr um eine isolierte, im Durchmesser etwa 15 m große Ansammlung von Faustkeilen und anderen Steingeräten des Jungacheuléen, in deren Zentrum sich der Behausungsgrundriß mit dem Fossil im Inneren befand.

Dieser Befund läßt eigentlich nur die Deutung zu, daß das Objekt vor etwa 250 000 Jahren irgendwo anders von Frühmenschen aufgesammelt und an diesen Platz mitgebracht wur-

de, wo es schließlich liegenblieb. Nach einem möglichen Grund für seine Mitnahme braucht man nicht lange zu suchen, denn das Fossil hat aufgrund seiner natürlichen Kammerung eine unübersehbare Ähnlichkeit mit einem Penis, und die Vermutung liegt nahe, daß es diese Analogie war, die die Menschen des Jungacheuléen bewog, es aufzulesen und eine Zeit lang mit sich herumzutragen. Aus welchen Beweggründen sie dies im einzelnen auch taten, sie bewiesen damit – obwohl sie keinerlei Veränderungen an dem Stück vornahmen – ein ausgeprägtes ›bildhaftes‹ und imaginatives Empfinden, das sie mit den Entdeckern des ›Gesichtssteins‹ von Makapansgat mehr als zwei Millionen Jahre zuvor (vgl. Kap. 1), vor allem aber mit den Menschen des Jungpaläolithikums über 200 000 Jahre später verbindet. Auch an deren Siedlungsplätzen fanden sich nämlich immer wieder offenkundig aufgelesene Fossilien und andere auffällige Naturobjekte, und das Motiv des Penis spielte dort anscheinend gleichfalls eine nicht unwichtige Rolle, wie mehrere – nun allerdings durch Einritzen des Eichelwulstes zum Teil künstlich modifizierte – ›Steinphalli‹ aus der Magdalénien-Station Oelknitz in Thüringen und anderen jungpaläolithischen Fundstätten beweisen (Abb. 3.5).

Das Interesse des Menschen an ›besonderen‹, außergewöhnlichen Objekten und Formen und ihre mentale Verknüpfung mit einem bestimmten ›Bedeutungsgehalt‹ scheint also weit

*Abb. 3.4:*
*An einen Penis erin-*
*nerndes Kopffüßer-*
*fossil (sogenannter*
*Orthoceras = ›Ge-*
*radhorn‹) von ei-*
*nem etwa 250 000*
*Jahre alten Sied-*
*lungsplatz in der*
*südmarokkanischen*
*Sahara. Das Stück*
*ist im Original etwa*
*6 cm lang.*

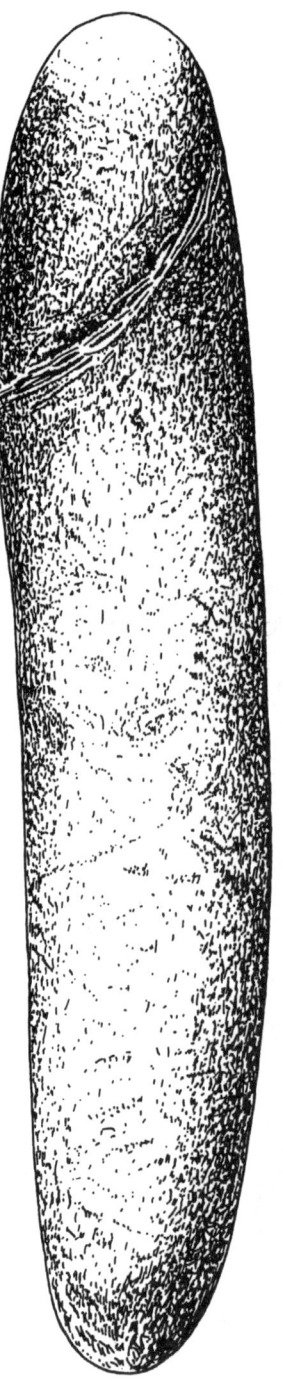

vor die Periode der Höhlenmaler und Elfenbeinschnitzer zurückzureichen, und es mündete möglicherweise schon vor mehreren hunderttausend Jahren in die ersten, vorläufig nur schemenhaft und diffus erkennbaren Frühformen von Schmuck und ›Kunst‹. Darauf könnten jedenfalls eine Reihe weiterer hochbedeutsamer Funde hindeuten, die in den letzten zwei Jahrzehnten in Nordafrika und im angrenzenden Nahen Osten gemacht wurden und von denen einige in die Zeit zurückführen, als große Areale der heutigen Sahara von ausgedehnten Süßwasserseen bedeckt waren.

## Die Straußeneiperlen von El Greifa

Man weiß bereits seit längerem, daß im Sandsteinuntergrund des Fezzan, der Landschaft im Südwesten Libyens, riesige unterirdische Wasservorräte aus dem Eiszeitalter wie in einem Schwamm gespeichert sind. Vereinzelt finden sich in diesem Gebiet noch heute mitten in der Sandwüste einige Hektar große und zumeist nur wenige Meter tiefe Seen als oberirdische Ausläufer dieser gewaltigen Wasserreservoirs – sie weisen aufgrund der starken Verdunstung

*Abb. 3.5: Im Original 19,5 cm langes Grauwackegeröll aus der jungpaläolithischen Fundstätte Oelknitz in Thüringen, das durch einen eingravierten Eichelwulst als Phallus gekennzeichnet wurde.*

einen äußerst hohen Salzgehalt von bis zu 35 Prozent auf und werden vermutlich bald völlig verschwunden sein. Diese Gewässer sind die letzten, bescheidenen Überreste der erwähnten riesigen Seen, die sich hier während der Feuchtphasen des Eiszeitalters erstreckten.

Als geologische Zeugnisse dieser großen früheren Binnengewässer sind überall in der heutigen Sanddünenlandschaft sandige Kalkablagerungen von bis zu 2 m Dicke erhalten geblieben, die ausgedehnte Areale bedecken und in denen sich zum Teil reiche fossile Überreste von Muscheln, Süßwasserschnecken, Krebsen und anderem Wassergetier finden. Nach vorläufigen Uran/Thorium-Datierungen wurden sie während mehrerer Feuchtperioden in der Zeit zwischen etwa 320 000 und 10 000 Jahren vor heute abgelagert. Der deutsche Geologe Friedhelm Thiedig, der diese Seeablagerungen vor einiger Zeit zusammen mit seinem libyschen Kollegen Mehmed El Chair untersuchte, gibt ihre Ausdehnung mit etwa 500 x 550 km an und schätzt die Wasserfläche der Seen, von denen sie stammen, auf ungefähr 200 000 km². Zum Vergleich: Der größte heutige See Afrikas, der Lake Victoria in Uganda, Kenia und Tansania, mißt gerade einmal ein Drittel dieser Fläche, nämlich ca. 68 000 km².

Mitten in dieser einstmaligen Seenlandschaft führt der Hamburger Urgeschichtsforscher Helmut Ziegert seit 1962 im Rahmen eines Langzeitprogramms archäologische Ausgrabungen und Surveys durch. Bei Budrinna im Wadi el Adjal entdeckte er in den siebziger Jahren das noch bis zu 60 cm hoch erhaltene Bruchsteinfundament eines 2,5 m großen Rundhauses, das er nach den in seiner Umgebung aufgefundenen Steingeräten ins Endacheuléen vor ca. 180 000 Jahren datiert. An dem weiter westlich gelegenen Fundplatz El Greifa stieß er 1994 im Bereich einer windgeschützten ehemaligen Bucht auf 2,5 m dicke Aschelagen, die nach seiner Rekonstruktion entstanden, als hier Menschen des Jungacheuléen vor etwa 200 000 Jahren über mehrere Jahrtausende hinweg alljährlich den Schilfgürtel in der Uferzone des Sees abbrannten. Nach Ziegerts Vermutung taten sie dies, um sich einen freien Blick über das Seeufer zu verschaffen und um Schlangen und Skorpione von dem Platz fernzuhalten, der nach dem Zeugnis zahlreicher Steingeräte während dieser Zeit intensiv bewohnt gewesen zu sein scheint. Der Hamburger Forscher entwirft auf der Grundlage seiner Funde ein sogenanntes ›Zivilisationsmodell‹ für die Lebensweise dieser Altpaläolithiker von El Greifa. Er vermutet »eine Gruppe in einem Dorf aus Schilfhütten am Ufer eines Sees, beschäftigt mit Fischfang, Jagd und Sammeln bei gesicherter Nahrungsgrundlage, und einem differenzierten und geregelten Sozialverhalten«. Insbesondere betont er, daß im Fezzan schon die Menschen des Jungacheuléen »bei Nutzung der Küsten und Fluß- und Seeufer« über längere Zeit hinweg »als ›Strandbeuter‹ seßhaft« gewesen seien und daß dies zu »regelmäßigen Gruppenkontakten, Erfahrungsaustausch und möglicherweise gruppenübergreifenden Sozialstrukturen« geführt habe.[7] Freilich sind die Details seiner Ausgrabungsergebnisse bislang noch weitgehend unveröffentlicht, so daß man sich vorläufig mit diesen ziemlich summarischen Angaben zufriedengeben muß und besonders eine kritische Beurteilung der Datierungen und ihrer Verläßlichkeit kaum möglich ist.

Es bleibt zu hoffen, daß sich dies möglichst bald ändert, denn Ziegerts Funde muten zum Teil wahrhaft sensationell an. So stießen er und seine Mitarbeiter beim Sieben der mutmaßlich 200 000 Jahre alten Sedimente auf eine Artefaktgruppe, die völlig aus dem Rahmen des von anderen Fundplätzen dieser Zeit bislang Bekannten fällt. Zwischen den Resten von Pflanzensamen, Tierknochen und Holzkohle aus Feuerstellen entdeckten sie in den Maschen ihrer Feinsiebe nämlich völlig überraschend auch Fragmente von Straußeneischalen und Bruchstücke daraus hergestellter Perlen. Die filigranen und technisch nahezu perfekt gearbeiteten Schmuckstücke besitzen jeweils nur einen Durchmesser von etwa 6 mm, und die Durchbohrungen in ihrer Mitte sind nur ca. 2 mm groß (Abb. 3.6).

Derartige Perlen gehören zu den Standardfunden im Neolithikum Nordafrikas und in dem ihm unmittelbar vorangegangenen endpaläolithischen ›Capsien‹ (Abb. 3. 7), doch sie wurden während der jüngeren Vorgeschichts-perioden auch sonst überall in dem damals sehr großen Verbreitungsgebiet des Straußes hergestellt. Von Südafrika über Indien bis hin nach China nutzten die Menschen des ausgehenden Eiszeitalters und der Nacheiszeit die durchschnittlich 13 x 15 cm großen Eier dieses flugunfähigen Steppenvogels mit ihren bis zu 2 mm dicken Schalen zur Herstellung von Wasserbehältern, becher- und schalenartigen Gefäßen sowie verschiedener anderer Nutzobjekte und Schmuckstücke – darunter nicht zuletzt auch der erwähnten millimeterkleinen Perlen. Ihre Anfertigung, die wegen der leichten Zerbrechlichkeit des Rohmaterials ein beträchtliches Geschick erforderte, ist von Ziegerts Funden abgesehen sonst allerdings bislang erst seit dem Übergang vom Mittel- zum Jungpaläolithikum belegt: Die frühesten sicher datierten Straußeneiperlen dieser Periode stammen aus der Fundstätte Enkapune Ya Muto in Kenia, der Mumba-Höhle in Tansania und der Border Cave in Südafrika und sind etwa zwischen 40 000 und 50 000 Jahre alt. Die Perlen von El Greifa wären also eine wirklich sensationelle Entdeckung, wenn sich ihr vermutetes Alter von 200 000 Jahren bestätigen würde, und sie wären dies um so mehr, als sie in ihrer technischen Machart und Qualität den Exemplaren aus der jüngeren Vorgeschichte in nichts nachstehen.

Ihr bedeutsamster und aussagekräftigster Aspekt wäre aber mit Sicherheit die in ihnen zum Ausdruck kommende geistige und soziale

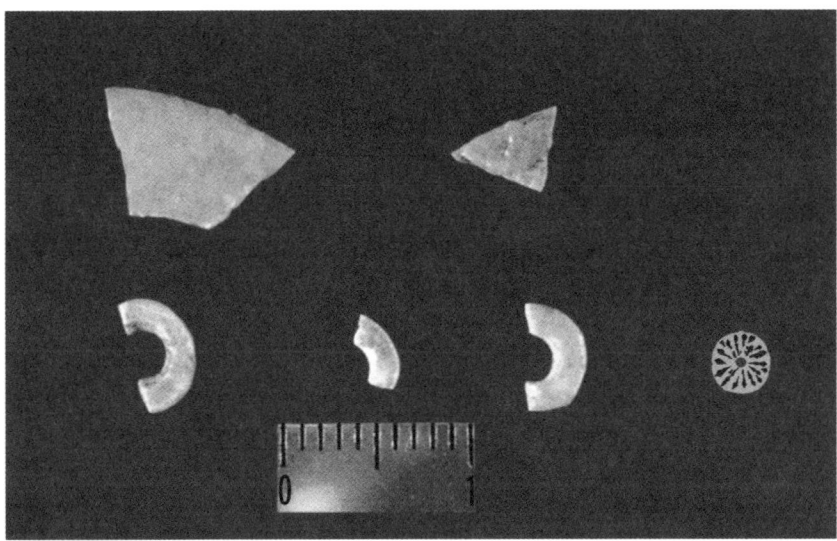

*Abb. 3.6: Bruchstücke ca. 6 mm großer Straußeneiperlen von dem Fundplatz El Greifa in Libyen , die 200 000 Jahre alt sein sollen. Daneben (ganz rechts) knapp 4 mm großes, unbearbeitetes Segment eines fossilen Seelilienstengels aus der 780 000 Jahre alten Fundstätte Gesher Benot Ya'aqov in Israel, das aufgrund des natürlichen Lochs in seiner Mitte als Perle verwendbar gewesen wäre.*

Symbolik. »Das Tragen von Schmuckobjekten wie Perlen und Anhängern setzt«, wie der australische Archäologe und Felskunstforscher Robert G. Bednarik betont, nämlich »Selbstbewußtsein und ein Verständnis für die individuelle Existenz voraus«, so daß »Individualität notwendigerweise ein zentraler Faktor in jeder Art von ›Schmuckgebrauch‹ ist«[8] – nicht unbedingt jedoch ein Individualismus im modernen westlichen Sinne. Schmuck war und ist in archaischen Gesellschaften vielmehr – wie man aus zahllosen völkerkundlichen Studien weiß – in erster Linie ein Ausdruck der sozialen Stellung des einzelnen innerhalb seiner Gemeinschaft, und er ist daher oft in hohem Maße ›sozial genormt‹ und von den individuellen, persönlichen Vorlieben seines Trägers oder seiner Trägerin weitgehend unabhängig. Schmuck kann in solchen Gesellschaften »Heiratsbereitschaft, politischen Status oder den Zustand der Trauer« anzeigen, ebenso wie er vielerlei andere »soziale, wirtschaftliche, ethnische, weltanschauliche oder religiöse Botschaften« und Bedeutungsinhalte zu vermitteln vermag, die aber in aller Regel »nur den Angehörigen der jeweiligen Kultur voll verständlich sind« – so Bednarik weiter. Darüber hinaus kann er auch als magisches Hilfsmittel oder Glücksbringer (Talisman), als »Schutz gegen böse Zaubersprüche und Geister« und vieles andere mehr dienen.[9]

Die in der Schmucksitte zum Ausdruck kommende Symbolik setzt damit bereits vergleichsweise hochentwickelte kognitive Fähigkeiten und eine recht komplexe Sozialordnung voraus, und viele Archäologen bezweifeln nicht zuletzt aus diesem Grund, ob ein solch komplexes System der ›sozialen Kommunikation‹ wirklich bereits bei den ›vormodernen‹ Menschen des älteren Paläolithikums vorstellbar ist.

## Schmuck schon im älteren Paläolithikum?

Ziegerts libysche Straußeneiperlen-Funde sollten dennoch nicht vorschnell beiseite geschoben werden, denn auch aus Europa kennt man schon seit längerem eine Anzahl künstlich durchbohrter archäologischer Fundobjekte – in diesem Fall handelt es sich vor allem um perforierte Tierzähne und Tierknochen – aus der Zeit vor über 100 000 Jahren, bei denen gleichfalls eine Verwendung als Schmuckanhänger oder ›Perlen‹ diskutiert wird.[10] Bednarik und der amerikanische Paläokunst-Experte Alexander Marshack haben darüber hinaus die interessante Frage aufgeworfen, ob in der Debatte über einen möglichen älterpaläolithischen Schmuckgebrauch nicht prinzipiell auch von Natur aus durchlochte Objekte aus archäologischen Fundschichten Berücksichtigung finden müßten.

Bednarik bezeichnet es jedenfalls als einen »grundsätzlichen methodischen Irrtum«, zu glauben, ein »perforiertes Objekt« müsse, »um für einen Gebrauch als Schmuckstück in Betracht zu kommen, vom Menschen selbst hergestellt worden sein«. »Schon ein flüchtiger Blick auf die Objekte, die in der Völkerkunde als Perlen dokumentiert sind, zeigt, wie falsch diese Grundannahme ist«, schreibt der australische Forscher weiter. Daher sollten, so seine Folgerung, bei der Diskussion um eine mögliche Verwendung von Schmuck schon im Alt- und Mittelpaläolithikum als Perlen oder Anhänger geeignete Objekte aus frühmenschlichen Fundablagerungen, die bereits von Natur aus ein Loch besitzen, nicht einfach »aus der Betrachtung ausgeschlossen« werden.[11]

Und eine Reihe derartiger Objekte sind durchaus aus verschiedenen Grabungsstätten bekannt geworden. So fand beispielsweise die israelische Archäologin Naama Goren-Inbar 1990 inmitten reicher, bis zu 780 000 Jahre alter Fundablagerungen an dem Acheuléen-Siedlungsplatz Gesher Benot Ya'aqov am Ufer des Jordans zwei auffällige kleine Glieder fossiler Seelilienstengel (Abb. 3.6). Die nur knapp 4 mm großen, scheibenförmigen Segmente haben in ihrer Mitte ein natürliches Loch, das sie wie perfekte kleine Perlen aussehen läßt und dank dem sie ohne jede weitere Bearbeitung auch als solche verwendet werden könnten. Ob dies bei den beiden Exemplaren aus Gesher Benot Ya'aqov indessen tatsächlich der Fall war

*Abb. 3.7:*
*Neolithische*
*(jungsteinzeitliche)*
*Schmuckperlen*
*aus der libyschen*
*Sahara (Murzuk-*
*Gebiet).*
*Obere Reihe: Fossile*
*Seelilienperlen;*
*unten Mitte*
*und rechts:*
*Straußeneiperlen;*
*unten links:*
*Steinperle.*

und ob die Frühmenschen überhaupt etwas mit ihrer Ablagerung an diesem Platz zu tun hatten, ist ungewiß und wird sich vermutlich niemals mit Sicherheit klären lassen. Goren-Inbar und ihre Kollegen vermuten zwar, daß die Fossilien ursprünglich von einem etwa 30 km weiter nördlich gelegenen Ort stammen – sie könnten aufgrund der Topographie und Geologie des Gebietes aber auch durch natürlichen Wassertransport an ihre spätere Fundstätte gelangt sein. Ein abschließendes Urteil ist somit kaum möglich – Tatsache aber bleibt, daß genau solche fossilen Seelilienstengel-Glieder in den jüngeren vorgeschichtlichen Kulturen der Region, ja teilweise sogar bis in die Neuzeit hinein als Schmuckperlen benutzt und in grö-

ßerer Zahl auf Schnüren zu Ketten vereinigt wurden.

Doch auch an urgeschichtlichen Fundplätzen in Europa fanden sich wiederholt auffällige und dekorative Fossilien, die aufgrund einer natürlichen Perforation ohne jede Weiterbearbeitung unmittelbar als Schmuckstücke geeignet gewesen wären. So stieß schon der Entdecker der ersten Acheuléen-Werkzeuge an dem namengebenden Fundort St. Acheul in Nordfrankreich, Marcel Rigollot, in den dortigen artefaktführenden Kiesen immer wieder auf kleine, harte Kalkkügelchen mit einer Durchlochung in der Mitte, die er ganz selbstverständlich für ›Perlen‹ hielt. Der britische Geologe Joseph Prestwich, der die Fundstätten

1859 im Zusammenhang mit dem damals tobenden Streit über das Alter der Menschheit besuchte,[12] identifizierte sie als kleine fossile Schwämme der Art *Coscinopora globularis* d'Orb, die einen natürlichen Hohlraum im Inneren besitzen. Er äußerte sich skeptisch über ihre »künstliche Zurichtung«, merkte aber an, daß das Loch bei einigen von ihnen »vergrößert und vervollständigt« worden zu sein schien.[13]

Über 200 Exemplare exakt der gleichen fossilen Schwammart entdeckte der englische Archäologe Worthington G. Smith 1894 in älterpaläolithischen Fundablagerungen bei Bedford in England (Abb. 3.8). Der als ausgesprochen zuverlässig und gewissenhaft geltende Forscher barg sie zusammen mit »unverrollten Steingeräten und Abschlägen sowie verkohlten Pflanzenresten«, und auch er bemerkte »eine künstliche Vergrößerung ihrer natürlichen Öffnung«, die darauf hinzuweisen schien, »daß die Fossilien als persönliche Schmuckstücke oder Perlen verwendet worden waren«. In einigen der Löcher fiel ihm darüber hinaus eine merkwürdige schwarze Substanz auf, die sich bei genaueren Untersuchungen als »stickstoffhaltiger organischer Stoff aus tierischem Gewebe« erwies.[14]

Einige dieser Fossilien, die noch heute in Oxford aufbewahrt werden, wurden in jüngerer Zeit erneut von Fachleuten mikroskopisch untersucht, und zwar von dem britischen Archäologen Lawrence H. Keeley und von dem bereits erwähnten amerikanischen Forscher Alexander Marshack. Während nach Keeley »kein Zweifel

daran bestehen kann, daß einige von ihnen eine künstliche Vergrößerung ihrer natürlichen Öffnungen zeigen«,[15] vermochte Marshack keine eindeutigen Hinweise darauf zu finden; er schloß aber aus den »Resten organischen Materials in den Löchern«, daß die Fossilien »möglicherweise auf Riemen oder Fasern aufgefädelt gewesen sein könnten«.[16] Eine wirklich systematische und umfassende Untersuchung der Stücke und besonders der Substanz in ihrem Inneren hat anscheinend bis heute nicht stattgefunden – sie wäre ein dringendes Erfordernis der Forschung.

Man kann gegenüber Fundobjekten wie den beschriebenen in Anbetracht der zahlreichen offenen Fragen naturgemäß zwei völlig unterschiedliche Haltungen einnehmen. Keeley, der bereits in Fundensembles aus dem britischen Altpaläolithikum Steinwerkzeuge identifiziert zu haben glaubte, die zum Bohren von Löchern in hartem Material wie Knochen gedient hatten, schloß aus den Fossilien von Bedford, daß der Gedanke, solche Geräte könnten unter anderem auch »zur Herstellung der Ösenlöcher von Anhängern oder Perlen« verwendet worden sein, »vielleicht nicht ganz so weit hergeholt ist, wie es auf den ersten Blick scheinen mag«. – »Wenn die Leute im Altpaläolithikum dazu imstande waren, Schmuckperlen aus Fossilien anzufertigen«, so fuhr er fort, »dann waren sie sehr wahrscheinlich auch dazu in der Lage, Anhänger oder Perlen aus Knochen herzustellen«.[17]

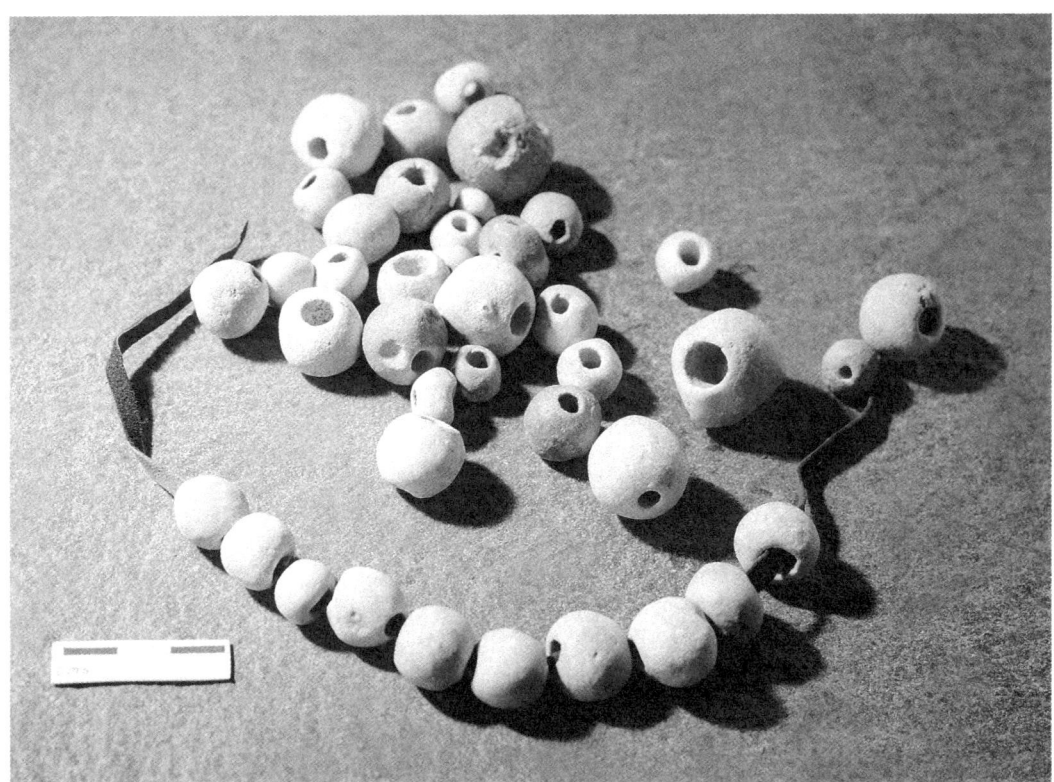

*Abb. 3.8: Von Natur aus durchlochte Fossilien der Art Coscinopora globularis d'Orb aus älterpaläolithischen Fundschichten von Bedford in England. Die Stücke lassen sich ohne weitere Bearbeitung ausgezeichnet als Perlen verwenden, wie einige zur Demonstration auf ein (modernes) Lederband aufgezogene Exemplare verdeutlichen.*

Marshack wiederum betonte, daß »natürliche Löcher, sogar durch Wellenschlag oder Wassereinwirkung entstandene«, während des gesamten Paläolithikums »durchaus zum Gebrauch von Muscheln als Perlen angeregt haben könnten«, und er hob hervor, daß »solche natürlichen ›Perlenmodelle‹ recht verbreitet sind und oft überaus eindrucksvoll wirken können«. »Wir sind in der Diskussion über die Ursprünge des persönlichen Schmucks [daher] nicht auf die Hypothese einer plötzlichen Entstehung des menschlichen Selbstbewußtseins zur Zeit der Anfertigung der ersten Knochen- und Steinperlen des Aurignacien in Europa angewiesen«, schrieb er weiter. Schon von Natur aus durchbohrte Objekte könnten vielmehr »dank ihres natürlichen Lochs als Anhänger getragen worden sein«, und sie könnten darüber hinaus auch

»ein konzeptionelles ›Modell‹ für aus anderen Materialien hergestellte Perlen« dargestellt haben.[18]

Ein eher positivistisch denkender und skeptisch gesonnener Wissenschaftler wie der französische Höhlenkunstforscher Michel Lorblanchet verweist solche Überlegungen hingegen als rein fiktiv und jeglichen Beweises entbehrend ins Reich der Spekulation. Solange »nicht die geringste Möglichkeit ihrer Verifizierung« bestehe, seien derartige Gedankenspiele »nicht mehr als eine Hypothese unter anderen«. – »Man müßte in jedem einzelnen Fall wissen«, so betont der Archäologe weiter, »ob die betreffenden Objekte tatsächlich [vom Menschen] an ihre Fundstätten verbracht wurden oder ob ihr Vorkommen dort durch natürliche Prozesse zu erklären ist. [...] In einer Situation, wo sich eine menschliche Einwirkung nicht zweifelsfrei nachweisen läßt, kann man diese Objekte ganz offensichtlich auch nicht als ›Perlen‹ ansprechen.« – »Wir befinden uns hier an der Grenze zwischen Interpretation und Spekulation«, urteilt Lorblanchet abschließend, und obwohl es durchaus eine Jahrzehntausende oder gar Jahrhunderttausende lange ›Latenzperiode‹ der Herausbildung des Schmuckgebrauchs gegeben haben möge, »beginnt die Geschichte des Schmucks doch erst mit der ältesten Durchbohrung, die unzweifelhaft einem Menschen zuzuschreiben ist«.[19]

Eine solche Betrachtungsweise ist sicherlich vom exakt wissenschaftlichen Standpunkt aus nahezu unangreifbar, und doch birgt sie ihrerseits die Gefahr falscher Schlußfolgerungen und trügerischer Scheinsicherheiten. Denn so berechtigt die Forderung nach positiven, hieb- und stichfesten Beweisen grundsätzlich auch ist, so wenig darf ihr vorläufiges Fehlen andererseits zu einem aussagekräftigen und schlüssigen ›Negativbeweis‹ umgedeutet werden. Genau das aber geschieht in der Urgeschichtsforschung fast ständig, wenn unter Ausblendung oder Abqualifizierung der beschriebenen, ja zumindest *potentiell* als Schmuckstücke in Frage kommenden Funde der Lehrsatz als vermeintlich gesichertes Wissen kolportiert wird, es habe vor dem Jungpaläolithikum keinen Schmuck und daher auch nicht die mit ihm verbundene Symbolik gegeben.

Bednarik hat demgegenüber zu Recht darauf hingewiesen, daß besonders die Form der in der Mitte durchbohrten Scheibe bzw. des Ringes, wie sie bereits in den frühesten afrikanischen Straußeneiperlen faßbar wird, für die altsteinzeitlichen Hersteller dieser Schmuckstücke durchaus kein selbstverständliches Formprinzip gewesen sein kann. »Die Menschen des Altpaläolithikums hatten nur wenige Vorbilder, die als Modell für das gestaltliche Konzept der Scheibenperle hätten dienen können«, schreibt der Archäologe. »Uns selbst, die wir an das Prinzip des Rades gewöhnt sind, ist diese Form ungleich geläufiger, als sie für die frühen Menschen gewesen sein dürfte«. Möglicherweise, so mutmaßt der australische Forscher weiter, »sammelten [diese Menschen] ja scheibenförmige Fossilien« wie die erwähnten Seelilienstengel-Glieder (vgl. S. 120) »und verwendeten sie als Perlen«. – »Vielleicht bildete sich auf diese Weise die ganze Konzeption erst heraus, und die vom Menschen hergestellten Scheibenperlen waren lediglich Ersatzstücke für die in zu geringer Zahl verfügbaren Fossilien«.[20]

Diese Überlegung leuchtet – so wenig sie sich auch positiv beweisen läßt – unmittelbar ein und stellt zumindest einen plausiblen Erklärungsansatz dar. Sollte sie tatsächlich zutreffen, dann wäre der Schmuckgebrauch schrittweise aus der einfachen Nutzung von Naturobjekten, einer nachfolgenden partiellen Modifizierung und schließlich der künstlichen Nachahmung hervorgegangen, bevor sich der Mensch zu einem späteren Zeitpunkt dann völlig von den natürlichen Formvorbildern löste. Die frühmenschliche Kultur hätte nach diesem Modell also eine nicht unbeträchtliche ›Starthilfe‹ von seiten der Natur erhalten, und ganz ähnlich könnte die Entwicklung auch in einem anderen kulturellen Bereich, nämlich bei der Herausbildung der figürlichen Kunst, verlaufen sein. In diese Richtung deutet jedenfalls das möglicherweise älteste plastische Kunstwerk der Welt, das seit nunmehr bereits zwei Jahrzehnten bekannt ist, das aber erst jetzt allmählich die Aufmerksamkeit erfährt, die es verdient.

## Die ›Protoplastik‹ von Berekhat Ram

Es handelt sich dabei um einen nur 3,5 cm großen Brocken vulkanischen Tuffgesteins (Abb. 3.9), den die bereits erwähnte israelische Archäologin Naama Goren-Inbar (vgl. S. 120) 1981 in der Fundstätte Berekhat Ram auf den Golanhöhen ausgrub. Das Stück lag in einer archäologischen Fundschicht mit zahlreichen Abschlaggeräten und einigen Faustkeilen des Jungacheuléen, die mit Hilfe der naturwissenschaftlichen Argon[40]-Argon[39]-Methode (vgl. Kap. 1) auf ein Alter zwischen 230 000 und 280 000 Jahren datiert wurde.

Der Steinbrocken erinnert schon in seiner Grundform an eine Frauenfigur mit Kopf, Armen und Brüsten, und diese Ähnlichkeit wird noch zusätzlich durch mehrere Rillen und Furchen verstärkt, die den ›Kopf‹ und die ›Arme‹ vom ›Rumpf‹ der Figur abzutrennen scheinen (Abb. 3.11). Goren-Inbar äußerte bereits 1986 in einer ersten kurzen Veröffentlichung über das Fundstück die Vermutung, daß diese Eintiefungen nicht natürlichen Ursprungs, sondern von Frühmenschen »künstlich und absichtlich« mit Steinwerkzeugen eingeritzt worden seien,[21] um die ›figurative‹ Wirkung des Gesteinsbrockens zu steigern und seine ›menschenähnliche‹ Grundform deutlicher herauszuarbeiten.

Diese Hypothese war von einiger Brisanz, denn wenn sie zutraf, dann handelte es sich hier – wie Goren-Inbar zu Recht betonte – um den

*Abb. 3.9: Die sogenannte ›Proto-Venus‹ aus der über 230 000 Jahre alten Jungacheuléen-Fundstätte Berekhat Ram auf den Golanhöhen in drei verschiedenen Perspektiven. Der nach mikroskopischen Untersuchungen eindeutig vom Menschen bearbeitete Tuffgesteinbrocken ist im Original nur 3,5 cm groß.*

mit Abstand »frühesten Nachweis eines Kunst-werks« auf der ganzen Welt.[22] Das Fundstück ist nämlich über 200 000 Jahre älter als die berühmten ›Venusfiguren‹ des europäischen Jungpaläolithikums – jene Plastiken nackter und zumeist ausgesprochen fülliger Frauen, unter denen die etwa 25 000 Jahre alte ›Venus von Willendorf‹ in Österreich wohl die be-kannteste ist.

Die meisten Archäologen begegneten dem Fundstück – sofern sie es überhaupt zur Kennt-nis nahmen – freilich eher skeptisch und mit Mißtrauen, denn sogenannte ›Figurensteine‹ und andere vermeintliche ›Urkunstwerke‹ ha-ben lange Zeit eine ausgesprochen zweifelhafte Rolle in der urgeschichtlichen Archäologie ge-spielt. Schon der ›Vater der Vorgeschichte‹ und verdienstvolle Wegbereiter der europäischen Paläolithikumforschung, der französische Zoll-direktor Jacques Boucher de Perthes, sammelte in der ersten Hälfte des 19. Jahrhunderts im nordfranzösischen Sommetal neben zahlrei-chen Faustkeilen und anderen altpaläolithi-schen Steinwerkzeugen auch Dutzende solcher

›Figuren-‹ und ›Gesichtssteine‹. Er hielt sie für Erzeugnisse des ›vorsintflutlichen‹ Menschen und besprach und publizierte sie als solche detailliert in seinem dreibändigen, zwischen 1847 und 1864 erschienenen Werk ›Keltische und prädiluviale Altertümer‹ (Abb. 3.10 a und b).[23] Auch später präsentierten archäologisch oftmals nur unzureichend oder gar nicht ausgebildete Sammler immer wieder recht lautstark solche angeblichen ›Urkunstwerke‹, die zum Teil noch nicht einmal aus archäologischen Fundzusammenhängen stammten, und das führte letztlich dazu, daß der ganze Themenkomplex unter den Fachwissenschaftlern in den Geruch des Unseriösen geriet und die meisten Archäologen es rundweg ablehnten, sich mit derartigen Funden überhaupt noch ernsthaft auseinanderzusetzen.

In der Tat ist im Hinblick auf sie auch äußerste Vorsicht geboten, denn vor allem die Fließkraft des Wassers in den großen Flüssen zerscherbt fortlaufend Steine in die absonderlichsten Formen und bringt dabei auch in großer Zahl solche Kiestrümmer hervor, die auf uns verblüffend ›figurenhaft‹ wirken. Die Schotter der Themse, der Somme oder des Rheins sind daher nach den Worten von Lutz Fiedler, der das in Flußterrassen abgelagerte Material ausgezeichnet kennt (vgl. Kap. 2), »voll von solchem Zeugs«: von rein zufällig und auf natürliche Weise zerstoßenen Steinen also, in denen der moderne Betrachter dennoch ›Tiere‹, ›Gesichter‹ oder auch menschliche ›Figuren‹ zu erkennen glaubt und die Gartenbesitzer (beispielsweise im Périgord) daher gern als steinernes Kuriositätenkabinett auf ihren Grundstücksmäuerchen aufstellen.

Nun ist es andererseits ja aber durchaus möglich, daß auch schon die Menschen des älteren Paläolithikums diesen Blick für das Absonderliche und ›Bildhafte‹ besaßen und solche Naturspiele daher wie wir selbst auflasen und hin und wieder auch einmal zu ihren Wohnplätzen mitnahmen, wenn sie darauf stießen. Zwei ziemlich eindeutige Beispiele dafür haben wir ja bereits in dem eigentümlichen ›Gesichtsstein‹ aus der Makapansgat-Höhle in Südafrika und in dem ›Steinphallus‹ aus der marokkanischen Sahara kennengelernt, die beide durch hominiden Transport an ihre Fundstätten gelangt sein müssen, weil entsprechendes Material dort von Natur aus nicht vorkommt (vgl. Kap. 1 und S. 114). Auch wenn derartige aufgelesene und herumgetragene Naturobjekte (sogenannte ›Manuports‹) keinerlei künstliche Bearbeitung durch ihre Entdecker erfuhren, wie es bei den beiden genannten Stücken der Fall gewesen zu sein scheint, wurden sie doch allein schon durch den Vorgang des ›Aufsammelns‹ und Mitnehmens zu ›Artefakten‹ im weitesten Sinne des Wortes: zu Gegenständen nämlich, die – wenn auch natürlichen Ursprungs – vom frühen Menschen in irgendeiner Weise ›benutzt‹ wurden und insofern offenkundig eine spezifische Bedeutung für ihn besaßen. Dieser ›Gebrauch‹ und die darin zum

Ausdruck kommende Wertschätzung verwandelte sie von reinen Natur- in vollwertige ›Kulturobjekte‹, und damit fallen sie – sofern sich die Aneignung durch den Menschen schlüssig nachweisen oder zumindest wahrscheinlich machen läßt – auch ganz ohne Zweifel in den Arbeits- und Interessenbereich der Archäologie.

Bei der ›Proto-Venus‹ von Berekhat Ram vermutete Goren-Inbar ja aber noch wesentlich mehr, nämlich eine gezielte Modifizierung eines Gesteinsbrockens durch Menschen des Acheuléen zur künstlichen Verstärkung der ihm bereits von Natur aus eigenen anthropomorphen Form. Dies wäre ein deutlich anspruchsvollerer Vorgang als das reine Auflesen und Aufbewahren eines interessanten Naturobjekts, denn er hätte über das bloße *Erkennen* der visuellen Analogie hinaus auch bereits ein aktives *Gestalten* von bildhafter, figurativer Form bedeutet. Diese Leistung ist ansonsten erst seit dem Jungpaläolithikum sicher belegt, wo interessanterweise neben den ›aus freier Hand geschaffenen‹ Kunstwerken auch solche

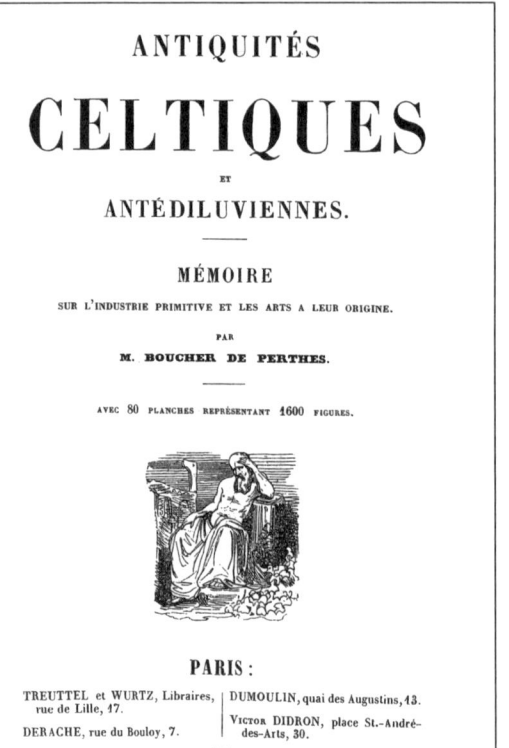

*Abb. 3.10 b (rechte Seite): Sogenannte ›Gesichtssteine‹, die der Wegbereiter der europäischen Paläolithikumforschung, Jacques Boucher de Perthes, 1847 in seinem Werk ›Keltische und vorsintflutliche Altertümer‹ (Abb. 3.10 a, links) abbildete. Natürlich zerscherbte Kiesel dieser Art finden sich in nahezu jedem Flußbett in großer Zahl.*

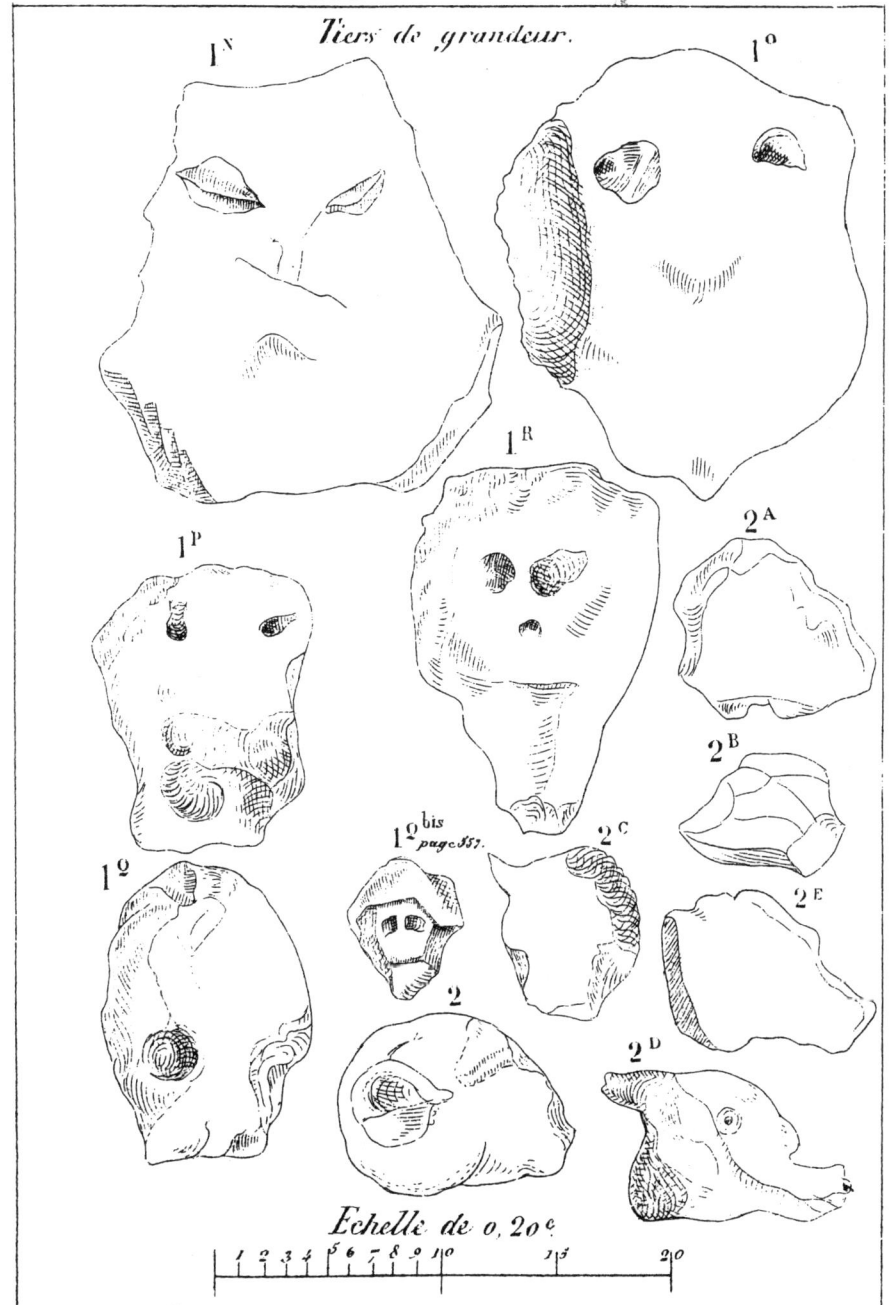

Tiers de grandeur.

Echelle de 0,20^c

Figures et symboles de la période ante-diluvienne.

vorkommen, die von Naturformen inspiriert waren. So wurden beispielsweise in einigen der berühmten Bilderhöhlen einzelne Felsbuckel oder Wandvorsprünge, die von Natur aus eine Ähnlichkeit mit der Silhouette eines Tieres besaßen, durch das künstliche Einritzen eines Mauls oder der Augen in wirkliche ›Abbilder‹ der Tiere verwandelt, und in Einzelfällen scheinen sogar jungpaläolithische Venusfiguren aus der Weiterbearbeitung pittoresk geformter Steinbrocken entstanden zu sein (Abb. 3.12). In solchen Schöpfungen war die Schwelle des aktiven, künstlerisch-gestalterischen Schaffens zweifellos bereits deutlich überschritten, doch sie stammen ja auch aus einer weithin von Kunst und künstlerischem Empfinden durchdrungenen Zeit.

Sensationell wäre es hingegen, wenn dieser so entscheidende Schritt von der bildhaften ›Ausdeutung‹ von Formen zu ihrer gezielten figürlichen *Ausgestaltung* und damit der Durchbruch zur ›Proto-Kunst‹ tatsächlich schon vor mehr als 250 000 Jahren vollzogen worden wäre – zu einer Zeit, in der aktives formliches Gestalten und ästhetischer Ausdruck bislang stets auf die Herstellung technischer Gebrauchsobjekte wie der beschriebenen Faustkeile oder hölzernen Speere (vgl. Kap. 2) beschränkt geblieben zu sein schien und aus der ansonsten bislang keinerlei menschliche Schöpfungen von ›darstellendem‹ Charakter bekannt geworden sind. Aus diesem Grund ist die ›Figur‹ von Berekhat Ram und vor allem der Modus ihrer Entstehung so

überaus bedeutsam, und daher wurde sie auch in jüngster Zeit zum Gegenstand einer äußerst kontroversen Diskussion in Fachkreisen.

Das Gesteinsmaterial, aus dem sie besteht, belegt im Gegensatz etwa zu dem Jaspiskiesel von Makapansgat noch keine menschliche Einwirkung, denn an der Ausgrabungsstätte auf den Golanhöhen fanden sich Hunderte solcher Brocken vulkanischen Tuffs. Vielen Forschern erschien es daher als nicht weiter erstaunlich, daß unter einer solchen Vielzahl auch einmal ein ungewöhnlich geformtes Stück wie das beschriebene zutage kam, und sie erklärten seine anthropomorphen Anklänge für reinen Zufall. Dieser Standpunkt erhielt zusätzliche Nahrung, als im Jahr 1994 der amerikanische Anthropologe Andrew Pelcin darauf hinwies, daß vulkanisches Eruptionsgestein aufgrund seines Erkaltens unmittelbar nach dem Auswurf in der Luft oft sehr markante und ungewöhnlich geformte ›Riefen‹ aufweist. Es schien also eine ganz einfache, natürliche Erklärung für das auffällige Äußere der ›Figur‹ zu geben, und so fand der bereits erwähnte amerikanische Paläokunst-Experte Alexander Marshack (vgl. S. 120ff.) nur wenig Gehör, als er sich 1997 nach einer gründlichen mikroskopischen Untersuchung des Fundstücks entschieden für dessen Bearbeitung durch frühe Menschen aussprach. Dieses Urteil wurde nicht zuletzt deshalb angezweifelt, weil der Forscher keine natürlichen Tuffgesteinsproben zum Vergleich in seine Untersuchung mit einbezogen hatte.

*Abb. 3.12: Ca. 13 000 Jahre alte Frauenstatuette von dem Magdalénien-Fundplatz Enval in Frankreich. Die Sandsteinfigur ist im Original 3,1 cm groß.*

Dieses Versäumnis holten kürzlich der französische Prähistoriker Francesco d'Errico (vgl. Kap. 1), der bisher vielen ›Paläokunst‹-Belegen eher ablehnend gegenüberstand, und die amerikanische Anthropologin April Nowell nach. Die beiden Forscher legten im Gegensatz zu Marshack nicht nur die vermutete ›Protoplastik‹ von Berekhat Ram unters Mikroskop, sondern auch zahlreiche unbearbeitete Tuffgesteinbrocken von der Fundstätte auf den Go-

lanhöhen sowie aus anderen Regionen. In eine Reihe von ihnen hatten sie mit selbstgefertigten Steinwerkzeugen die unterschiedlichsten Rillen und Furchen eingeritzt, und untersuchten diese ebenso penibel wie die Eintiefungen auf der ›Proto-Venus‹ im Hinblick auf ihre Form und Gestalt. Das Resultat der beiden Forscher fiel eindeutig aus: »Keines der an der Fundstätte begutachteten oder für eine genauere Analyse im Laboratorium aufgesammelten Tuff-Fragmente wies Furchen irgendwelcher Größe oder Form auf«, so schrieben sie, »die mit denjenigen des archäologischen Fundstücks verwechselt werden können«. Vor allem fanden sich in keinem einzigen Fall natürliche »Rillen, die um einen Gesteinsbrocken in seinem vollen Umfang herumliefen«. Die ›Proto-Venus‹ hingegen besaß mit der besonders markanten ›Halsfurche‹ eine solche umlaufende Vertiefung (Abb. 3.9), und sie zeigte auch sonst »eine Reihe von Merkmalen, die den beim experimentellen Einritzen oder Abschaben der Tuffbrocken erzeugten ähnelten«. So ließ besonders die erwähnte ›Halsfurche‹ unter dem Mikroskop eine Form erkennen, »die typisch für mit Steinwerkzeugen eingetiefte Ritzlinien ist«, und »etwas weniger offensichtliche, aber immer noch nachweisbare Modifikationen« identifizierten die beiden Forscher auch im Bereich »der ›Arme‹ und der ›Brust‹« (Abb. 3.13). Alle ihre mikroskopischen und experimentellen Untersuchungen wiesen somit darauf hin, »daß das Fundstück von Berekhat Ram tat-

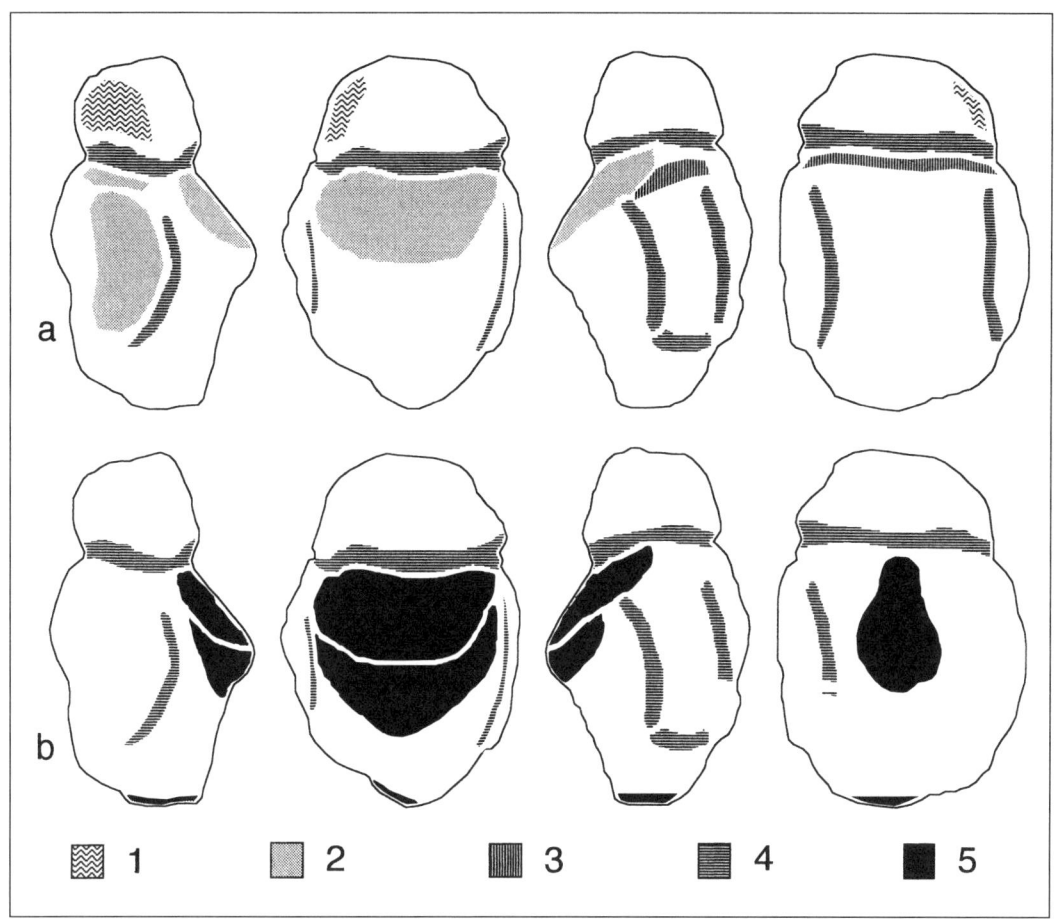

*Abb. 3.13: Künstliche Bearbeitungsspuren auf der ›Proto-Venus‹ von Berekhat Ram nach den mikroskopischen Untersuchungen von Alexander Marshack (oben) und Francesco d'Errico und April Nowell (unten). Waagrechte Schraffur (4): Rille; gerasterte Flächen (2): Kratzspuren; schwarze Flächen (5): mögliche Schabespuren.*

sächlich von Menschen bearbeitet wurde« – so d'Erricos und Nowells Fazit.[24]

Die beiden Archäologen hielten sich freilich weitgehend mit einer ausdeutenden Stellungnahme über den Charakter des Objekts zurück. »Das Einritzen einer umlaufenden Furche in einen Tuffbrocken beweist noch nicht zwingend, daß es sich um ein bewußt angefertigtes, dreidimensionales Schnitzwerk handelt«, betonten sie, und »das Erkennen einer menschlichen Gestalt in dem Fundstück bleibt daher problematisch. Es ist letztlich von den Kriterien abhängig, die man anwendet, um in einem geschnitzten Objekt eine menschliche Figur zu identifizieren, und von dem Maß an Unsicherheit, das man im Zusammenhang mit dieser Identifikation hinzunehmen bereit ist.« D'Errico und Nowell beschränkten sich daher auf die salomonische Aussage, die Bearbeitung des Tuffbrockens sei offensichtlich aus dem Wunsch heraus erfolgt, »irgend etwas darzustellen«, zweifelten aber gleichzeitig an, »ob es möglich sein wird, eine einheitliche Meinung über das dargestellte Motiv zu erreichen«.[25]

Diese Zweifel waren nur allzu berechtigt, wie bereits die Stellungnahmen einer Reihe anderer Archäologen zeigten, die zusammen mit dem Aufsatz der beiden Forscher veröffentlicht wurden. Hatten bis dahin selbst die meisten Skeptiker die anthropomorphen Züge der ›Proto-Venus‹ anerkannt und nur ihren Artefaktcharakter in Frage gestellt, so akzeptierten nun zwar fast alle Kommentatoren d'Erricos und Nowells Nachweis, daß sich doch der frühe Mensch an dem Objekt zu schaffen gemacht hatte; sie bestritten jedoch in ihrer Mehrheit, daß dies zur Verstärkung seiner figurativen Wirkung geschehen sein könne, ja stellten teilweise sogar den ›bildhaften‹ Gehalt des Fundstücks als solchen in Frage. »Ich kann mit Sicherheit nicht die Figur einer Frau in dem Objekt erkennen«, schrieb beispielsweise die amerikanische Forscherin Angela E. Close in ihrer Stellungnahme zu den neuen Untersuchungsergebnissen, und auch andere Kommentatoren hoben die »darstellerische Armut« des »winzigen und visuell wenig beeindruckenden Stücks

Stein« hervor.[26] D'Errico und Nowell hatten demgegenüber ausdrücklich darauf hingewiesen, daß die Beschaffenheit des Rohmaterials »eine wichtige Rolle bei dem etwas rohen Erscheinungsbild« der ›Figur‹ spielte.[27]

»Ich freue mich, d'Erricos und Nowells Schlußfolgerung zu akzeptieren, daß frühe Menschen geringfügige Modifikationen an einem kleinen Gesteinsklumpen vornahmen«, schrieb der britische Archäologe Steven Mithen (vgl. Kap. 1) in seiner Stellungnahme mit einem gehörigen Schuß Zynismus. »Ich sehe aber keinerlei Beweise zur Untermauerung der Hypothese, das daraus resultierende Artefakt habe einen darstellenden oder gar symbolischen Charakter gehabt. Ich hege vielmehr den Verdacht, daß die Modifikationen irgendwelchen Gebrauchszwecken dienten«.[28] In diesem Punkt war Mithen sich mit dem portugiesischen Archäologen João Zilhão (vgl. Kap. 4 und 5) einig, der die Vermutung äußerte, der (in seiner Farbe rötliche) Gesteinsbrocken sei möglicherweise »zur Gewinnung von Farbstoffen abgearbeitet [worden]« und seine »gefurchten und abgeschabten Bereiche« könnten – »obgleich zweifelsfrei ein Werk des Menschen«

*Abb. 3.14 (rechte Seite): Menschengestaltig geformter Sandstein aus einer Flußterrasse nahe der marokkanischen Stadt Tan-Tan in der Vorderansicht. Das Stück wurde zwischen etwa 300 000 bis 500 000 Jahre alten Faustkeilen und anderen Steinwerkzeugen des mittleren Acheuléen aufgefunden; es ist im Original 5,9 cm groß.*

– bloße »Nebenprodukte eines solchen Reduktionsprozesses« gewesen sein.[29]

Obwohl also nahezu alle Kommentatoren nunmehr den Artefaktcharakter des Fundstücks anerkannten, schien doch »die Mehrheit von ihnen die möglichen Konsequenzen aus unseren Untersuchungsergebnissen nicht zu akzeptieren« und letztlich »an der Einschätzung des Fundstücks festzuhalten, die sie schon vor der Lektüre unseres Aufsatzes hatten«, bemerkten d'Errico und Nowell in ihrer Stellungnahme zu den Kommentaren durchaus zutreffend. Auch die beiden Forscher räumten indessen ein, daß »die Einzigartigkeit dieses Fundstücks« und »das Fehlen jeglichen vergleichbaren Materials« ein »wichtiges Hindernis bei der Einschätzung seiner Bedeutung« bildeten und daß »erst zukünftige Entdeckungen« zeigen würden, »ob es ein unlösbares Rätsel bleibt oder aber zu den ersten Zeugnissen darstellender Kunst gehört«.[30] Schon zuvor hatten immer wieder einzelne Archäologen die Isoliertheit des Objekts zum Anlaß genommen, seine Auswertbarkeit und Bedeutung in Zweifel zu ziehen.

## Die Steinfigur von Tan-Tan

Nun ist die ›Proto-Venus‹ von Berekhat Ram aber seit einigen Jahren keineswegs mehr das einzige ›figürlich‹ anmutende Fundstück, das aus einem Acheuléen-Zusammenhang bekannt

geworden ist. Mitte der neunziger Jahre wurde vielmehr bei einem der Surveys im Rahmen des EVLS-Projekts (vgl. S. 108ff.) ein weiteres menschengestaltig geformtes Objekt aufgefunden, das ungefähr aus der gleichen oder noch etwas älterer Zeit zu stammen scheint wie die ›Figur‹ von Berekhat Ram. Es handelt sich um einen beigebraunen, knapp 5,9 cm großen und länglich geformten quarzitischen Sandstein, der aufgrund zweier symmetrischer Ausbuchtungen an seinen Längskanten sowie mehrerer horizontaler und vertikaler Furchen sowohl von vorn als auch von hinten wie das perfekt stilisierte Abbild eines Menschen mit Kopf, Rumpf, Armen und Beinen wirkt (Abb. 3.14 und 3.15).

Der ›figürliche‹ Gesamteindruck ist – nicht zuletzt aufgrund der fast vollkommenen Symmetrie des Stückes – in der Tat geradezu frappierend und übertrifft denjenigen der ›Protoplastik‹ von Berekhat Ram noch bei weitem. Leider bleiben aber auch bei diesem Fundstück wieder einige wichtige Fragen offen, denn weder konnte sein archäologischer Kontext so eingehend untersucht werden, wie es bei einem Objekt von solcher Bedeutung eigentlich wünschenswert wäre, noch ist bislang durch detaillierte mikroskopische Untersuchungen geklärt, ob der Stein seine so völlig ungewöhnliche Form von Natur aus besitzt oder ob dabei auch menschliche Modifizierungen eine Rolle spielten.

Das Stück kam – wie alle Funde des EVLS-Projekts (vgl. S. 109) – nicht bei archäologischen Ausgrabungen zutage, sondern wurde während eines Surveys am Rande der nord-westlichen Sahara entdeckt, und zwar in einer durch Straßenbaumaßnahmen angeschnitte-nen Terrasse des Flusses Draa einige Kilometer südlich der marokkanischen Stadt Tan-Tan. Es ragte dort aus einem Schichtpaket mit alten Se-dimenten an der flußwärtigen Terrassenkante heraus, das mit einer Kalkkruste überzogen war und mit dem es zum Teil verbacken war. Dieses Schichtpaket befand sich etwa auf halber Höhe des Terrassenprofils und enthielt zahlreiche Steingeräte des Acheuléen – unter ihnen Ab-schläge, Kernsteine und eine Reihe mustergül-tiger, schöner Faustkeile. Einige dieser Artefak-te lagen nur eine Armlänge von der ›Steinfigur‹ entfernt in dem Fundhorizont, so daß an der ungefähr gleichzeitigen Ablagerung kein Zwei-fel bestehen kann. Diese geologische und zeitli-che Zusammengehörigkeit wird auch durch den ganz ähnlichen Erhaltungszustand der Werkzeuge und der ›Figur‹ unterstrichen, de-ren Oberflächen gleichermaßen kaum eine Pa-tina zeigen, aber relativ stark angewittert sind. »Der geologische *in situ*-Befund ist allerdings kein archäologischer«, betont Lutz Fiedler, der bei der Entdeckung des anthropomorphen Steins zugegen war. »Die Funde sind in den Kiesen und Schottern eingebettet und vor der Ablagerung ganz sicher im strömenden Wasser des Flusses von nahegelegenen Arbeits- oder Rastplätzen eingeschwemmt und sedimentiert worden« (vgl. Kap. 2).[31] Sie wurden also von ihren ursprünglichen Verwendungsplätzen weg-verlagert und in der Fundzone ›sekundär‹ zu-sammengespült – allerdings eben in etwa zur gleichen Zeit, so daß das Alter der Steingeräte auch zur ungefähren Datierung der ›Figur‹ her-angezogen werden kann.

Diese mit letzterer zusammen aufgefunde-nen Faustkeile und anderen Werkzeuge waren aus Quarzit gefertigt und gehörten nach ihrem Typenspektrum und ihrer Machart dem mitt-leren Acheuléen an – beispielsweise ließen sie noch keine Anwendung der sogenannten ›Le-vallois-Technik‹ (vgl. S. 180 und Abb. 4.13) er-kennen, die für die jüngeren Phasen der Faust-keilkultur in Afrika charakteristisch ist. Fiedler schätzt ihr Alter und damit auch dasjenige der ›Figur‹ nach den Daten anderer, archäologisch gut untersuchter Fundplätze in Nordafrika auf ungefähr 300 000 bis 500 000 Jahre. Einen Al-tersansatz in dieser Größenordnung legt auch die Position ihres Fundhorizonts in der gesam-ten Schichtenabfolge (Stratigraphie) des Ter-rassenprofils nahe: Unterhalb dieses Horizonts befanden sich rote Sande und Schotter mit ver-mutlich mehr als 500 000 Jahre alten Faustkei-len des Altacheuléen, und einige Meter über ihm lag im Bereich der Terrassenoberkante eine ca. 1 m dicke Schicht mit mittelpaläolithischen Artefakten aus der Zeit vor etwa 50 000 bis 120 000 Jahren.[32] Eine Herkunft der ›Steinfi-gur‹ aus dieser jüngeren Schicht ist aber – so spektakulär sie auch in diesem Fall noch wäre – nahezu völlig ausgeschlossen, weil die dortigen Artefakte einen völlig unterschiedlichen Patinierungsgrad aufwiesen als sie und die zusammen mit ihr aufgefundenen Steinwerkzeuge der mittleren Schicht.

An dem acheuléenzeitlichen Alter der ›Figur‹ von Tan-Tan kann also trotz der Auffindung im Böschungsbereich eines sekundär abgelagerten Fundkomplexes kein vernünftiger Zweifel bestehen, und das macht die genaue Klärung ihres Charakters um so bedeutsamer. Wie Fiedler betont, lassen sich viele Elemente ihrer so ungewöhnlichen Form aus dem Vorhandensein einer Quarzader in ihrem Inneren und aus einer selektiven Verwitterung im Bereich härterer und weicherer Materialzonen erklären. Der Forscher hält vor allem die Ausbuchtungen der ›Arme‹, die zentrale vertikale Furche und einen Teil der Rinne, die den ›Kopf‹ abgrenzt, für ziemlich sicher natürliche Bildungen, so daß der Stein gewiß bereits von Natur aus eine stark symmetrische und ›menschengestaltige‹ Grundform besaß. Fiedler möchte aber bei aller Zurückhaltung nicht ausschließen, daß an anderen Stellen möglicherweise künstlich ›nachgeholfen‹ wurde, um die bemerkenswerte Symmetrie des Stückes zu betonen und seine figurative Wirkung noch zu verstärken. Eine solche ›Nachbearbeitung‹ durch den frühen Menschen eindeutig nachzuweisen oder auszuschließen dürfte jedoch angesichts der erwähnten Oberflächenverwitterung des Objekts nicht einfach sein.[33]

Die Frage einer möglichen künstlichen Modifizierung der ›Figur‹ muß also vorläufig offen bleiben, und selbst für eine kulturelle Aneignung und Nutzung durch den frühen Menschen (vgl. S. 127f.) fehlt methodenbedingt leider bisher jede positive Nachweismöglichkeit. Und doch ist das Fundstück ein hochbedeutsames Dokument in der derzeitigen Diskussion über die kulturelle Entwicklung der Menschheit und die Anfänge von Symbolik und ›Kunst‹. Denn trotz aller denkbaren und zum Teil auch gewiß berechtigten Einwände und trotz der sicherlich nicht optimalen archäologischen Fundsituation der ›Figur‹ muß man doch die Frage stellen, ob es wirklich reiner Zufall sein kann, daß hier nun schon zum zweiten Mal ein erstaunlich menschenähnlich geformter Stein in engstem Zusammenhang mit eindeutigen Acheuléen-Geräten gefunden wurde. Schon dieser Sachverhalt allein schafft eine völlig neue Situation, denn er durchbricht die bisherige – so oft betonte – Vereinzelung der ›Protoplastik‹ von Berekhat Ram, die immer wieder Zweifel an ihrer kulturellen Relevanz nährte (vgl. S. 135). Die Entdeckung eines zweiten Fundstücks von vergleichbarer Art und ähnlichem oder sogar noch höherem Alter mag zwar manchem immer noch nicht beweiskräftig genug sein, um bereits an das Vorhandensein anthropomorpher ›Proto-Kunstwerke‹ im älteren Paläolithikum zu glauben – und doch lassen die beiden beschriebenen Funde zusammenge-

*Abb. 3.15 (rechte Seite): Die ›Steinfigur‹ von Tan-Tan in der Rückansicht*

nommen diese Möglichkeit nunmehr sehr viel realistischer erscheinen als einer allein. In jedem Fall unterstreichen sie nachdrücklich die Notwendigkeit einer gründlichen, unvoreingenommenen wissenschaftlichen Diskussion über diese Frage.

Eine solche Debatte ist auch noch aus einem zweiten Grund sinnvoll und unbedingt erforderlich: Es ist nämlich keineswegs ausgeschlossen, daß bereits jetzt weitere ähnliche Fundstücke vorliegen, die von ihren Entdeckern aber aus Angst, sich lächerlich zu machen, nicht öffentlich präsentiert und publiziert werden. Der Hinweis auf eine solche Möglichkeit mag zwar zunächst vielleicht etwas weit hergeholt und abwegig erscheinen, doch belehrt schon ein kurzer Blick in die Forschungsgeschichte hier rasch eines Besseren. Die meisten Entdecker ›unerwarteter‹ und zu ihrer Zeit für ›unvorstellbar‹ gehaltener Kulturzeugnisse wurden nämlich – ob es sich nun um die ersten Faustkeile oder um die ersten jungpaläolithischen Höhlenmalereien handelte – von den archäologischen Kapazitäten ihrer Zeit anfänglich mit Hohn und Spott überschüttet und nicht selten durch eine sehr wirksame Mischung aus Nichtbeachtung und fachinterner Diskriminierung sogar zum Schweigen gebracht. Im Falle der jungpaläolithischen Höhlenkunst führte dies erwiesenermaßen dazu, daß zahlreiche Entdeckungen über Jahre hinweg geheim gehalten wurden und die Forschung aufgrund der prinzipiellen Ablehnung

des ganzen Themenbereichs mindestens zwei wertvolle Jahrzehnte verlor.[34] Um eine Wiederholung solcher bedauerlichen Fehlentwicklungen in heutiger Zeit zu vermeiden, ist ein Klima grundsätzlicher wissenschaftlicher Offenheit und die unvoreingenommene Diskussion auch solcher Funde unverzichtbar, die den gängigen Auffassungen und Erwartungen widersprechen und die damit im Einzelfall geradezu anachronistisch anmuten mögen. Daß dabei natürlich keinerlei Abstriche von den heute üblichen fachlichen Standards gemacht werden dürfen, versteht sich von selbst.

## Waren die afrikanischen Frühmenschen kulturell überlegen?

Die ältesten Hinweise auf Symbolik, Schmuck und ›Proto-Kunst‹ finden sich, wie wir in diesem Kapitel gesehen haben, keineswegs erst im Jungpaläolithikum, sondern sie reichen zumindest in Afrika und im angrenzenden Vorderen Orient bis ins jüngere Acheuléen zurück. Waren die dortigen Frühmenschen also ihren Zeitgenossen in den anderen Teilen der paläolithischen Welt überlegen? Passen die beschriebenen Funde nicht ausgezeichnet zu der Auffassung, der afrikanische Homo sapiens sapiens sei biologisch und kulturell fortschrittlicher gewesen als die Hominiden anderwärts und habe diese daher schließlich auch erfolgreich verdrängt (vgl. Kap. 1 und 5)?

Zur Untermauerung dieser Theorie taugt das vorgestellte Material schon allein deshalb nicht, weil Nordafrika und der Vordere Orient keineswegs zu jener ›subsaharischen‹ Zone des Schwarzen Kontinents gehörten, in der sich nach dem ›Out of Africa‹-Modell der frühmoderne Mensch herausgebildet haben soll. Sehr viel wichtiger ist noch der Umstand, daß die meisten in diesem Kapitel vorgestellten Funde aus der Zeit vor 200000 bis 400000 Jahren stammen und damit aus einer urgeschichtlichen Periode, die der vermuteten Entstehung des *Homo sapiens sapiens* im südöstlichen Afrika vor etwa 150000 Jahren (vgl. Kap. 1 und 5) weit vorausging. ›Frühmoderne‹ Menschen gab es zu dieser Zeit noch nirgends auf der Welt; es war vielmehr die Blüteperiode des ›archaischen Homo sapiens‹ (vgl. Kap. 1) und vielleicht auch noch später Homo erectus- bzw. *Homo heidelbergensis*-Populationen, und so verdeutlichen die präsentierten, kulturell so fortschrittlichen und zukunftsweisenden Funde auch viel eher, wie irrig und falsch die Ansicht ist, die ›wirkliche‹ menschliche Kultur habe erst mit dem anatomisch modernen Homo sapiens relativ abrupt begonnen und sei evolutionsgeschichtlich allein auf diesen Typus beschränkt gewesen (vgl. Vorwort). Ihre Anfänge lagen in Wahrheit, wie die hier vorgestellten Funde gezeigt haben, in sehr viel früherer Zeit, und ihre ältesten Wegbereiter waren die so oft belächelten und unterschätzten Früh- und Altmenschen der Homo erectus- und der archaischen Homo sapiens-Gruppe (vgl. Kap. 1), deren Rolle als kulturgeschichtliche Pioniere wir daher sehr viel höher einschätzen sollten, als dies üblicherweise geschieht.

Dennoch bleibt die Tatsache bestehen, daß mutmaßliche ›Proto-Kunstwerke‹ wie die ›Venus‹ von Berekhat Ram oder die Steinfigur von Tan-Tan bislang aus dem östlichen Asien oder aus Europa nicht bekannt geworden sind. Läßt sich daraus nicht vielleicht doch auf eine allgemeine kulturelle Vorreiterrolle der Bewohner des Schwarzen Kontinents schon in altpaläolithischer Zeit schließen, obgleich ja – das muß in diesem Zusammenhang ausdrücklich vermerkt werden – vergleichbare Funde einstweilen auch aus Süd- und Ostafrika vollkommen fehlen?

Diese Frage ist schwierig zu beantworten, doch sie läßt sich vielleicht durch den Blick auf eine andere Artefaktgattung etwas relativieren. Aus dem Paläolithikum Afrikas kennt man nämlich bislang keinerlei Überreste von Jagdwaffen mit einem Alter von mehr als 100000 Jahren, während in Europa allein aus Schöningen nicht weniger als acht 400000 Jahre alte Holzspeere und von anderen Fundorten noch einige weitere Fragmente vorliegen (vgl. Kap. 2). Soll man daraus nun in analoger Weise den Schluß ziehen, die frühen Afrikaner hätten eben noch keine derartigen Waffen gekannt und ihre europäischen Zeitgenossen seien ihnen mithin in der Jagdtechnologie ganz beträchtlich überlegen gewesen? Oder soll man nicht eher von einem grundsätzlich ähnlichen kulturellen Entwicklungsniveau in den verschiedenen Erdteilen ausgehen, wie es ja auch durch die vergleichbare Qualität der Faustkeile und anderen Steinwerkzeuge belegt wird (vgl. Kap. 1), und die unterschiedliche Fundsituation aus den möglicherweise verschiedenartigen verwendeten Rohmaterialien und den differierenden Überlieferungsbedingungen in den einzelnen Regionen erklären? Jeder Leser mag sich diese Frage selbst stellen und nach bestem Wissen beantworten.

In Afrika ging aus den Herstellern bzw. Sammlern der Fundstücke, die wir in diesem Kapitel behandelt haben, vor etwa 150 000 Jahren der anatomisch moderne *Homo sapiens* *sapiens* hervor. In Europa entwickelten sich ungefähr zur gleichen Zeit hingegen die ersten Neandertaler, und das Problem eines möglichen ›Kulturgefälles‹ zwischen verschiedenen paläolithischen Menschenformen wird nirgends so erbittert und kontrovers diskutiert wie im Hinblick auf diese beiden, zumindest in ihrer Anatomie so unterschiedlichen Vettern. Welche Rolle der Neandertaler tatsächlich in unserer Kultur- und Evolutionsgeschichte spielte und ob er den frühmodernen Afrikanern wirklich so hoffnungslos unterlegen war, wie dies oft angenommen wird – mit diesen Fragen wollen wir uns in den folgenden beiden Kapiteln ausführlich beschäftigen.

# Kapitel 4    Der Neandertaler und die ›jungpaläolithische Revolution‹ in Europa (100 000 bis 27 000 Jahre v. h.)

## 145 Jahre Streit um einen Altmenschen

Für die meisten Europäer ist, wenn es um die Urgeschichte der Menschheit geht, sicherlich nach wie vor der Neandertaler am interessantesten, und für viele ist er bis heute der ›Urmensch‹ schlechthin geblieben. Man verbindet mit ihm ganz bestimmte Vorstellungen, die sich an exakt umrissenen anatomischen Merkmalen festmachen lassen: Ein langgestreckter, massiger Schädel mit auffällig vorspringendem Mittelgesicht gehört ebenso dazu wie die berühmte flache, ›fliehende‹ Stirn, die mächtigen Überaugenwülste sowie ein untersetzter und insgesamt äußerst kräftiger, grobknochiger Körperbau.

Diese und andere anatomische Merkmale, die uns heute als ausgesprochen archaisch und ›primitiv‹ erscheinen, zeichneten vor allem die ›klassischen‹ europäischen Neandertaler der letzten Eiszeit vor etwa 100 000 bis 27 000 Jahren aus. Und tatsächlich waren zumindest ein Teil dieser Besonderheiten, wie man heute zu wissen glaubt, in Wahrheit auch eher funktionell bedingte Anpassungen an die damaligen subarktischen Klimaverhältnisse in Europa und an die äußerst harten Lebensbedingungen dieser Altmenschen als wirklich evolutionsgeschichtlich ›alte‹ Merkmale (vgl. Kap. 5).[1] Ein deutlicher Hinweis darauf ist nicht zuletzt die Tatsache, daß den ›klassischen‹ Neandertalern in der Zeit vor etwa 150 000 bis 100 000 Jahren sogenannte ›frühe‹ Vertreter dieses Menschentypus vorausgingen, bei denen die genannten anatomischen Eigenheiten sehr viel schwächer ausgeprägt waren und deren Körper- und Schädelbau daher auf uns wesentlich zierlicher und ›moderner‹ wirkt, obwohl sie aus deutlich älterer Zeit stammen. Den wahrscheinlichen Grund dafür sehen viele Urmenschenforscher in dem Umstand, daß die Klima- und Umweltverhältnisse in Europa zur Zeit dieser ›frühen‹ Neandertaler sehr viel weniger hart, ja während der sogenannten ›Eem‹-Zwischeneiszeit vor ca. 130 000 bis 120 000 Jahren sogar ausgesprochen günstig waren; dies ermöglichte einen etwas grazileren und insgesamt ›leichteren‹ Körperbau – ein Punkt, auf den wir in Kap. 5 noch einmal genauer zurückkommen werden.

Sowohl die ›frühen‹ als auch die ›klassischen‹ Neandertaler gingen aber letztlich, wie die meisten heutigen Paläanthropologen annehmen, aus einer Gruppe älterer und noch vergleichsweise wenig spezialisierter ›Prä‹- oder ›Ante-Neandertaler‹ hervor, die sich vor ungefähr 350 000 bis 250 000 Jahren aus den letzten Vertretern des Homo erectus bzw. des *Homo heidelbergensis* in Europa entwickelten. Folgt man diesem heute von den Fachleuten fast einhellig vertretenen Modell, so hätte es auf dem europäischen Kontinent seit seiner ersten Besiedlung vor 1 Million bis 500 000 Jahren (vgl. Kap. 2) also nur eine einzige hominide Entwicklungslinie gegeben, die in ununterbrochener Kontinuität vom Homo erectus (oder *Ho-*

*mo antecessor*, vgl. Kap. 2) bis zum Neandertaler führte.

Welche Rolle dieser Altmensch indessen in unserer Entwicklungsgeschichte spielte und wieviel uns biologisch und genetisch mit ihm verbindet, darüber hat es bis heute noch niemals einen Konsens in der Fachwelt gegeben. Seit der Entdeckung des ersten, namengebenden Neandertalers an der berühmten Fundstätte unweit von Düsseldorf im Jahr 1856 (vgl. Kap. 5) streiten die Experten vielmehr darüber, ob es sich bei ihm um einen stammesgeschichtlichen Vorfahr von uns oder aber um einen ohne evolutionäre Nachkommenschaft ausgestorbenen Seitenzweig am Entwicklungsstammbaum der modernen Menschheit handelte. Hand in Hand mit diesem Streit schwankte auch das Bild vom Neandertaler beständig zwischen dem eines kulturlosen Halbaffen und dem eines zwar im Körperbau zweifelsohne sehr robusten, aber kulturell und in seinem Verhalten doch bereits auf dem Weg zum modernen Homo sapiens befindlichen Altmenschen.

Mit der Frage – Vorfahr oder nicht? – wollen wir uns am Schluß dieses Buches ausführlich und detailliert auseinandersetzen. Im vorliegenden Kapitel soll es zunächst um das technologische und kulturelle Entwicklungsniveau des Neandertalers und um seine daraus abzuleitenden intellektuellen und geistigen Fähigkeiten gehen. In den neunziger Jahren hatte sich hier weitgehend eine aus England und den USA kommende Sichtweise durchgesetzt, derzufolge dieser Altmensch (wie angeblich alle vormodernen Hominiden, vgl. Vorwort) eher selbstgenügsam, kulturell beschränkt und technologisch wenig innovativ gewesen sein soll. Alle Neuerungen und Fortschritte am Übergang zum Jungpaläolithikum – der kulturellen Blüteperiode vor 40 000 bis 10 000 Jahren – gehen nach dieser Lesart allein auf den modernen Homo sapiens zurück, der sich vor 150 000 bis 100 000 Jahren in Afrika herausgebildet und als erfolgreicher Welteroberer überall auf der Erde vor ca. 40 000 Jahren die ›jungpaläolithische Revolution‹ in Gang gesetzt haben soll.[2]

In den letzten Jahren hat in dieser Frage jedoch unverkennbar ein gewisses Umdenken stattgefunden, und der Neandertaler ist in bemerkenswert kurzer Zeit vom entwicklungsgeschichtlichen Bremsklotz und ›Verlierer‹ zum »Helden der Steinzeit«, ja zum »Popstar des Jahres 2000« avanciert. »Imageberater wären begeistert«, vermerkte ein Journalist 1999 über diesen erstaunlichen Wandlungsprozeß,[3] der durch eine Fülle neuer Erkenntnisse über das technologische Leistungsvermögen und den kulturellen Entwicklungsstand dieses Altmenschen ausgelöst wurde. Mit diesen Forschungsresultaten, die zum großen Teil bei einer gründlicheren und genaueren Neuuntersuchung schon länger bekannter Fundmaterialien gewonnen wurden, wollen wir uns im vorliegenden Kapitel beschäftigen. Wir beginnen unseren Überblick, der ein völlig neues Licht auf die Herausbildung des Jungpaläolithikums in Europa werfen wird, im nördlichen Deutschland, genauer gesagt in Niedersachsen.

## Die Knochengeräte von Salzgitter-Lebenstedt

Im Winter 1951/52 entdeckten Arbeiter bei Ausschachtungsarbeiten für ein Pumpenhaus in Salzgitter-Lebenstedt unweit von Braunschweig 5 m unter der Erdoberfläche zahlreiche Tierknochen und Steinwerkzeuge. Wie der Archäologe Alfred Tode 1952 bei einer viermonatigen Ausgrabung der Fundstätte feststellte, stammte das Material von einem altsteinzeitlichen Lagerplatz, der hier einstmals an einem Bachlauf gelegen hatte und dessen Überreste in einer stellenweise bis zu 2 m dicken Schichtenabfolge zusammengespült worden waren. Da dieses Fundschichtpaket 4 m unter dem Grundwasserspiegel lag, waren auch die zahlreichen Tierknochen ausgezeichnet erhalten geblieben – Nässe und Sauerstoffabschluß bilden ja, wie wir bereits im Zusammenhang mit dem Fundplatz Schöningen gesehen haben (Kap. 2), eine wichtige Voraussetzung für die Überlieferung der sonst so leicht vergänglichen organischen Materialien. Im Jahr 1977 fand unter Leitung des Prähistorikers Klaus Grote noch eine zweite Ausgrabungskampagne in Salzgitter-Lebenstedt statt, die nicht zuletzt dazu beitrug, die Abfolge und den geologischen Zusammenhang der Fundschichten besser zu klären.

Heftige Meinungsverschiedenheiten gab es vor allem während der sechziger und siebziger Jahre über die Datierung des Fundplatzes und des dort geborgenen archäologischen Materials. Die aufgefundenen Tierknochen stammten zum weit überwiegenden Teil vom Rentier und vom Mammut, also von zwei charakteristisch kälteliebenden Arten, und auch die in den Fundschichten eingelagerten Blütenstaubreste (Pollen) deuteten auf eine an Bäumen arme subarktische Strauchtundrenvegetation hin, wie sie heute nur noch in weit nördlicheren Breiten zu finden ist. Es bestand daher kein Zweifel daran, daß das Fundensemble aus einer Kälteperiode des Eiszeitalters stammte, doch die Fachleute waren sich lange Zeit nicht einig darüber, aus *welcher* Kaltphase.

Die Ausgräber sowie die Bearbeiter der geologischen und biologischen Befunde plädierten von Anfang an für einen frühen oder mittleren Abschnitt der letzten Eiszeit – des sogenannten Würm-Glazials – und konnten sich bei dieser zeitlichen Einordnung auch auf eine Serie von C 14-Daten (Radiokarbondaten) stützen, die für die Fundschichten ein Alter zwischen 50 000 und 55 000 Jahren ergaben. Eine Reihe anderer Forscher wies jedoch darauf hin, daß Radiokarbondaten jenseits der Zeitmarke von 40 000 Jahren verfahrensbedingt extrem unsicher sind und oftmals viel zu jung ausfallen. Sie sprachen sich für eine weit ältere Kaltphase am Ende der vorletzten Eiszeit – des sogenannten Riß-Glazials – vor etwa 130 000 bis 150 000 Jah-

ren aus, weil ihnen die Art und Zusammensetzung der in Salzgitter-Lebenstedt aufgefundenen Steingeräte nicht mit einer jüngeren Zeitstellung vereinbar erschien.

Unter diesen Steingeräten, von denen bei den beiden Grabungen zusammen über 400 (zuzüglich Schlagabfall) aufgefunden wurden, befanden sich auch zahlreiche Faustkeile und andere beidflächig bearbeitete Werkzeuge, wie sie für das in Kap. 1 bis 3 beschriebene Acheuléen charakteristisch sind. Die Befürworter einer ›frühen‹ Datierung des Fundplatzes rechneten das Inventar daher dem Jungacheuléen zu, das wir ja in Kap. 3 ausführlich kennengelernt haben und das nirgendwo auf der Welt bis in die letzte Eiszeit vor ca. 100 000 bis 10 000 Jahren hineinreichte. Die Vertreter des ›jüngeren‹ Zeitansatzes sahen dagegen eher Bezüge zum *Micoquien*, einer würmeiszeitlichen Industrie in Mitteleuropa, die ebenfalls Faustkeile umfaßt, vor allem aber durch beidflächig retuschierte sogenannte ›Keilmesser‹ geprägt ist, bei denen eine Längskante zu einem glatten und stumpfen ›Rücken‹ ausgeformt wurde. Von diesen Keilmessern kamen in Salzgitter-Lebenstedt gleichfalls einige Exemplare zutage, und außerdem fanden sich dort auch eine nicht geringe Anzahl langschmaler ›Klingen‹, wie sie vor allem für das Jungpaläolithikum vor 40 000 bis 10 000 Jahren typisch sind (Abb. 4.14; vgl. S. 177ff.) und von denen einige nach den Worten des Ausgräbers Tode in der Tat »einen fast ›jungpaläolithischen‹ Eindruck« machen.[4] Die meisten dieser und der anderen Steingeräte wurden in der vergleichsweise komplexen ›Levallois‹-Abschlagtechnik (Abb. 4.13) gefertigt, die seit dem jüngeren Acheuléen bekannt ist (vgl. Kap. 3) und die auch in der Micoquien-Kultur Anwendung fand.

Der beschriebene Streit um die Datierung der Fundstätte ist heute weitgehend abgeebbt, und die aktuellen Bearbeiter des Fundgutes halten ausnahmslos den jüngeren Zeitansatz (zwischen etwa 50 000 und 80 000 Jahren v. h.) für gesichert, ohne daß freilich die Zweifel und Einwände von seiten einzelner anderer Archäologen völlig verstummt wären. Einig sind sich indessen alle Fachleute darüber, daß die Funde von Salzgitter-Lebenstedt dem ›Mittelpaläolithikum‹ zuzurechnen sind, also jener altsteinzeitlichen Kulturperiode, die in der Phase des Aufkommens der ersten ›Prä-Neandertaler‹ vor 250 000 oder 300 000 Jahren begann (vgl. S. 144) und mit dem Heraufdämmern des Jungpaläolithikums vor etwa 40 000 Jahren nach und nach endete (vgl. S. 176ff. und Kap. 5). In Europa gilt sie daher als die klassische Kulturepoche des Neandertalers, und in der Tat fanden sich auch in Salzgitter-Lebenstedt drei Schädelteile sowie zwei Oberschenkel-Fragmente dieses Altmenschen, die nach den Analysen der Bearbeiter von zwei verschiedenen Individuen stammen.

Uns sollen hier freilich vornehmlich die umfangreichen Tierknochenreste interessieren, die

an dem niedersächsischen Fundplatz zutage kamen. Mindestens 25 von ihnen trugen offensichtliche Bearbeitungsspuren, so daß der Ausgräber Tode sie schon in den fünfziger Jahren als ›Knochengeräte‹ bezeichnete und zum Teil auch publizierte. Diese Stücke wurden drei Jahrzehnte lang in der deutschsprachigen Fachliteratur recht häufig zitiert, bis sich zu Beginn der achtziger Jahre unter den Urgeschichtsforschern eine skeptischere Grundhaltung in der Deutung derartiger Funde durchsetzte. Der amerikanische Archäologe Lewis Binford und sein südafrikanischer Kollege C. K. Brain (vgl. Kap. 1) zeigten zu dieser Zeit durch überaus sorgfältige Analysen und Experimente, wie leicht sich von Raubtieren zerbissene oder durch geologische und chemische Prozesse verschliffene Tierknochen mit vom Menschen bearbeiteten ›Knochenwerkzeugen‹ verwechseln lassen und wie oft frühere Archäologengenerationen den Inhalt von Hyänenhorsten oder Höhlenbärenschlupfen irrtümlich für den Nachweis frühmenschlicher Knochenverarbeitung gehalten hatten. Die Anforderungen an den Nachweis paläolithischer Knochenartefakte wurden daher zu Recht deutlich höher angesetzt als vorher, doch schlug das Pendel in der Folge deutlich zu weit aus, und man tat ältere Komplexe möglicher Knochengeräte nunmehr reichlich pauschal und oft ohne gründliche Neuuntersuchung als bloße ›Forschungsrelikte‹ ab. Manche Fachleute wollten sogar vom Grundsatz her ausschließen, daß es vor dem Jungpaläolithikum überhaupt eine systematische Nutzung von Knochen und Geweih für die Werkzeugherstellung gegeben habe, und erklärten diese Technologie statt dessen zu einer bahnbrechenden Neuerung des modernen Homo sapiens.

Diese Haltung war um so unangemessener und törichter, als gerade damals eine ganze Reihe von Neufunden die Nutzung und Verarbeitung des Rohmaterials Knochen schon seit dem älteren Paläolithikum belegten. So entdeckte beispielsweise der Archäologe Dietrich Mania an dem bereits erwähnten, 400 000 Jahre alten Homo-erectus-Lagerplatz von Bilzingsleben in Thüringen (vgl. Kap. 2) ein gezielt aus einem Elefantenknochen zurechtgeschlagenes, faustkeilartiges Hiebgerät, und ähnliche mustergültige Knochenfaustkeile kamen auch an mehreren mittelpaläolithischen Fundplätzen in Italien und Deutschland zutage (vgl. das besonders schön gearbeitete, vermutlich aus der frühen Würmeiszeit stammende Exemplar von Rhede in Westfalen, Abb. 4.1). Doch derartige Funde wurden auf dem Hintergrund der beschriebenen forschungsgeschichtlichen Strömung zunächst einmal weitgehend ›ausgeblendet‹, und so verschwanden auch die modifizierten Knochen von Salzgitter-Lebenstedt nach und nach aus der Fachdiskussion. In den letzten beiden Jahrzehnten waren sie dann schließlich fast in Vergessenheit geraten – in der angloamerikanischen Welt hatte man sie, da sie niemals auf Englisch publiziert wurden, ohnehin kaum zur Kenntnis genommen.

Dieser langjährige ›Dornröschenschlaf‹ endete erst 1996, als die Prähistorikerin Sabine Gaudzinski vom Forschungsbereich Altsteinzeit des Römisch-Germanischen Zentralmuseums in Neuwied, die auf die Untersuchung paläolithischer Tierknochenensembles spezialisiert ist, die Stücke nach den heute üblichen Standards neu untersuchte und zum ersten Mal umfassend in Wort und Bild publizierte. Um das Zustandekommen des Fundkomplexes zu erhellen und um menschliche Modifikationen von natürlichen unterscheiden zu können, wertete sie dabei alle in Salzgitter-Lebenstedt aufgefundenen Tierknochen aus und rekonstruierte soweit wie möglich ihre Ablagerungsgeschichte.

Nach Gaudzinskis Analyse besteht die Knochenansammlung aus »Komponenten unterschiedlichen Ursprungs«, und zwar einerseits solchen, »die menschliche Interaktion widerspiegeln«, und andererseits solchen, »die als Teil einer natürlichen Hintergrundfauna angesprochen werden müssen«.[5] Mit fast 75 Prozent im Knochenmaterial des Fundplatzes bei weitem am häufigsten vertreten sind Rentierreste, die von mindestens 86 Individuen stammen. Gaudzinski entdeckte auf ihnen deutliche Schnitt- und Schlagspuren von der Zerlegung der Tiere mit Hilfe von Steinwerkzeugen und der anschließenden Zertrümmerung ihrer Knochen zur Gewinnung des darin befindlichen Marks

*Abb. 4.1: Aus einem Mammutknochen gefertigter mittelpaläolithischer Faustkeil aus Rhede in Nordrhein-Westfalen. Das Stück ist im Original 14,2 cm lang.*

(vgl. Kap. 1 und 2). Die Forscherin schließt aus der Art und Verteilung dieser Verwertungsspuren auf »eine besonders standardisierte Vorgehensweise« bei der Nutzung der Beute und vermerkt eine »Konzentration auf qualitativ hochwertige Ressourcen: Knochen junger Tiere und Knochen mit geringem Markgehalt wie z.B. Metacarpi [Mittelhandknochen] und Unterkiefer wurden nicht verwertet«.[6]

Auch die Jahreszeit der Tötung konnte Gaudzinski anhand des Materials näherungsweise erschließen: Da der Knochenkomplex die Unterkiefer dreier Rentierkälber von weniger als 6 Monaten Alter enthielt (die Rentiere kalben im Frühsommer) und da die Geweihe der erwachsenen Tiere kompakt, aber noch nicht zum Abwurf bereit waren, schließt die Forscherin auf eine Erlegung zwischen September und frühem Oktober. »Während dieser Saison finden«, wie sie bemerkt, »die großen Wanderungen der Rentiere in die Wintereinstände statt«, und noch die Inuit (Eskimo) und nördlichen Indianer der Neuzeit nutzten alljährlich diese einmalige Gelegenheit, Dutzende oder gar Hunderte der während dieser Zeit in riesigen Herden vereinigten Tiere auf einmal töten zu können. Die Fundstätte von Salzgitter-Lebenstedt aber lag, wie schon der Ausgräber Tode bemerkte, an einem wichtigen Rentier-Wanderweg zwischen der Mittelgebirgszone und der Norddeutschen Tiefebene, und nach Gaudzinskis Vermutung sind die dort aufgefundenen Knochen dieser Tiere wahrscheinlich »Hinterlassenschaften ei-

ner oder mehrerer kurz aufeinanderfolgender Jagdepisoden, bei denen ein Teil einer Population auf dem Weg in die Wintereinstände erlegt wurde«.[7]

Das wäre, wie die Forscherin hervorhebt, ein für das Mittelpaläolithikum hochbedeutsamer Befund, denn ansonsten sind »solche Nachweise […] bis heute lediglich aus dem Jung- und Spätpaläolithikum hinreichend bekannt geworden«.[8] Viele Forscher trauten eine solch vorausschauende und gezielte Herdenjagd daher auch erst dem modernen Homo sapiens zu, doch der Befund von Lebenstedt verdeutlicht (ebenso wie der noch weit ältere von Schöningen, vgl. Kap. 2), wie sehr eine solche Sichtweise die archaischen Menschenformen unterschätzte. Tatsächlich legen die Lebenstedter Funde, wie Gaudzinski und der holländische Prähistoriker Wil Roebroeks an anderer Stelle betonen, die Vermutung nahe, daß die Erlegung und »systematische Verwertung von qualitativ hochwertigem Jagdwild für diese nördlichen Neandertaler Routine war, und zwar möglicherweise bereits seit langer Zeit«.[9] Bei den übrigen Tierknochen aus Salzgitter, die vom

*Abb. 4.2 (rechte Seite): Neandertalerzeitliche Knochengeräte aus Salzgitter-Lebenstedt: Künstlich zugespitzte Mammutrippe (ganz links) und Mammutfibula (Mitte links); längsgespaltene (Mitte rechts) und an einem Ende bearbeitete (ganz rechts) Mammutrippe. Die Geräte sind in einheitlichem Maßstab wiedergegeben.*

Mammut (10,5 Prozent und mindestens 17 Tiere), vom Wildpferd (8,2 Prozent und mindestens 8 Tiere), vom Bison (1,7 Prozent und mindestens 3 Individuen) sowie vom Wollnashorn (1,3 Prozent und mindestens 1 Individuum) stammen, zweifelt Gaudzinski hingegen daran, ob es sich wie im Falle der Rentierknochen um Überreste menschlicher Jagdbeute handelt. Mehr als 20 Prozent dieser Knochen wurden nämlich von Raubtieren angefressen (bei den Rentierknochen waren es im Vergleich dazu nicht einmal 2 Prozent), was darauf hinweist, daß die Kadaver dieser Tiere über längere Zeit hinweg für Hyänen und andere Fleischfresser frei zugänglich in der Landschaft herumlagen. Das spricht, wie bereits in Kap. 1 und 2 hervorgehoben wurde, eher für ihr natürliches Verenden als für ihre Erlegung durch den Menschen – und doch müssen die Neandertaler von Lebenstedt etwas mit der Ansammlung der Knochen an diesem Ort zu tun gehabt haben. Die einzelnen Skelettpartien sind nämlich nach Gaudzinskis Untersuchungen keineswegs gleich oft, sondern mit ganz unterschiedlicher Häufigkeit an der Fundstelle vertreten – bei den Mammutresten überwiegen beispielsweise in sehr auffälliger Weise die Rippen und die Wadenbeine. Da dies aber auch genau jene Skelettteile sind, aus denen die meisten der erwähnten Knochenartefakte gefertigt wurden, liegt nach den Worten der Forscherin »eine Interpretation dieser Knochen als Rohmaterial zur Geräteherstellung nahe«. Die Altmenschen

von Lebenstedt hätten mit anderen Worten gezielt einzelne Rippen und Wadenbeine von vollständigen Mammutkadavern entfernt, die sie irgendwo in der Umgebung fanden, und hätten sie an ihren Lagerplatz verbracht, um aus ihnen Knochenartefakte anzufertigen. Ob dieses beinerne Rohmaterial jedoch aus den »Reste[n] erlegter Beute« stammte, ob »Leichenteile aufgelesen und/oder [bereits] entfleischte Knochen aufgesammelt wurden«, läßt sich nach Gaudzinski »durch die synthetische Betrachtung der Faunenreste nicht [mehr] klären«.[10]

Die mindestens 25 aus diesem Material hergestellten Geräte unterscheiden sich nach den Analysen der Archäologin in der Art ihrer Zurichtung deutlich von Knochen, die durch Raubtiere zerbrochen oder verbissen wurden, so daß an ihrer künstlichen Bearbeitung durch den Menschen kein Zweifel bestehen kann. Bei den meisten Stücken handelt es sich um 60 bis 70 cm lange Mammutrippen, deren eines Ende durch Abschleifen oder Abschnitzen der Knochenoberfläche zu einer Spitze ausgearbeitet oder ›abgeflacht‹ wurde (Abb. 4.2). Daneben kommen auch einige Mammutrippen vor, die der Länge nach aufgespalten wurden, um ihre Dicke zu vermindern. An den Kanten dieser Stücke sind noch deutlich die Einschlagpunkte (›Impakte‹) zu erkennen, an denen das zur Aufspaltung verwendete Werkzeug angesetzt wurde. In ganz ähnlicher Weise hatten die Neandertaler von Lebenstedt auch mehrere Waden-

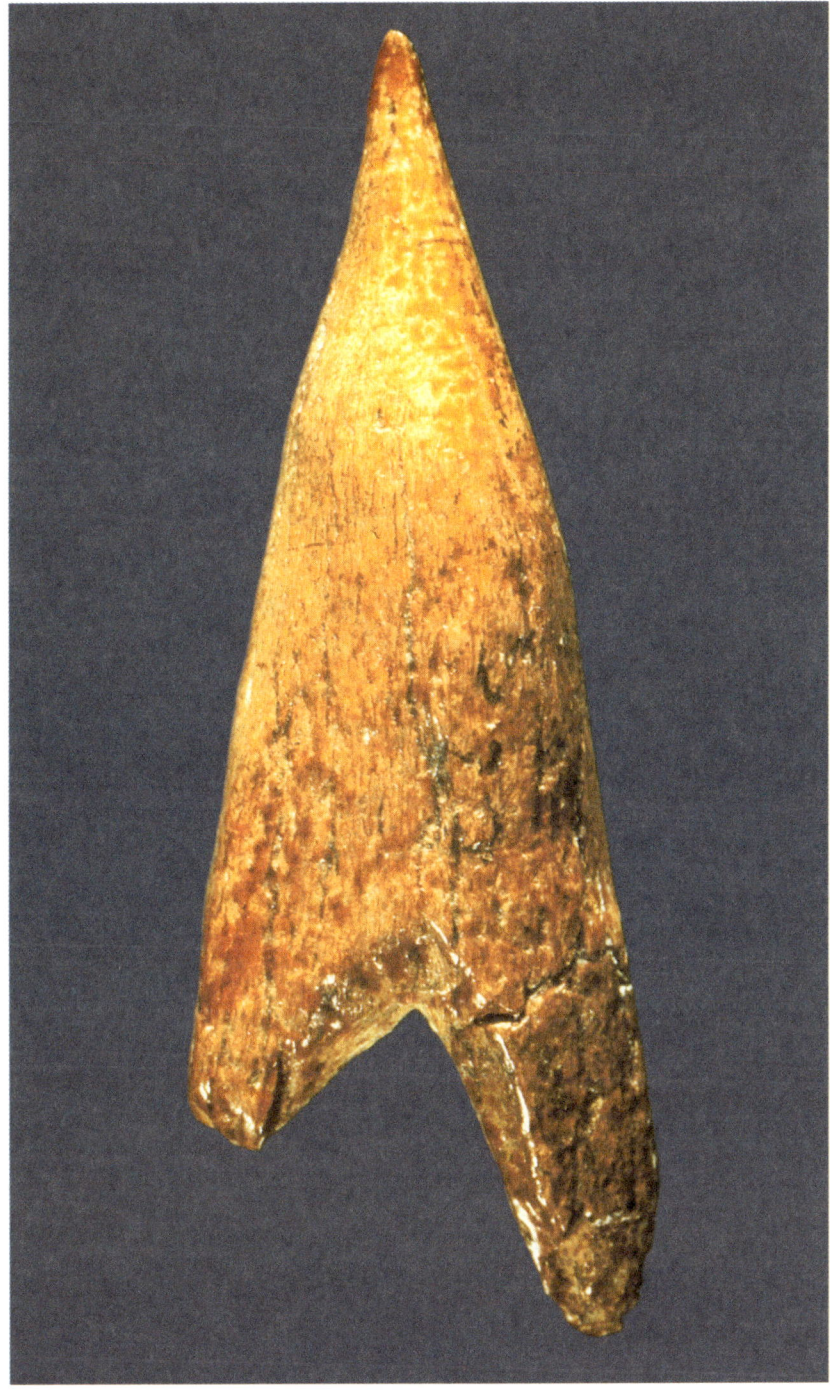

beinknochen vom Mammut zugespitzt oder abgeflacht und ein Rentiergeweih zu einer Art ›Beil‹ umgearbeitet.

Wozu die Altmenschen diese Knochenartefakte verwendeten, bleibt nach Gaudzinskis Worten »völlig im dunkeln«.[11] Da »alle Geräte eine mehr oder weniger starke Biegung – analog zur anatomischen Form – aufweisen«, fällt nach ihrer Meinung »eine Nutzung der zugespitzten Stücke als Stoßwaffe[n] aus«,[12] wie sie der Ausgräber Tode ursprünglich vermutet hatte – er sprach von regelrechten »Mammutrippendolchen«, die den Rentieren aus nächster Nähe in den Leib gerammt worden seien.[13] Gaudzinski denkt demgegenüber eher an eine »zugegebenermaßen nicht besonders originelle Ansprache als Grabstöcke«,[14] die beispielsweise zum Auswühlen von Wurzeln oder Knollen gedient haben könnten, wie man dies ja lange Zeit auch bei den mehr als 1 Million Jahre älteren ›Knochenspateln‹ aus der Swartkrans-Höhle in Südafrika für wahrscheinlich gehalten hatte (vgl. Kap. 1). In jedem Fall lassen die Artefakte nach dem Urteil der Forscherin eine beträchtliche Standardisierung erkennen: »Einige der Knochen wurden«, wie sie schreibt, »mit vergleichbaren Arbeitsenden ausgestattet, die offenbar [auch] für vergleichbare Tätigkeiten gedacht waren. Da z.B. die Rippen auf drei unterschiedliche Weisen bearbeitet wurden, liegt die Verwendung dieser Stücke für unterschiedliche Aktivitäten nahe«.[15]

Ihre Funktion im einzelnen zu erschließen wird aber durch den Umstand erschwert, daß kaum gleichartige Stücke aus dem Mittel- oder Jungpaläolithikum bekannt sind. In der Pavlovien-Fundstätte Predmosti in Tschechien fanden sich zwar ungefähr fünfzig in einer ähnlichen Technik bearbeitete Tierknochen, doch blieb auch hier die Verwendungsfrage völlig offen. Das gleiche gilt für eine einzelne künstlich aufgespaltene und zugespitzte Mammutrippe, die 1936 ohne Beifunde aus den Rheinkiesen bei Duisburg geborgen wurde – in ihrem Fall ist überdies auch noch das Alter völlig ungeklärt.

Vielleicht, so erwägt Gaudzinski, hängt die Einmaligkeit der Funde von Lebenstedt mit den speziellen Überlieferungsbedingungen an diesem Ort zusammen, wo die Knochenartefakte dank der Einlagerung im feuchten Erdreich unterhalb der Grundwasserlinie ganz außergewöhnlich gut konserviert wurden (vgl. S. 145). »Da die Knochenerhaltung in Salzgitter ihresgleichen sucht«, so schreibt die Archäologin, »wäre immerhin denkbar, daß modifizierte Mammutknochen an anderen Plätzen auf Grund schlechterer Knochenerhaltung unerkannt geblieben sind.« Ebenso möglich wäre es nach ihrem Urteil freilich auch, daß die Artefakte ihre archäologische Überlieferung der Fertigung aus einem zu dieser Zeit sonst eher unüblichen Material verdankten. »Vielleicht wurden im Mittelpaläolithikum zur Herstellung vergleichbarer Geräte Hölzer verwendet, die heute nicht [mehr] überliefert sind«, mutmaßt die Forscherin.[16] »Da die Fundstelle Salzgitter-Lebenstedt in eine Kaltphase fällt, könnte eine Rohmaterialknappheit zur Knochennutzung geführt haben.«[17]

In jedem Fall ist es eher unwahrscheinlich, daß hier eine einzelne Neandertaler-Gruppe in derart routinierter und standardisierter Form Techniken anwandte und Gerätschaften verfertigte, die bei den anderen Altmenschen jener Zeit völlig unbekannt waren. Der Glücksfund von Lebenstedt dürfte uns vielmehr einen Hinweis auf Geräteformen und Techniken geben, die im Mittelpaläolithikum auch sonst geläufig waren, die sich aber aus irgendwelchen überlieferungsbedingten Gründen normalerweise unserem Blick entziehen. Er bezeugt damit ähnlich eindrucksvoll wie die 400 000 Jahre alten Holzartefakte von Schöningen (vgl. Kap. 1), daß die Steingeräte, die auf Fundplätzen des älteren Paläolithikums in der Regel allein noch aufzufinden sind, nur einen Teil des ursprünglich vorhandenen Artefaktbestandes ausmachten und daß Tierknochen wie auch Holz (vgl. Kap. 2) nicht erst von den frühmodernen Menschen des Jungpaläolithikums, sondern schon von ihren älteren Vorgängern systematisch und routiniert zur Verfertigung unterschiedlichster Gerätschaften verwendet wurden. Man kann daher nur »bedauern«, wie Gaudzinski zu Recht schreibt, »daß diese außergewöhnlichen Ergebnisse nicht bereits zu einem früheren Zeitpunkt vorgelegt worden sind, da sie

vielleicht dazu beigetragen hätten, unser Bild vom Mittelpaläolithikum differenzierter zu sehen«.[18]

Dies gilt um so mehr, als sich unter den Knochengeräten von Lebenstedt noch ein weiteres, sehr viel attraktiveres Stück befand, das eine gesonderte Erörterung verdient. Es handelt sich um eine kleine, an der Basis gebrochene Spitze von 6,3 cm Länge, die mit großer Sorgfalt aus einem Mammut- oder Nashornknochen zurechtgeschnitzt und -geschliffen wurde (Abb. 4.3). Der Ausgräber Tode publizierte sie bereits 1953, doch später begannen immer mehr Fachleute daran zu zweifeln, ob dieses so formschöne und sorgfältig gearbeitete Stück, das erst nachträglich unter den Sammelfunden der Grabung entdeckt wurde, wirklich zu den Hinterlassenschaften des Neandertalers gehören könne. Man ›löste‹ diese Gewissensfrage während der sechziger Jahre schließlich, indem man die Parole ausgab, die Knochenspitze sei »nachträglich als nicht zum Fundverband gehörig erkannt worden«.[19] Dieser Behauptung lagen wohlgemerkt keine konkreten archäologischen Hinweise auf eine jüngere Zeitstellung zugrunde – es ging vielmehr letztlich darum, ein außergewöhnliches Artefakt, das nicht in das traditionelle und als ›hinreichend gesichert‹ geltende Bild vom Neandertaler und seiner Kultur paßte, möglichst bequem und unauffällig ›loszuwerden‹.

Das gelang auch einige Jahrzehnte lang sehr wirksam, denn »als Ergebnis wurde die Spitze in der Folgezeit [bei] Betrachtungen zu mittel-paläolithischen Knochengeräten ignoriert« – »eine weitere Auseinandersetzung [mit ihr blieb] aus«, wie Gaudzinski kritisch anmerkt. Nach dem Urteil der Archäologin »sollte der Fund aber unbedingt Berücksichtigung finden«, »da die Abfolge in Salzgitter-Lebenstedt ausschließlich mittelpaläolithische Kontexte repräsentiert«[20] – am Fundort existieren mithin gar keine jüngeren Schichten, aus denen die Spitze statt dessen stammen könnte.

Überdies sind, wie die Forscherin zu Recht feststellt, kaum weniger sorgfältig gefertigte Knochenspitzen auch von einigen anderen mittelpaläolithischen Fundplätzen her bekannt, zum Beispiel aus der Vogelherdhöhle im schwäbischen Lonetal und aus der Großen Grotte bei Blaubeuren (Abb. 4.4a und b). Und schließlich würde das Stück ja auch ausgezeichnet zu der in Salzgitter-Lebenstedt nachgewiesenen Rentierjagd passen, denn hölzerne Speere mit derartigen Knochenspitzen wären mit Sicherheit eine für ein solches Unternehmen hervorragend geeignete Fernwaffe gewesen. Gaudzinski selbst hält dieses letzte Argument freilich eher für problematisch, denn nach eingehenden Analysen ist sie sich keineswegs mehr sicher, »ob es sich bei dieser Spitze [tatsächlich] um ein Projektil handelt« oder nicht vielmehr um eine »Gerätschaft zur Durchlochung oder ähnliches«.[21] Bis zur genaueren Klärung dieser Frage bleiben noch die weiteren Untersuchungen abzuwarten.

Doch gleichgültig, ob Bewehrung einer Waffe oder handwerkliches Gerät: Um eine derartige Spitze funktionell wirklich sinnvoll verwenden zu können, mußte man sie mit Sicherheit stabil und fest an einem hölzernen Schaft befestigen, und dazu waren gewiß vergleichsweise hochentwickelte Klebe- und Bindetechniken erforderlich. Für die Zeit des Jungpaläolithikums vor 40 000 bis 10 000 Jahren, als aus mehreren Teilen zusammengesetzte Waffen die Regel waren (vgl. S. 180), nimmt man die Beherrschung dieser Techniken auch seit jeher zu Recht an, doch den Neandertalern wird diese Kenntnis bis heute oftmals abgesprochen. Nach Ansicht mancher Fachleute sollen die vormodernen Menschen noch nicht einmal dazu in der Lage gewesen sein, einfache Werkstücke aus Stein oder Knochen mit einem hölzernen Griff zu versehen, das heißt sie zu ›schäften‹.

Diese Behauptung geht indessen völlig an der urgeschichtlichen Realität vorbei – das beweisen nicht nur die in Kap. 2 erwähnten 400 000 Jahre alten ›Klemmschäfte‹ von Schöningen in Niedersachsen, sondern auch noch eine Anzahl weiterer Funde. So bargen Archäologen in der gleichfalls 400 000 Jahre alten Grabungsstätte Kärlich-Seeufer im Rheinland (vgl. Kap. 2) während der achtziger Jahre einen Steinabschlag mit einem noch an seiner Oberfläche anhaftenden Holzrest, der ohne weiteres von einer solchen Holzschäftung stammen könnte, und in einer 200 000 Jahre alten Jagd-

*Abb. 4.4 a und b: Spätmittelpaläolithische Knochenspitzen aus der Vogelherdhöhle im schwäbischen Lonetal (links; Länge 10 cm) und aus der Großen Grotte bei Blaubeuren (rechts).*

station bei Neumark-Nord im östlichen Harzvorland kam unlängst ein Silexgerät mit noch deutlich erkennbaren Spuren von Schäftungsharz zutage. Der eindrucksvollste und beste Beleg für die diesbezüglichen Fähigkeiten der vor-

modernen Menschen stammt aber aus einer möglicherweise bis zu 80 000 Jahre alten Fundstätte in Mitteldeutschland.

## Die ›Harzklumpen‹ von Königsaue

Bei geologischen Untersuchungen an einer Ab-
bauwand des Braunkohlentagebaus Königsaue
im Elbe-Saale-Gebiet fand der Geologe und Urgeschichtsforscher Dietrich Mania, der besonders als Ausgräber des Homo erectus-Lagerplat-
zes von Bilzingsleben bekannt geworden ist (vgl.
Kap. 2), 1963 in 17 m Tiefe unter dem heutigen
Bodenniveau paläolithische Steinartefakte. Er
überprüfte in der Folgezeit mit Unterstützung
von Archäologen des Landesmuseums für Vorgeschichte in Halle/Saale die Baggeranschnitte
in der Tagebaufläche und entdeckte in ihnen
umfangreiche Reste von mittelpaläolithischen
Lagerplätzen, die hier einstmals am Ufer eines
flachen Gewässers – des sogenannten Ascherslebener Sees – gelegen hatten. Obwohl an der
Fundstätte keine Menschenknochen zutage kamen, waren es sehr wahrscheinlich Neandertaler, die hier in einer Warmphase am Beginn der
letzten Eiszeit vor ca. 70000 bis 80000 Jahren
wiederholt siedelten und die zahlreich zur Trän-
ke an den See ziehenden Rentiere, Wildpferde,
Wisente und Nashörner jagten. Zu ihren Hinterlassenschaften gehörten nicht nur zahlreiche
zur Markgewinnung zerschlagene Tierknochen
und dicke Aschelinsen von den Feuerstellen, die
sie unterhielten, sondern auch über 5000 Steinartefakte des mittelpaläolithischen Micoquien
(vgl. S.146) und Moustérien (vgl. S.169f.), die
in unterschiedlicher Konzentration über den

ausgegrabenen Bereich des ehemaligen Seeufers
verteilt waren.

Unter diesen Artefakten befanden sich auch
eine Anzahl wunderschöner, beidseitig bearbei-
teter Faustkeilblätter (Abb. 4.5) und Keilmesser
(vgl. S.146), die den Altmenschen vermutlich
als Schneidewerkzeuge gedient hatten. Diese
zum Teil ausgesprochen ›glatt‹ und dünn gearbeiteten Geräte beeindrucken – ähnlich wie die
Faustkeile des jüngeren Acheuléen (vgl. Kap. 2
und 3) – auch heute noch den Betrachter durch
ihre Eleganz und Formschönheit. Nicht minder eindrucksvoll sind freilich die Erkenntnisse
über die Handhabungs- und Schäftungsweise,
die man in Königsaue gewann.

Der Ausgräber Mania entdeckte an der Fundstätte nämlich auch zwei schwarzbraune, ver-
härtete Harzklumpen von 2,3 und 2,7 cm Größe, die von den Altmenschen durch Kneten in
eine länglich-ovale Form gebracht worden waren (Abb. 4.6). Der eine dieser Klumpen zeigte
in seinem aufgebrochenen Inneren den Ne-
gativabdruck eines flächig retuschierten Stein-
gerätes, bei dem es sich ohne weiteres um ein
solches Keilmesser oder Faustkeilblatt gehandelt haben könnte. Auf seiner gewölbten Außenseite war dagegen ein Holzabdruck mit
deutlicher Maserung sichtbar, während sich
auf dem breitgedrückten Ende schwache Ab-
drücke von Fingerlinien erkennen ließen – der
einzige auf der Welt bislang bekannte Finger-
abdruck eines Individuums aus der Zeit der
Neandertaler!

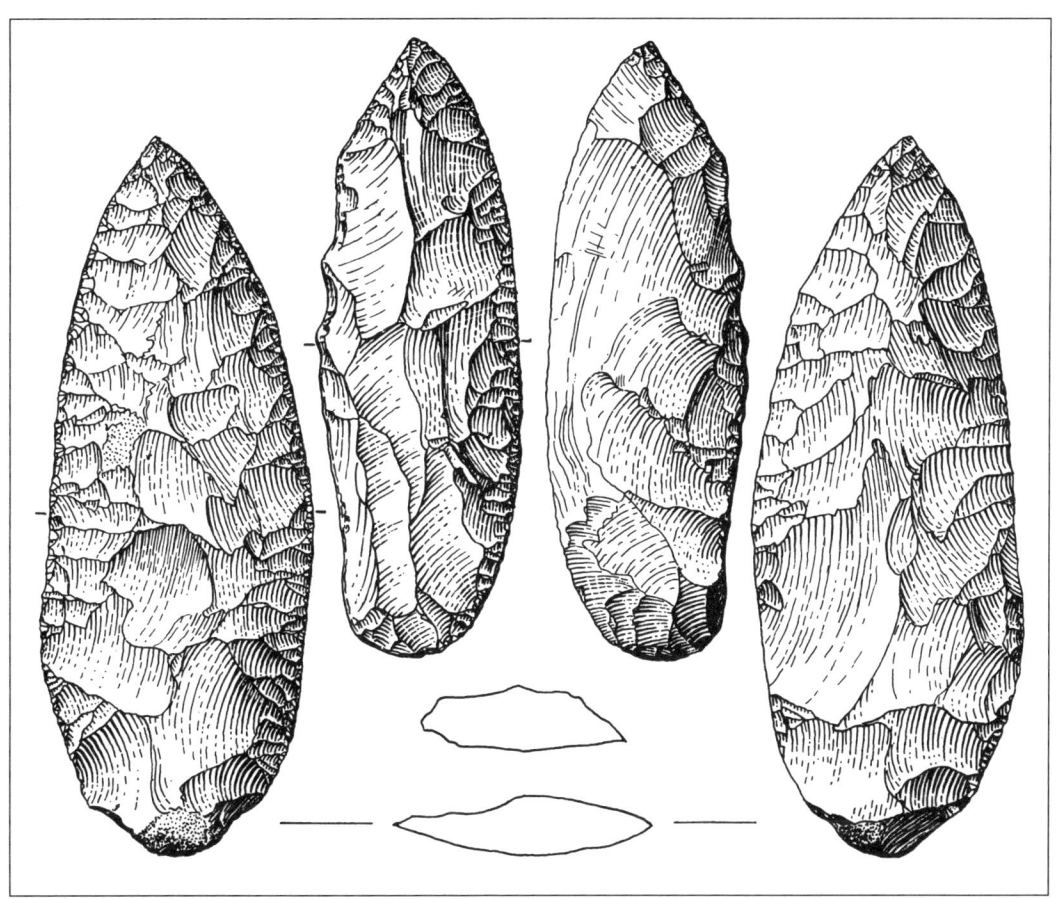

*Abb. 4.5: Etwa 80 000 Jahre alte, kunstvoll gearbeitete Faustkeilblätter der Altmenschen von Königsaue. Solche oder ähnliche Steingeräte könnten mit Hilfe von Birkenpech in Holzgriffen befestigt worden sein.*

Mania und und sein Kollege Volker Toepfer publizierten diesen Fund schon 1973 in einer Monographie über Königsaue als Beleg dafür, daß ein Teil der dortigen Steinwerkzeuge offensichtlich mit Harzkitt in hölzernen Griffen befestigt worden war. Diese Erkenntnis ist mittlerweile nicht mehr ganz so einzigartig und

überraschend wie damals, denn wie erwähnt fanden sich Hinweise auf eine Holzschäftung ja zwischenzeitlich auch an einigen anderen Steinartefakten aus noch weit älterer Zeit (vgl. S. 156f.). Die Harzklumpen von Königsaue sind aber nach wie vor der schönste und am besten erhaltene derartige Beleg, und vor allem

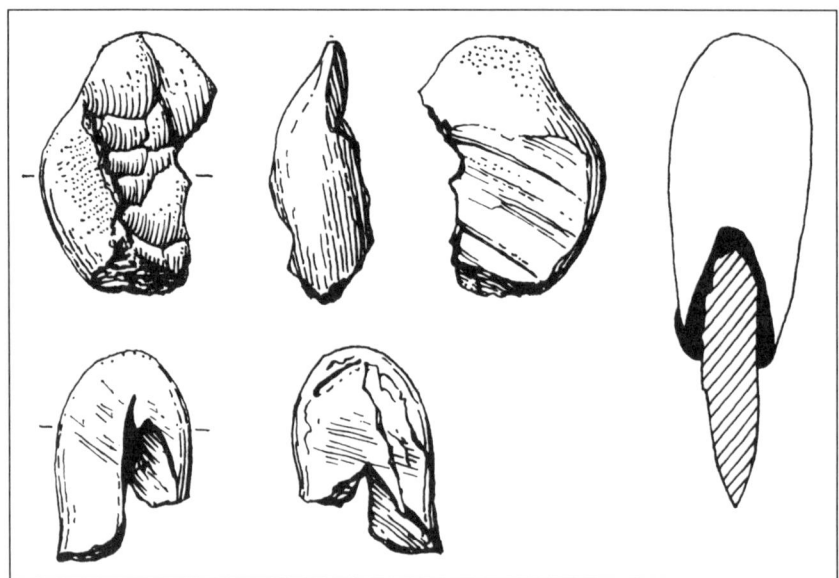

*Abb. 4.6: Zwei Birkenpechklumpen von dem neandertalerzeitlichen Fundplatz Königsaue in Mitteldeutschland in jeweils unterschiedlichen Perspektiven. Die Zeichnung ganz rechts zeigt, wie der obere Klumpen zur Schäftung eines Steinwerkzeugs in einem Holzgriff verwendet worden sein dürfte.*

führte ihre chemische Analyse 33 Jahre nach ihrer Entdeckung unlängst zu völlig neuen und unerwarteten Ergebnissen.

Bei der Untersuchung von Proben dieser Klumpen mit Hilfe der Gaschromatographie und Massenspektrometrie stellten die Chemiker Johann Koller und Ursula Baumer vom Doerner-Institut in München nämlich 1996 fest, daß das Harz einen hohen Anteil des Biomarkers Betulin aufweist, der vorwiegend in Birkenrinde enthalten ist. Sie erschlossen daraus zweifelsfrei, daß es sich nicht um relativ leicht zu gewinnendes und zu verarbeitendes Kiefernharz handelt, sondern um Pech aus der Rinde von Birken, die nach den in Königsaue geborgenen Pflanzenresten und Pollen vor 80 000 Jahren am Fundplatz häufig vorkamen.

Birkenpech bzw. sein Grundstoff Birkenteer ist zwar schon seit langem als ›Allzweck-Klebstoff der Steinzeit‹ bekannt, der zur Schäftung von Werkzeugen und Waffen ebenso verwendet wurde wie zur Abdichtung von Gefäßen oder als Kaugummi. Die frühesten eindeutigen Nachweise stammten aber bislang aus dem Mesolithikum und dem Neolithikum, also aus der Nacheiszeit vor weniger als 10 000 Jahren, und den Neandertalern vor 80 000 Jahren hätte sicherlich kaum ein Archäologe die Verwendung dieser hochwertigen Substanz zugetraut, deren Gewinnung ein beträchtliches technisches Können erfordert.

Das Birkenpech, das manche Fachleute als den »ältesten Kunststoff« der Menschheit bezeichnen,[22] läßt sich nämlich nicht einfach wie

Harz sammeln, sondern muß in einem gut kontrollierten Verschwelungsprozeß (einer sogenannten ›trockenen Destillation‹) gezielt hergestellt werden. Dabei muß man den Rohstoff Birkenrinde unter Luftabschluß auf eine relativ genau einzuhaltende Temperatur zwischen 340 und 400° C erhitzen, sonst mißlingt das Verschwelen zu Teer, aus dem durch Aushärten das Birkenpech entsteht, oder aber das Material verkohlt. Diese Technik scheinen die Altmenschen bereits perfekt beherrscht zu haben, denn das Birkenpech von Königsaue ist nach Kollers und Baumers Analysen von ganz vorzüglicher Qualität, wie nicht zuletzt der hohe Anteil des ›Birkenrinden-Indikators‹ Betulin zeigt. Versuche, es in der gleichen chemischen Zusammensetzung ohne moderne technische Hilfsmittel wie Temperaturregler und luftdicht verschließbare Retorten experimentell nachzuahmen, scheiterten nach Angaben Kollers zunächst kläglich, was sicher auch mit daran lag, daß man über das in urgeschichtlicher Zeit angewandte Herstellungsverfahren – möglicherweise mit erhitzten Steinen in einer abgedeckten Erdgrube? – so gut wie nichts weiß.

Der Münchner Chemiker bezeichnet die an den Königsauer Proben gewonnenen Resultate jedenfalls als »umwerfend«, und der Ausgräber Mania sieht in ihnen einen »besseren Kulturbeweis, als ihn alle Artefakte liefern können«.[23] Wer ohne moderne technische Hilfsmittel einen solchen hochwertigen Klebstoff herzustellen vermochte, der dürfte mit Sicherheit auch

keine Probleme damit gehabt haben, eine Knochenspitze wie die von Salzgitter-Lebenstedt stabil an einem hölzernen Schaft zu befestigen. Darüber hinaus verdeutlichen die beschriebenen Ergebnisse natürlich auch, wie überaus wichtig naturwissenschaftliche Detailuntersuchungen für die Archäologie sein können und mit welch präzisen und geradezu ›detektivischen‹ Methoden diese Wissenschaft mitunter zu ihren Resultaten gelangt.

Doch die Neandertaler verfügten noch über sehr viele weitere bemerkenswerte technische und kulturelle Fähigkeiten, die es ihnen ermöglichten, in einer rauhen und während der Kaltphasen sogar ausgesprochen unwirtlichen Umwelt jahrzehntausendelang erfolgreich zu überleben. Einem anderen wichtigen Element der ›materiellen Kultur‹, die ihnen dabei half, sind Archäologen bei Ausgrabungen an einem Fundort in Hessen auf die Spur gekommen.

## Der Zeltgrundriß von Buhlen

Der Fundplatz von Buhlen unweit des nordhessischen Städtchens Waldeck erstreckt sich über die Kuppe, den Hang und den Fuß eines Dolomitfelsens, der früher weit in eine Bachniederung vorstieß – heute ist er durch Straßenbaumaßnahmen zu einem großen Teil abgetragen. Mindestens seit dem Beginn der letzten Eiszeit vor etwa 100 000 Jahren bis in die Zeit vor ca. 45 000 Jahren siedelten hier Menschen des Mittelpaläolithikums, bei denen es sich – wenngleich man wie in Königsaue keine Knochen von ihnen fand – wiederum um Neandertaler gehandelt haben muß. Gerhard Bosinski, Jens Kulick und F. Malec gruben zwischen 1965 und 1969 auf der Kuppe des Felsens ein reiches Fundinventar des Micoquien (vgl. S. 146) aus der ersten Hälfte des letzten Glazials aus. Zwischen 1980 und 1986 legten dann die Archäologen Lutz Fiedler (vgl. Kap. 2 und 3) und Klaus Hilbert zwei weitere Flächen am talwärtigen Hangfuß frei und entdeckten dabei in reichen Moustérien-Schichten über dem besagten Micoquien einen hochinteressanten Befund aus der Zeit vor ungefähr 45 000 bis 50 000 Jahren.

Schon während ihrer ersten Grabungskampagne fiel den beiden Forschern im Zentrum der einen Fläche eine ungewöhnliche Ansammlung von bis zu 1 m großen, schweren Dolomitbrocken auf, die sich deutlich von den übrigen, nur etwa faust- bis kopfgroßen Gesteinstrümmern am Fuß des Felsens abhoben. Diese Felsbrocken entpuppten sich im weiteren Verlauf der Ausgrabungen als Bestandteile eines Steinkreises von 5 bis 6 m Durchmesser (Abb. 4.7), dessen östlicher Rand leider in den sechziger Jahren durch einen Baggerschnitt zerstört worden war. Die Struktur im Ganzen machte nach Fiedler »den Eindruck eines verstürzten, ehemals aber ringförmig aufgesetzten Steinwalles«, der nach der Rekonstruktion des Archäologen »eine zeltartige Behausung umschloß«.[24]

Unmittelbar unter diesem ganz offensichtlich künstlichen Steinring lag eine an Silexgeräten und Tierknochenabfällen reiche Fundschicht, die über und über mit Anhäufungen von Kohlestückchen aus verbrannten Knochen durchsetzt war – Überresten ehemaliger Feuerstellen, denn während der Kaltzeiten mit ihrer weitgehend baumlosen Vegetation (vgl. S. 146) mußten die paläolithischen Menschen die fetthaltigen Knochen ihrer Beutetiere anstelle von Holz als Brennmaterial verwenden. Besonders charakteristisch für den Befund von Buhlen war, daß sich die markanteste, nahezu 5 cm dicke Knochenkohlenlinse deutlich begrenzt im Zentrum des Steinkreises befand, so daß dort die zentrale Feuerstelle vermutet werden kann (Abb. 4.7). Direkt neben ihr befanden sich zwei einzelne große Dolomitblöcke, die nach Fiedlers und Hilberts Urteil »gut als Arretierung eines Mittelpfostens geeignet gewesen« wären und gleichzeitig »die Funktion von Ablagen, Sitzen oder Arbeitsunterlagen übernommen haben« könnten.[25]

Aufschlußreich war auch die Verteilung der Silexartefakte innerhalb und außerhalb des Steinkreises (Abb. 4.7). Während die fertig bearbeiteten Werkzeuge ungefähr gleichmäßig über die ganze ausgegrabene Fläche streuten, fanden sich die Herstellungsabfälle und der Silexschutt fast ausschließlich im Bereich unterhalb (d.h. südlich) der Feuerstelle. Hier müssen also Steingeräte gefertigt worden sein, und hier dürfte sich auch der Eingang der Behau-

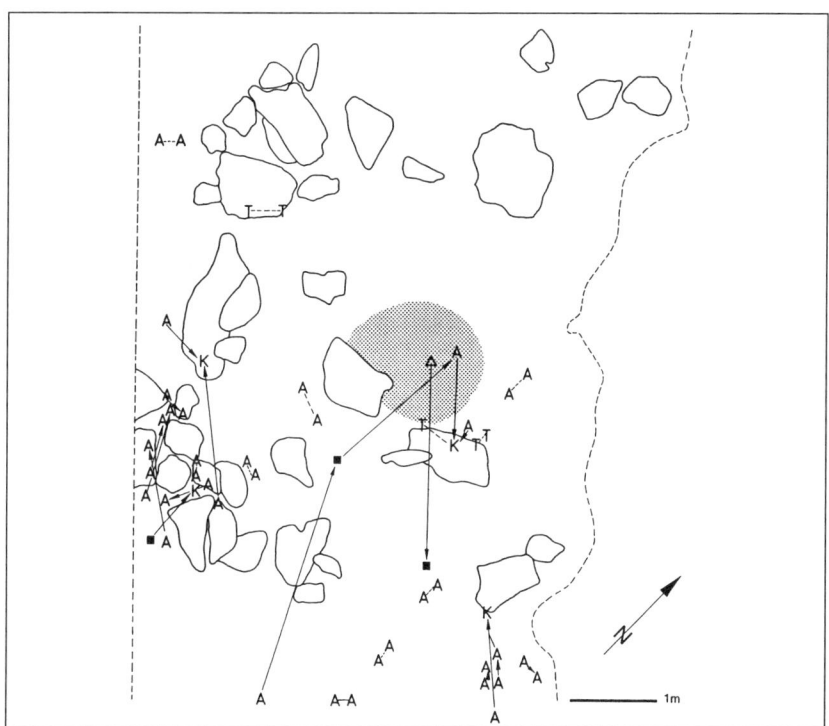

*Abb. 4.7: Im Durchmesser 5 bis 6 m große, ringförmige Struktur aus Dolomitsteinbrocken an dem Neandertaler-Siedlungsplatz Buhlen in Nordhessen. Die Feuerstelle im Zentrum der Struktur (gerastert) sowie die geregelte Verteilung der Steinartefakte (A=Abschlag, K=Kern, T=Trümmerstück, Viereck=Schaber, Dreieck= Lamelle) zeigen an, daß der Steinring eine zeltartige Behausung umschlossen haben dürfte.*

sung befunden haben, denn der Steinabfall streute an dieser Stelle aus einer Öffnung in der Ringstruktur nach außen. Im Bereich oberhalb (d.h. nördlich) der Feuerstelle entdeckten die Ausgräber hingegen so gut wie keine Werkabfälle, so daß Fiedler hier eine ›Ruhezone‹ vermutet, die sorgfältig von den (äußerst scharfkantigen) Steinsplittern freigehalten wurde. Ein weiterer Werkplatz (oder ein Abfalldepot) muß sich unmittelbar westlich des Eingangs

auf der Außenseite der Behausung befunden haben; die Silexabsplisse streuten hier auffälligerweise nicht bis ins Innere des Steinrings, was darauf hinweist, daß an dieser Stelle eine Zelt- oder Hüttenwand vorhanden gewesen sein muß.

Fiedler und Hilbert nehmen an, daß diese Zeltabdeckung aus Tierfellen bestand und auf »schräggestellten Streben [oder straff] gespannten ›Stricken‹« auflag, die vom Mittelpfosten

DER ZELTGRUNDRISS VON BUHLEN

bis zu den Rändern der Behausung reichten. Die Steinsetzung selbst dürfte nach Vermutung der beiden Forscher »als außen sichtbare, trockenmauerartig aufgeschichtete Konstruktion der ganzen Anlage eine notwendige Festigkeit verliehen haben«[26] – eine technische Lösung, die wir ja bereits im Zusammenhang mit den Behausungsgrundrissen in der Sahara kennengelernt und erörtert haben (vgl. Kap. 3).

Fiedler betont zu Recht, »daß hier einer der wichtigsten Befunde aus der Welt der Neandertaler vorliegt: Eine Behausung, die absolut der Konzeption jungpaläolithischer Befunde dieser Art entspricht«.[27] Aus der Zeit vor 40 000 bis 10 000 Jahren kennt man nämlich von verschiedenen Fundplätzen in Europa eine ganze Reihe ähnlicher Ringstrukturen, die auch eine vergleichbare Gliederung in unterschiedliche ›Aktivitätszonen‹ erkennen lassen. Während bei diesen jüngeren Befunden, die bereits dem modernen Homo sapiens zuzuordnen sind, jedoch so gut wie kein Forscher die Zugehörigkeit zu Zeltbauten bestreitet, wird bei älteren Steinringen oft Skepsis und Ablehnung gegenüber einer solchen Deutung geäußert. Es ist daher sehr wichtig, daß der Fundplatz von Buhlen mit dem beschriebenen Befund einen kaum ernsthaft anzuzweifelnden Beleg für das Vorhandensein derartiger Zeltbauten bereits bei den Neandertalern geliefert hat, und tatsächlich sagt einem ja schon der gesunde Menschenverstand, daß die Altmenschen ohne solche Behausungen keinen der strengen Winter im kaltzeitlichen Mitteleuropa hätten überleben können (die oftmals als mögliche Wohnstätten genannten Höhlen waren in ihrem Inneren ja ebenfalls ungemütlich kalt!).

Der Steinring von Buhlen bestätigt ferner, daß die Behausungsgrundrisse, die wir in der nordafrikanischen Sahara kennengelernt haben (vgl. Kap. 3), keineswegs eine Besonderheit dieser Region waren, sondern ähnlich im ganzen weiten Siedlungsraum der Alt- und Frühmenschen vorkamen. Zeitlich dürften sie, wie einige der nordafrikanischen Beispiele sowie die mitteleuropäische Fundstätte Bilzingsleben (vgl. Kap. 2) zeigen, mindestens bis in die Periode des späten Homo erectus bzw. des *Homo heidelbergensis* vor etwa 400 000 Jahren zurückreichen. Bislang ist aber kein anderes Behausungsfundament aus mittel- oder altpaläolithischer Zeit so vollständig überliefert wie der Zeltgrundriß von Buhlen, so daß dieser sich besonders gut für das Studium derartiger Strukturen eignet.

Er ist überdies mit seinen ausgesprochen großen und daher gewiß nur mit Mühe zu bewegenden Felsbrocken ein Hinweis darauf, daß sich die Neandertaler vermutlich über einen längeren Zeitraum hinweg an diesem Ort aufhielten, ja daß die beschriebene Felsklippe von Buhlen wahrscheinlich sogar ein regelrechter ›Wohnplatz‹ im Sinne eines ›Basislagers‹ war. Zu diesem Schluß gelangte auch der Bearbeiter der dortigen Tierknochen, der Prähistoriker

*Abb. 4.8: Grafische Rekonstruktion des Zeltbaus von Buhlen (Zeichnung: Lutz Fiedler).*

Olaf Jöris (vgl. Kap. 1 und 2), der unter den von ihm ausgewerteten mehr als 150 000 Großsäugerresten einen überdurchschnittlich hohen Anteil an Knochen für die Fleischgewinnung »verwertbarer Körperteile, vor allem (...) fleischtragender ›Koteletts‹« feststellte; nach seinem Urteil läßt dies – zusammen mit den gewaltigen Fundmengen – auf »eine mögliche mittel- bis längerfristige Belegung« des Platzes schließen.[28]

Zu diesem Bild eines über längere Zeiträume hinweg besiedelten ›Basislagers‹ passen auch 158 Vogelknochen, die am oberen Fundplatz von Buhlen ausgegraben wurden. Ihre Bearbeiterin Anne Eastham ordnet sie nicht weniger als 25 verschiedenen Vogelarten zu, die nach ihren jeweiligen Standortanforderungen eine

recht detaillierte Rekonstruktion der eiszeitlichen Landschaft in der Umgebung des Fundplatzes erlauben. Nach Easthams Analysen muß sich dieser seinerzeit im »Schnittpunkt einer offenen Waldlandschaft und eines Tales mit tiefem Wasser und seichterem Sumpfland an den Rändern« befunden haben.[29] Hier lebten und brüteten daher ganz unterschiedliche Arten von Wasser-, Sing- und Raubvögeln, und da auch unter ihren Überresten in den archäologischen Schichten die fleischtragenden Knochen deutlich überwogen und ihre Verteilung zudem mit der Häufigkeit der aufgefundenen Steingeräte korrespondierte, ist sich die Forscherin sicher, daß zumindest ein Großteil dieser Vögel tatsächlich von den Altmenschen gefangen und verspeist wurde. »Anscheinend waren die Neandertaler-Gruppen besonders geschickt bei dieser Art von Jagd und Fang«, bemerkt sie und vermutet, daß die Buhlener Altmenschen auch bereits die beim Vogelfang schon immer besonders wichtigen Netze und Fallen verwendet haben dürften, deren Konstruktion und Anwendung nach ihrem Urteil »beträchtliche Fähigkeiten erforderte«. Die Neandertaler scheinen an diesem Ort aber auch systematisch Vogeleier gesammelt und verzehrt zu haben, wie die Wissenschaftlerin aus knapp 1600 auf dem Felsen geborgenen Schalenbruchstücken schließt, deren Verteilung und Häufigkeit wiederum mit derjenigen der Steinartefakte übereinstimmte. Eastham sieht in ihnen einen deutlichen Hinweis auf die »umfassende Ausbeutung einer weiteren saisonalen Nahrungsquelle, die zu einer Zeit des Jahres zur Verfügung stand, wenn andere Ressourcen möglicherweise knapp waren«,[30] nämlich im Frühjahr und Frühsommer.

Das sind zusammengenommen äußerst bedeutsame und wertvolle Befunde, denn sie beweisen, daß die Neandertaler bereits eine ausgesprochen komplexe und jahreszeitlich flexible ›Ernährungsstrategie‹ besaßen, wie sie viele Archäologen erst dem modernen Homo sapiens des nachfolgenden Jungpaläolithikums zutrauen. Und diese Befunde sind auch keineswegs isoliert, denn an zahlreichen Neandertalerwohnplätzen Westeuropas entdeckte man, wie Eastham betont, gleichfalls eindeutige Hinweise auf eine »umfassende Verwertung

von Vögeln«.[31] In den Moustérien-Schichten der ›Grotte XVI‹ im Dordognetal in Südwestfrankreich stießen französische und amerikanische Archäologen unter der Leitung von Jean-Philippe Rigaud und Jan F. Simek darüber hinaus sogar kürzlich auf umfangreiche Grätenreste von Forellen und Hechten. Dieser Nachweis ist besonders bedeutsam, denn er zeigt, daß die Neandertaler zumindest vereinzelt auch im Wasser lebende Tiere erbeuteten, was nach dem gängigen Lehrbuchwissen erst der frühmoderne Homo sapiens getan haben soll.

Die alltägliche Lebens- und Ernährungsweise dieser Altmenschen war also ganz offensichtlich um einiges ›fortschrittlicher‹, als es die Mehrzahl der Fachleute noch bis vor kurzem annahm, und auch von besonderer ›Kunstfertigkeit‹ zeugende und über den Rahmen des Alltäglichen hinausgehende Objekte finden sich an ihren Lagerplätzen häufiger als oft behauptet. Buhlen hat als ein solches herausragendes Einzelfundstück den Herstellungsrest einer sorgfältig gearbeiteten Knochenspitze (Abb. 4.9) geliefert, die ungefähr ebenso alt sein könnte wie diejenige von Salzgitter-Lebenstedt (vgl. S. 154ff.). Von besonderer Bedeutung sind ferner mehrere dort geborgene Bruchstücke einer knapp 3 cm dicken Reibplatte aus Kieselschiefer, deren Oberfläche tief eingeschliffene Gebrauchsriefen zeigt. Sie bezeugt zusammen mit einer Reihe von Rötelbrocken, die an dem hessischen Fundort gleichfalls zutage kamen, eine rege Verarbeitung und Verwen-

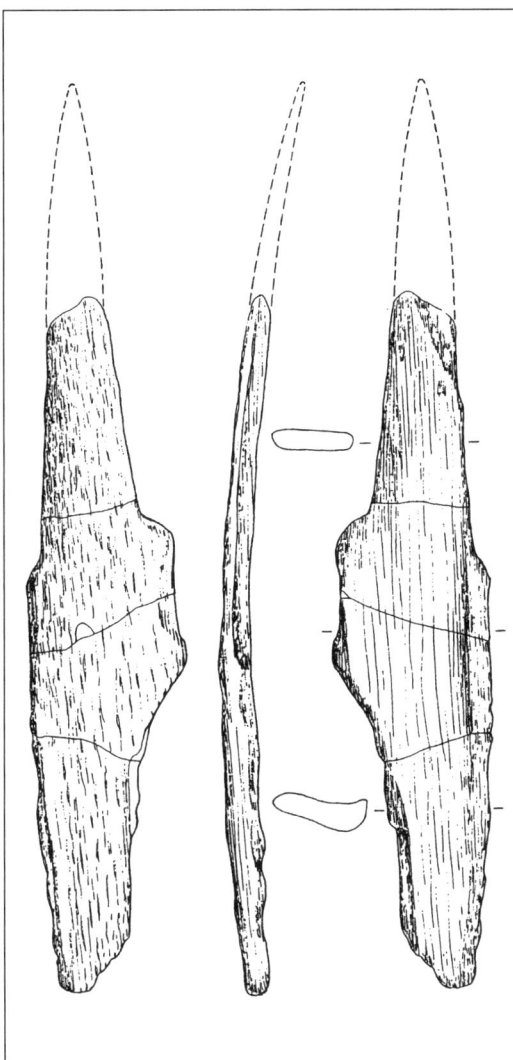

*Abb. 4.9: Herstellungsfragment einer mittelpaläolithischen Knochenspitze von Buhlen (ursprüngliche Länge über 20 cm).*

dung mineralischer Farbstoffe, wie sie auch an anderen Siedlungsplätzen des Neandertalers und sogar des Homo erectus verschiedentlich belegt ist.[32]

Dieser offenbar schon während des älteren Paläolithikums weit verbreitete Farbstoffgebrauch hat in der Fachwelt ebenfalls für äußerst kontroverse Diskussionen gesorgt, denn er läßt sich sowohl in eine ›alltägliche‹ und ›profane‹ als auch in eine ›hervorgehobene‹ und ›symbolische‹ Richtung interpretieren. Die ›profane‹ Deutung hebt darauf ab, daß (auf Steinplatten wie der aufgefundenen) zerriebener und pulverisierter Rötel sich ausgezeichnet zur Imprägnierung von Häuten und Fellen eignet, und unterstreicht damit die wichtige Rolle, die Gebrauchsgegenstände aus solchem Material – beispielsweise Kleidungsstücke, Zeltabdeckungen oder Beutel – in den Kulturen der Altsteinzeit gespielt haben müssen (vgl. Kap. 1 und 2). Die ›symbolische‹ Erklärung verweist dagegen auf die zentrale Bedeutung von pulverisiertem Farbstoff oder von ›Farbkreiden‹ für die Produktion von ›Kunst‹ im weitesten Sinne des Wortes angefangen bei der Verzierung des eigenen Körpers oder von Objekten des täglichen Lebens bis hin zur aufwendigen Bemalung ganzer Felswände und Höhlenräume in der berühmten ›Eiszeitkunst‹ des europäischen Jungpaläolithikums. Für welche dieser unterschiedlichen Zwecke die Neandertaler von Buhlen und anderen Fundstätten die von ihnen hinterlassenen Farbstoffe tatsächlich verwendeten, bleibt für uns zwar einstweilen ein ungelöstes Rätsel, denn Felsmalereien oder andere Kunstwerke sind aus dem Mittelpaläolithikum bis heute ebenso wenig bekannt geworden wie durch Einfärbung imprägnierte Kleider oder Felltaschen. Die Tatsache des Rötelgebrauchs an sich ist aber von allergrößtem Interesse, denn sie macht deutlich, welch umfangreiche und vielfältige Kultur es schon damals über die Steingeräte hinaus gegeben haben mag und wie wenig wir im Grunde genommen quellenbedingt über sie wissen.

Daß sich diese Kultur nicht in dem zur Sicherung des unmittelbaren materiellen Überlebensnotwendigen erschöpfte, das zeigen nicht zuletzt die berühmten Neandertalerbestattungen, die vor allem aus Frankreich und aus dem Vorderen Orient in beachtlicher Zahl bekannt geworden sind.[33] Obwohl bis heute nicht völlig geklärt ist, ob sie auch Grabbeigaben und rituellen Farbstoffgebrauch einschlossen, dürften sie wohl kaum allein der (in der damaligen Wildnis ja problemlos möglichen) ›Entsorgung‹ der Toten aus hygienischen Gründen gedient haben, wie es einige ›minimalistisch‹ eingestellte angloamerikanische Urgeschichtsarchäologen bis heute gern behaupten. Diese vergleichsweise aufwendigen Erdbestattungen waren vielmehr gewiß ein bewußter symbolischer Ausdruck des Gefühls der Verbundenheit mit den Verstorbenen und der Fürsorge für sie auch nach dem Tode, ja möglicherweise sogar schon irgendeiner Form des Jenseitsglaubens.

Neben diesem eindeutigen ›symbolischen Verhalten‹ im Bezug auf den Tod finden sich an einigen Neandertalerfundplätzen aber auch Hinweise auf eine mit dem Alltagsleben verknüpfte Symbolik. Sie entstammen auffälligerweise vor allem den jüngsten Siedlungsstätten dieser Altmenschen aus der Zeit vor weniger als 40 000 Jahren, und sie haben eine heftige Kontroverse darüber ausgelöst, welchen kulturellen und evolutionären Entwicklungsstand die letzten Neandertaler tatsächlich erreicht hatten. Im Mittelpunkt dieser Debatte steht das sogenannte ›Châtelperronien‹ in Westeuropa, das zu den faszinierendsten Erscheinungen der europäischen Urgeschichte gehört und dem wir uns im folgenden etwas ausführlicher zuwenden wollen.

## Die Schmuckanhänger von Arcy-sur-Cure

Das Châtelperronien ist ein frühjungpaläolithischer Kulturkomplex, der von rund 125 Fundplätzen in Frankreich und Nordostspanien her bekannt ist. Eine Schlüsselstation für seine Beurteilung ist die Grotte du Renne (›Rentiergrotte‹) bei Arcy-sur-Cure in Burgund, eine von mehreren nebeneinander gelegenen Höhlen und Halbhöhlen, die zwischen 1949 und 1963 von den französischen Prähistorikern Arlette und André Leroi-Gourhan ausgegraben wurden. Die beiden Forscher ent-

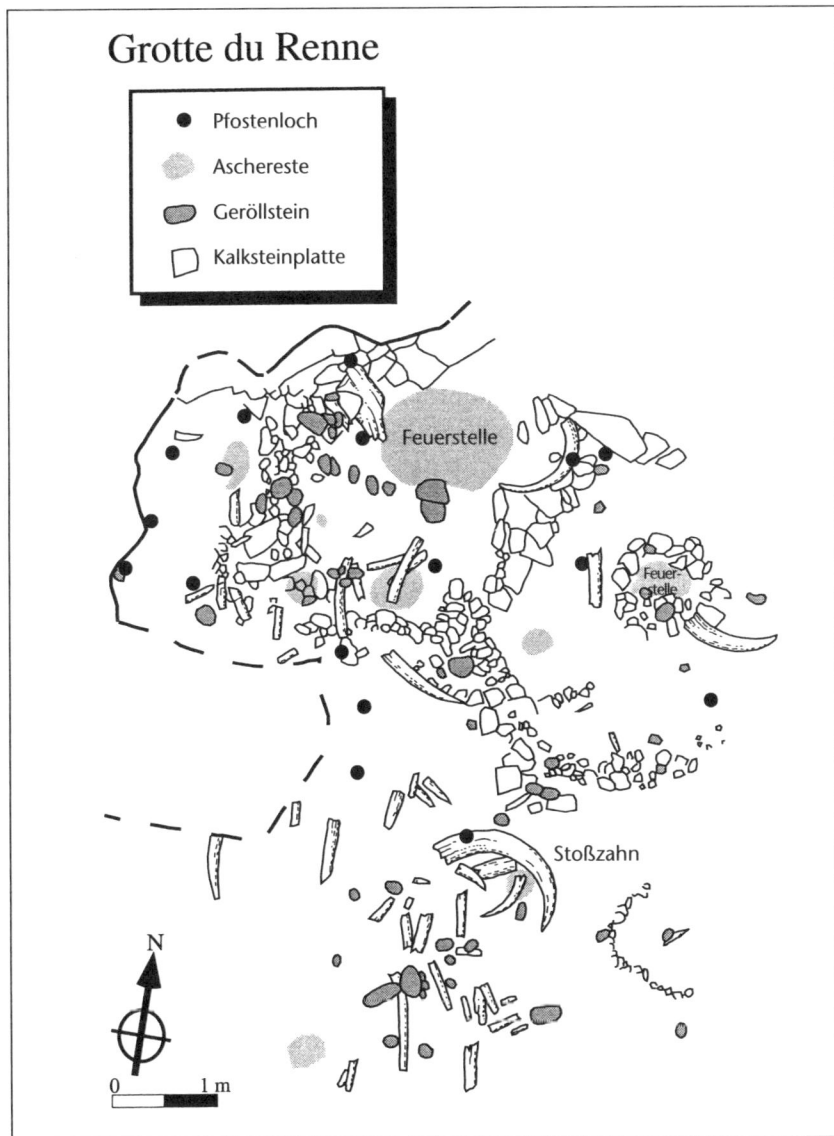

Grotte du Renne

- **Pfostenloch**
- **Aschereste**
- **Geröllstein**
- **Kalksteinplatte**

Feuerstelle

Feuerstelle

Stoßzahn

N

0    1 m

*Abb. 4.10: Ringförmige Steinstrukturen, Mammutstoßzähne, Pfostenlöcher (schwarz) und Aschereste von Feuerstellen (gerastert) in der Grotte du Renne bei Arcy-sur-Cure in Frankreich. Die Siedlungsspuren stammen von späten Neandertalern des ›Châtelperronien‹ und lassen auf eine Behausung ähnlich derjenigen von Buhlen (vgl. S. 162ff.) schließen.*

deckten in ihr – über mehreren Schichten des mittelpaläolithischen Moustérien und unter einem Horizont mit jungpaläolithischem Aurignacien (vgl. S. 182f.) – die reichsten Fundansammlungen des Châtelperronien, die bis heute bekannt geworden sind. Zu ihnen gehörte neben mehreren Feuerstellen auch ein ringförmiger Behausungsgrundriß ähnlich demjenigen von Buhlen (vgl. S. 162ff.), der sich durch elf Pfostenlöcher, umfangreiche Steinsetzungen und mehrere dazwischenliegende Mammut-stoßzähne, die offenbar eine Stützfunktion gehabt hatten, zu erkennen gab (Abb. 4.10).

Inmitten dieser umfangreichen Siedlungsreste, die nach Radiokarbondatierungen etwa 34 000 Jahre alt waren, nach Meinung vieler Fachleute aber ebensogut aus der Zeit vor 40 000 Jahren stammen könnten, fanden sich auch mehrere menschliche Schädelfragmente sowie zwölf Zähne, die die Ausgräber aufgrund ihrer Größe und Form bereits 1962 als ›paläanthropin‹, also altmenschlich, bezeichneten. Diese Einschätzung wurde damals allerdings von vielen als zu subjektiv und unsicher abgelehnt, denn die meisten Archäologen vermuteten hinter dem Châtelperronien eher anatomisch moderne Menschen, die gleichzeitig mit den Trägern des Aurignacien in Europa gelebt hätten.

Diese These geriet jedoch 1979 ins Wanken, als bei Saint-Césaire in Westfrankreich das Skelett eines Neandertalers ans Tageslicht kam, der vor ca. 36 000 Jahren mit Schmuckmuschelbeigaben und einem Satz unverkennbarer Châtelperronien-Geräte beigesetzt worden war. Und endgültig hinfällig wurde sie, als die penible Neuuntersuchung eines der Schädelknochen aus der Grotte du Renne 1996 zu dem Ergebnis führte, daß auch hier zweifelsfrei späte Neandertaler und nicht anatomisch moderne Menschen die Träger des Châtelperronien gewesen waren.

Diese Einsicht brachte die Urgeschichtsforscher in beträchtliche Verlegenheit, denn bis

dahin hatte der Lehrsatz gegolten: ›Mittelpaläolitische Abschlaggeräte = Neandertaler, jungpaläolithische Klingenwerkzeuge = eingewanderter *Homo sapiens sapiens*‹ (vgl. Tab. 1.1). Diese simple Gleichung ging jetzt nicht mehr auf, denn das Châtelperronien war eine eindeutig von Klingen geprägte Industrie (Abb. 4.11), wenngleich es daneben auch noch viele der alten, neandertalertypischen Moustérien-Geräte enthielt. Es machte den Eindruck einer klassischen ›Übergangsindustrie‹, und die anthropologische Bestimmung der Knochenreste von Arcy und Saint-Césaire zwang nun vollends zu dem Schluß, daß in Westeuropa die Neandertaler selbst an dem Wechsel zu der neuen jungpaläolithischen Werkzeugtechnik beteiligt gewesen waren. Dafür sprach auch der Umstand, daß in den Châtelperronien-Schichten der Grotte du Renne über 140 Geschoßspitzen, Nadeln, Pfriemen und andere Artefakte aus Tierknochen geborgen wurden, die nach dem traditionellen Lehrbuchwissen ja gleichfalls eine völlig neue Erfindung des frühmodernen Homo sapiens gewesen sein sollten (vgl. S. 148).

Noch überraschender – und für die Anhänger der ›alten Schule‹ noch irritierender – war indessen die Einsicht, daß die Neandertaler von Arcy offenbar auch in der Sphäre des geistigen Lebens und der Symbolik ihre eigene ›jungpaläolithische Revolution‹ vollzogen hatten. André und Arlette Leroi-Gourhan hatten in den Châtelperronien-Schichten der Grotte du Renne nämlich nicht weniger als 36 bearbeitete Schmuckobjek-

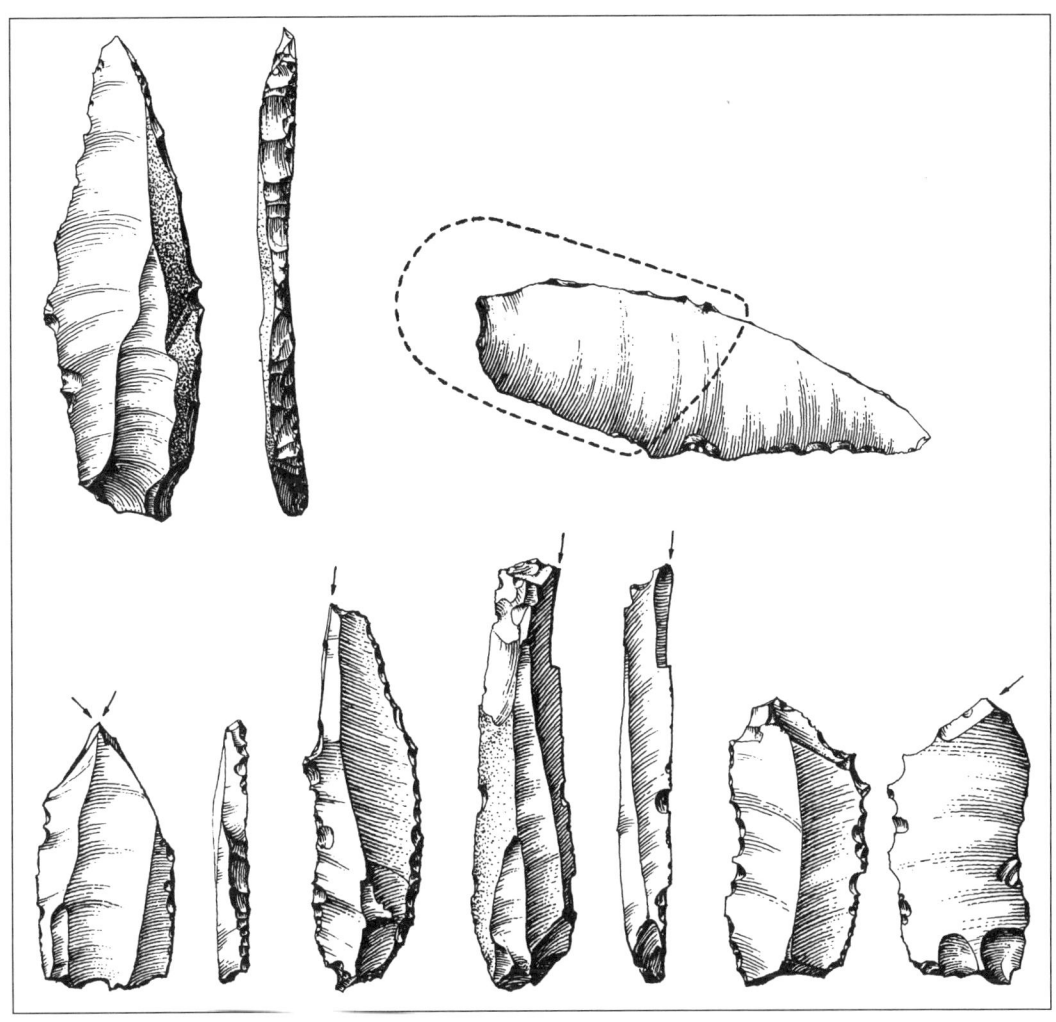

*Abb. 4.11: Steinerne Klingengeräte aus dem Châtelperronien von Arcy-sur-Cure in Frankreich. Oben rechts die vermutete Schäftungsweise einer Châtelperron-Spitze*

te geborgen (Abb. 4.12), vor allem an der Wurzel durchbohrte oder mit einer Rille versehene Tierzähne, daneben aber auch durchbohrte Zehenglieder vom Rentier, kleine Elfenbeinperlen sowie einen fossilen Kopffüßer (Belemnit). Die Hersteller dieser Schmuckstücke dürften sie entweder einzeln als Anhänger oder aber als Kette auf einer Schnur aufgezogen getragen haben – nichts Besonderes in der Welt des frühmodernen Cro Magnon-Menschen, in dessen Gräbern und an dessen Lagerplätzen derartige Schmuckobjekte sehr häufig vorkommen, jedoch revolutionär und dogmenstürzend in der Welt des Neandertalers. Denn diesem Altmenschen war bis dahin jeglicher Sinn für Schmuck, Ästhetik und Kunst abgesprochen worden (vgl. Kap. 3), obwohl auch von mehreren anderen seiner Siedlungsstätten einzelne Zahn- oder Knochenanhänger sowie Farbstoffunde (vgl. S. 167) bekannt waren – freilich nicht in einer mit Arcy vergleichbaren Menge und Qualität.[34] Man hatte das Fehlen eines ›symbolischen Denkens‹, wie es in der Schmucksitte zum Ausdruck kommt (vgl. Kap. 3), geradezu als einen wesensmäßigen Unterschied des Neandertalers gegenüber dem frühmodernen Homo sapiens und als einen wichtigen Grund für seine Verdrängung durch diesen angesehen. Der Nachweis schmuckherstellender Neandertaler in Arcy kam daher einer wissenschaftlichen Revolution gleich, und er drohte – mehr noch als die Verwendung jungpaläolithischer Klingen- und Knochengeräte durch diese Altmenschen – all jene Lehrsätze und Dogmen über den Haufen zu werfen, die einer ganzen Generation von Archäologen lieb und teuer geworden waren.

Die Vertreter der traditionellen Sichtweise bemühten sich daher nach Kräften, die so brisanten Funde oder zumindest ihre weitreichenden Konsequenzen so gut wie möglich wegzudiskutieren. Einige von ihnen gaben zu bedenken, die Schmuckstücke könnten in Wahrheit aus der Aurignacienschicht stammen, die über den Châtelperronien-Horizonten der Grotte du Renne lag (vgl. S. 169), und durch die Wühl-

tätigkeit von Tieren oder durch geologische Vorgänge tiefer in die Ablagerungen hineingeraten sein. Andere anerkannten zwar die Zugehörigkeit zum Châtelperronien und zu den Neandertalern, vermuteten aber einen unmittelbaren Einfluß des modernen Homo sapiens auf diese. In Nordspanien, Mittel- und Osteuropa liegen nämlich einige außerordentlich alte, bis in die Zeit vor 40 000 Jahren zurückreichende Daten für den Beginn des Aurignacien vor, die traditionell mit dem Cro Magnon-Menschen in Verbindung gebrachte ›klassische‹ Kultur des frühen Jungpaläolithikums (vgl. Kap. 5). Die späten Neandertaler Europas hatten nach Überzeugung der meisten Archäologen also bereits ›anatomisch moderne‹ Nachbarn, die die jungpaläolithische Technologie nach der herkömmlichen Auffassung aus Afrika oder dem Nahen Osten nach Europa mitgebracht hatten. Von diesen Sapiens-Einwanderern könnten – so lautet ein bis heute beliebtes Argumentationsmuster – die kulturell rückständigeren europäischen Ureinwohner die Herstellung von Steinklingen und die Fertigung von Knochenartefakten sowie Schmuck ganz einfach abgeschaut haben, und als Ergebnis dieser ›Akkulturation‹ (Kulturübernahme) sei das Châtelperronien entstanden. Einige besonders eifrige Verfechter dieser ›Importtheorie‹ stellten sogar die These auf, die Neandertaler von Arcy hätten die unter ihren Hinterlassenschaften aufgefundenen Schmuckstücke gar nicht selbst hergestellt, sondern von den kultu-

*Abb. 4.12: Klingenwerkzeuge (oben) und Schmuckstücke (unten) der späten Neandertaler von Arcy-sur-Cure in Frankreich. In den Châtelperronien-Schichten der dortigen Grotte du Renne wurden zahlreiche im Wurzelbereich durchbohrte oder mit einer Rille versehene Tierzähne sowie andere Objekte gefunden, die vermutlich als Anhänger an Schnüren getragen oder zu Ketten zusammengestellt wurden.*

DIE SCHMUCKANHÄNGER VON ARCY-SUR-CURE                                    173 rell überlegenen Cro Magnon-Einwanderern eingetauscht oder als Geschenke erhalten – ähnlich wie viele Bewohner Afrikas oder Asiens von den Weißen bei den Kolonialexpeditionen der Neuzeit mit Glasperlen oder Metallschmuck beschenkt (und oft genug auch betrogen) wurden.

Alle diese Mutmaßungen und Spekulationen wurden, obgleich sie weder beweisbar noch besonders plausibel waren, einige Jahre lang von der Fachwelt fast unbesehen akzeptiert, weil sie es erlaubten, die These von den ›kulturbringenden‹ Sapiens-Einwanderern und den ›rückständigen‹ Neandertalern ungeachtet der Entdeckungen von Arcy und Saint-Césaire in nur geringfügig modifizierter Form aufrechtzuerhalten. Doch 1998 war auch mit diesen Erklärungsmustern erst einmal Schluß. In diesem Jahr erschien in der angesehenen amerikanischen Fachzeitschrift ›Current Anthropology‹ ein längerer Aufsatz, in dem der französische Archäologe Francesco d'Errico (vgl. Kap. 1 und 3) und sein portugiesischer Kollege João Zilhão (vgl. Kap. 3) zusammen mit mehreren anderen Forschern zum Generalangriff auf dieses allzu bequeme und vielleicht gerade deshalb lange Zeit so erfolgreiche Denkmodell bliesen.

Das Archäologenteam wies in seiner Arbeit detailliert und mit überzeugenden Argumenten nach, daß der Schmuck aus den Châtelperronien-Schichten der Grotte du Renne aufgrund der Struktur der dortigen Ablagerungen keinesfalls aus dem darüber gelegenen Aurignacien-Horizont ›hinuntergewandert‹ sein konnte, wie dies zuvor immer wieder gemutmaßt worden war. Die Ausgräber hatten nämlich keinerlei Hinweise auf geologisch bedingte oder durch die Tätigkeit von Tieren verursachte Vermischungen gefunden, und zwischen den Straten des Châtelperronien und des Aurignacien befand sich überdies eine intakte und weitgehend fundfreie Trennschicht, durch die die Objekte nach der erwähnten Theorie auf unerklärliche Weise ›hindurchgewandert‹ sein müßten. D'Errico und seine Kollegen konnten aber auch die Hypothese von der ›Imitation‹ oder vom ›Eintausch‹ der Artefakte durch die Neandertaler stichhaltig entkräften, und zwar durch den Nachweis von Herstellungsabfällen und mißlungenen Stücken unter den Funden der Grotte du Renne, die eindeutig von der Fertigung in der Höhle selbst zeugen.

Auf die größte Resonanz stieß aber die Feststellung der Archäologen, daß die Châtelperronien-Schmuckstücke von Arcy im Detail etwas anders gearbeitet sind als diejenigen aus den meisten frühen Fundstätten des Aurignacien, die angeblich als ihr Vorbild gedient haben sollen. Die Tierzähne von Arcy wurden nämlich mehrheitlich nicht *durchbohrt*, wie es in der Aurignacien-Kultur des frühmodernen Menschen die Regel war, sondern zum größeren Teil im Bereich der Wurzel mit einer umlaufenden *Rille* versehen, die gleichfalls ihre Befestigung an einer Schnur erlaubte. Doch selbst bei der kleinen Zahl von perforierten

Zähnen aus dem Châtelperronien der Grotte du Renne war eine andere Durchbohrungstechnik angewandt worden als bei vergleichbaren Stücken aus dem Aurignacien, und exakt die gleiche Technik hatten andere Forscher auch schon bei einem halben Dutzend durchbohrter Zahnanhänger aus der Châtelperronien-Fundstätte Quincay in Frankreich festgestellt. Bereits diese im Detail abweichende Machart spricht – wie das Team um d'Errico und Zilhão zu Recht feststellte – dagegen, daß es sich um bloße Imitate oder erworbene Stücke handelte, und macht es wahrscheinlich, daß sie einer eigenständigen Schmucktradition der in dieser Region ansässigen Neandertaler entstammten. Das würde auch besser zu dem Bild passen, das die Steingeräte des Châtelperronien vermitteln, denn diese unterscheiden sich trotz der Anwesenheit vieler jungpaläolithischer Typen (vgl. S. 170 f.) gleichfalls deutlich von denen des Aurignacien und lassen sich sehr viel einfacher aus dem vorangegangenen Moustérien der Neandertaler ableiten. »Tatsächlich ist die Klingenindustrie des Châtelperronien [...] eindeutig aus dem ›Moustérien mit Acheultradition‹ hervorgegangen, das ihr in ihrem gesamten geographischen Verbreitungsgebiet vorausgeht«, schrieben d'Errico und seine Kollegen dazu; sie stelle möglicherweise »ganz einfach eine spezielle Weiterentwicklung einer technischen Komponente« dar, »die bereits im ›Moustérien mit Acheultradition‹ vorhanden war«.[35]

Über diese Neubewertung hinaus unterzogen d'Errico und Zilhão in einem jüngeren Aufsatz aber auch die Grundannahme der ›Akkulturationstheorie‹ einer radikalen Kritik: Die Vermutung nämlich, daß das Aurignacien – und damit moderne Menschengruppen – zur Zeit der Herausbildung des Châtelperronien bereits in Europa präsent waren. Die beiden Forscher wiesen darauf hin, daß die ältesten Zeitansätze von bis zu 40 000 Jahren v. h. für das Aurignacien, die aus einigen Fundstätten in Nordspanien sowie Mittel- und Osteuropa stammen (vgl. S. 182), entweder datierungstechnisch unzuverlässig oder aber an Fundmaterial gewonnen worden seien, dessen kulturelle Zuordnung zum Aurignacien als fragwürdig gelten müsse. Auch sonst sind nach ihrem Urteil nirgendwo in Europa zuverlässig bestimmte und datierte Fundkomplexe des Aurignacien bekannt, die weiter als 36 500 Jahre v. h. zurückreichen – bis genau in jene Zeit also, in der das Aurignacien auch in seiner vermuteten vorderasiatischen Ursprungsregion zum ersten Mal archäologisch greifbar wird. Das Châtelperronien hingegen entstand, wie Zilhão und d'Errico anhand einer Reihe zuverlässiger Daten aus Frankreich nachwiesen, schon vor mindestens 38 000 Jahren. Die Behauptung, zu dieser Zeit hätten sich bereits anatomisch moderne Menschen in Europa aufgehalten und ihr Aurignacien habe das Vorbild für das Châtelperronien der Neandertaler abgegeben, entbehrt damit nach Überzeugung der beiden Forscher jeder realen Grundlage: »Die Neandertaler hatten bereits ihren eigenen Übergang vom Mittel- zum Jungpaläolithikum vollzogen, als die ersten modernen Menschen des Aurignacien in Europa eintrafen«, fassen sie ihre entgegengesetzte Sichtweise zusammen.[36]

Als schlagkräftigstes Argument für diese Behauptung dient ihnen aber die Aufeinanderfolge der unterschiedlichen Kulturschichten in den Fundstätten Westeuropas – die sogenannte ›stratigraphische Sequenz‹. An keinem einzigen Ort liegt nach ihren Angaben eine Schicht des Aurignacien *unter* einer solchen des Châtelperronien, ist also älter als diese. An allen 30 Fundplätzen, an denen beide Kulturen zusammen nachgewiesen sind, befindet sich das Aurignacien vielmehr *über* dem Châtelperronien, ist also jünger als dieses und kann folglich auch nicht als sein Vorbild gedient haben. Damit aber ist nach dem Urteil Zilhãos und d'Erricos zweifelsfrei erwiesen, daß das Châtelperronien – und ebenso vergleichbare ›Übergangsindustrien‹ in anderen Teilen Europas wie das italienische Uluzzien oder das osteuropäische Szeletien (vgl. Kap. 5 und Karte 3) – eigenständige Entwicklungen der Neandertaler vor dem Eintreffen des modernen Homo sapiens aus Afrika bzw. aus dem Nahen Osten waren. Und dies bedeutet in der Konsequenz wiederum, daß der Übergang zum Jungpaläolithikum ungefähr zur gleichen Zeit in verschiedenen Teilen der Welt und von unterschiedlichen Menschenformen vollzogen wurde. »›Modernes‹ Verhalten scheint sich

[gleichzeitig und unabhängig voneinander] in verschiedenen Regionen und unter verschiedenen Menschengruppen herausgebildet zu haben«, fassen die beiden Forscher ihren Standpunkt kurz und prägnant zusammen.[37]

Um diese auf den ersten Blick vielleicht etwas überraschende Behauptung plausibler und überzeugender zu machen, verweisen Zilhão und d'Errico auf vergleichbare Fälle in der jüngeren Kulturgeschichte. »Eine ganze Reihe von kulturellen Errungenschaften wie etwa der Pflanzenanbau, die Schrift oder die staatlich organisierte Gesellschaft entwickelten sich«, wie sie betonen, gleichfalls »völlig unabhängig voneinander in mindestens drei verschiedenen Teilen der Welt: Dem Nahen Osten, China und Mittelamerika. Warum man annehmen sollte, daß die Dinge bei der Herausbildung [der jungpaläolithischen Kultur] anders liefen und daß der Prozeß hier an einem einzigen Ort begann, um sich von dort aus in jeden Winkel der Welt auszubreiten, das müssen die Anhänger der Akkulturations-Hypothese erklären. Die Beweislast liegt auf ihrer Seite«.[38]

## Die ›jungpaläolithische Revolution‹ kam nicht über Nacht

Soviel zu der bislang umfassendsten und schärfsten Attacke auf das Modell vom ›Import‹ des Jungpaläolithikums nach Europa. Wie kaum anders zu erwarten, vermochte sie keineswegs alle Fachleute zu überzeugen; und doch wenden sich in jüngster Zeit immer mehr Urgeschichtsarchäologen gegen die ebenso simple wie weitverbreitete Vorstellung, die ›jungpaläolithische Revolution‹ sei ein abruptes und völlig unvorbereitetes Ereignis gewesen, das die altsteinzeitliche Welt gewissermaßen über Nacht vollständig umgekrempelt habe und das nur durch die Herausbildung und weltweite Dominanz einer besonders begabten Menschenform – eben des *Homo sapiens sapiens* – zu erklären sei. Die Stimmen mehren sich, die demgegenüber darauf hinweisen, daß viele der Kulturelemente und technologischen Besonderheiten, die gemeinhin als Neuerungen des frühmodernen Menschen gelten, in Ansätzen schon bei den vormodernen Hominiden weit älterer Zeit zu finden sind, wie wir das ja bereits an einer ganzen Reihe von Beispielen gesehen haben.

Nicht zuletzt hat auch die »Kenntnis und Fähigkeit, steinerne Klingen herzustellen«, die so oft als revolutionäre technische Neuerung des Jungpaläolithikums bezeichnet wird, in Wahrheit »eine kolossale zeitliche Tiefe in der menschlichen Urgeschichte«, wie die amerikanischen Archäologen Ofer Bar-Yosef und Steven L. Kuhn 1999 in einem Aufsatz betonten. »Mindestens seit dem späten Mittelpleistozän verfügten einige Menschen«, wie sie hervorhoben, »sowohl über das geistige Vermögen als auch über das ›Know-how‹ zur Verfertigung länglicher Steinabschläge.«[39]

Nach einer Übersicht der beiden Forscher kamen solche ›Klingen‹, die nach der fachinternen Definition neben ihrer langschmalen Form auch noch annähernd parallele Seitenkanten besitzen sollten (vgl. Abb. 4.14), im Vorderen Orient schon vor etwa 300 000 Jahren im sogenannten ›Amudien‹ vor und häuften sich vor 200 000 bis 100 000 Jahren im levantinischen Frühmoustérien. Erstaunlicherweise wurden sie in der Zeit vor etwa 100 000 Jahren, als in der Region neben den Neandertalern auch bereits frühmoderne Menschen – die vermuteten Vorfahren der europäischen Cro Magnon-Einwanderer – lebten, hingegen ausgesprochen selten, bis sich vor etwa 36 000 Jahren mit dem ›levantinischen Aurignacien‹ dann die erste jungpaläolithische Klingenindustrie Vorderasiens herausbildete.

Auch in Afrika sind schon seit dem Jungacheuléen vor ca. 250 000 Jahren (vgl. Kap. 3) Steingerätekomplexe mit einem beträchtlichen Anteil an Klingen bekannt, und in der südafrikanischen ›Howieson's Port-Industrie‹ vor rund 80 000 Jahren dominierten sogar Klingengeräte, die ähnlich vollendet gefertigt waren wie diejenigen des späteren Jungpaläolithikums. Viele Fachleute sehen darin eine Bestätigung für den letztlich afrikanischen Ursprung der jungpaläolithischen Kultur – doch blieb der Howieson's Port-Komplex tatsächlich nur eine vorübergehende, kurzzeitige Episode. Nach diesem so verblüffend ›zukunftsweisenden‹ Intermezzo setzten sich auf dem Schwarzen Kontinent nämlich aus uns unbekannten Gründen für mehrere Jahrzehntausende wieder die üblichen mittelpaläolithischen Abschlagindustrien durch, so daß auch dort von einer Kontinuität der Klingenproduktion keine Rede sein kann.

In Europa kommen die ersten Klingenensembles gleichfalls bereits vor 200 000 Jahren im Jungacheuléen vor, und »man kennt aus Deutschland, [...] Nordfrankreich [...] und Belgien buchstäblich Dutzende von mittelpaläolithischen Inventaren mit einer starken, ja sogar vorherrschenden Klingenkomponente«, wie Bar-Yosef und Kuhn betonen. »Viele dieser von Klingen geprägten Moustérien-Ensembles stammen«, wie die beiden Forscher weiter hervorheben, »aus dem späten Mittel- oder dem frühen Jungpleistozän zwischen etwa 200 000 und 70 000 Jahren v. h.«, also aus einer Zeit »lange vor dem Übergang vom Mittel- zum Jungpaläolithikum«; und es mögen, so fügen sie hinzu, »gerade die frühesten Fundensembles sein, die am reichsten an Klingen sind«.[40]

Auf diese frühen Klingeninventare hat jüngst auch der deutsche Urgeschichtsarchäologe Lutz Fiedler (vgl. Kap. 2 und 3 sowie S. 162 ff.) hingewiesen und sie als Beleg dafür ins Feld geführt, »daß schmale Klingen nicht erst im frühen Jungpaläolithikum hergestellt werden konnten, sondern [schon] zum Repertoire des [...] Mittelpaläolithikums gehörten«. Für Deutschland verweist der Forscher beispiels-

weise auf die rund 250 000 Jahre alte Fundstätte Markkleeberg in Mitteldeutschland, »wo in den frühsaalezeitlichen Ablagerungen hunderte schmaler Klingen lagen«, und für die Zeit der klassischen Neandertaler auf Salzgitter-Lebenstedt in Niedersachsen (vgl. S. 146 f.), Tönchesberg und Rheindalen im Rheinland sowie Wallertheim in Rheinhessen. »Die Artefakte all dieser lange bekannten Fundplätze hätten eigentlich gegen die plakative Behauptung stehen müssen, Klingentechnik sei erst mit ›modernen‹ Menschen des Jungpaläolithikums in Europa eingezogen«, stellt Fiedler zu Recht fest,[41] und ähnliches gilt – wie uns das Beispiel Salzgitter-Lebenstedt gezeigt hat – ja auch für die serienmäßige Fertigung von Gerätschaften aus Knochen (vgl. S. 151 ff.).

»Die Hypothese, nach der Neandertaler des späten Moustérien durch hereinströmende Cro-Magnon-Menschen von Klingentechnik, Knochenspitzen und Schmuckanhängern erfuhren, beruht auf der Unkenntnis [des] mittelpaläolithischen Fundmaterials«, urteilt der Forscher zusammenfassend.[42] Begünstigt wurde diese Fehleinschätzung nach seiner Meinung dadurch, daß die Urgeschichtsarchäologen in dem verständlichen Bestreben, die verschiedenen paläolithischen Kulturepochen deutlich voneinander abzugrenzen und das jeweils Neue in der technologischen Entwicklung hervorzuheben, die ebenfalls vorhandenen Gemeinsamkeiten und Hinweise auf eine Entwicklungskontinuität zum Teil aus dem

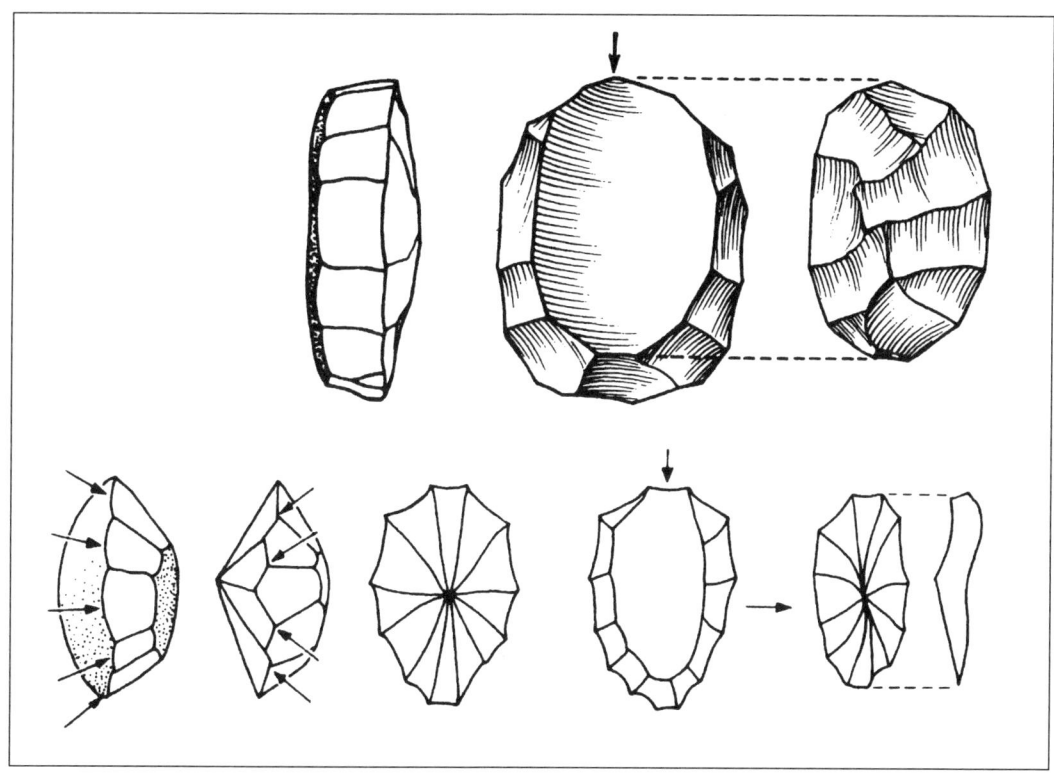

*Abb. 4.13: Ein ›Levallois‹-Kern mit zugehörigem Abschlag (oben). Mit Hilfe der mittelpaläolithischen ›Levallois‹-Technik ließen sich aus aufwendig vorbearbeiteten Kernsteinen kontrolliert Steinabschläge von vorbestimmter Größe und Form gewinnen (unten).*

Auge verloren und so zu Opfern ihrer eigenen Methodik wurden.

Warum aber kam die im älteren Paläolithikum offenbar bereits gut bekannte Klingentechnik damals nur recht selten zur Anwendung? Nach Fiedlers Überzeugung lag dies nicht etwa an geringeren handwerklichen Fähigkeiten der damaligen Altmenschen, sondern an einem lange Zeit hindurch nur eingeschränkten Bedarf nach dieser Technik. Bis vor

etwa 40 000 Jahren verwendeten die Menschen des Paläolithikums – unabhängig von ihrem anatomischen Typus – nämlich überwiegend aus wenigen Teilen zusammengesetzte Werkzeuge (beispielsweise in Holz geschäftete einfache Steinmesser oder -spitzen), die sie wegwarfen und durch neue ersetzten, wenn sie aufgrund eines Schadens unbrauchbar geworden waren. Für diese Art von Geräten eigneten sich massive und breite Steinabschläge mindestens ebenso gut wie langschmale Silexklingen. »Erst als es eine technische Gewohnheit wurde, Klingen oder Lamellen als auswechselbare Schneiden an Messern oder Geschoßspitzen aus organischem Material anzubringen, wurde deren Herstellung zur notwendigen Tradition«, bemerkt Fiedler.[43] So ging man beispielsweise im Laufe des Jungpaläolithikums mehr und mehr dazu über, Speere nicht mehr nur mit einer einzigen Stein- oder Knochenspitze zu bewehren, sondern mit einer ganzen Anzahl schmaler, ›rückengestumpfter‹ Messerchen, die mit Birkenpech (vgl. S.160f.) hintereinander an der Spitze des Holzschaftes festgeklebt wurden.

»Es gibt viele Hinweise darauf, daß die Anzahl, Verschiedenartigkeit und Komplexität von Mehrkomponenten-Werkzeugen während des Jungpaläolithikums zunahm«, urteilen auch Bar-Yosef und Kuhn. »Die verstärkte Verwendung von Kompositgeräten führte wiederum zu einem größeren Bedarf an austauschbaren Einzelteilen. Klingen und ganz besonders [nur wenige Zentimeter kleine] Lamellen waren ideal für diese Anwendung.«[44] Ihr Hauptvorteil war ihre gut kontrollierbare und standardisierte Formgebung: Wenn beim Herstellungsprozeß alles nach Plan verlief, dann war eine Klinge fast genauso groß und sah nahezu exakt so aus wie die andere, was bei ›Kompositgeräten‹ mit zahlreichen auswechselbaren Einzelelementen natürlich ein beträchtlicher Vorzug war.

Diese Besonderheit zeichnete die jungpaläolithische Klingentechnik tatsächlich vor den äl-teren Steingeräteindustrien aus – nicht dagegen ein komplexerer oder geistig anspruchsvollerer Herstellungsprozeß, wie dies oft behauptet wird. »Weder von der handwerklichen Fertigkeit noch vom gedanklichen Planungs- und Vorstellungsvermögen [her] bestehen gegenüber den anderen Arten mittelpaläolithischer Abschlagproduktion große Unterschiede«, betont Fiedler.[45] Und Bar-Yosef und Kuhn zitieren John Clark – einen erfahrenen heutigen Steinbearbeiter – mit der folgenden knappen Beschreibung des Arbeitsablaufs: »Jede Klinge wird auf die gleiche Weise abgetrennt wie die ihr vorangehende – ein monotoner Prozeß«.[46] Die beiden amerikanischen Archäologen schätzen daher die Anforderungen an den Steingerätehersteller bei den älteren Techniken sogar als höher ein, denn: »Es ist unser Eindruck – gestützt auf eine zugegebenermaßen unvollständige Befragung heutiger Steinbearbeiter – daß [...] die [mittelpaläolithische] Levallois-Methode [vgl. S.147 und Abb. 4.13] schwieriger zu meistern ist als die Gewinnung von Klingen aus prismatischen Kernen« (Abb. 4.14).[47] Es ist daher völlig verfehlt, aus den ›rationalisierungstechnischen‹ Vorteilen der Klingentechnik auf eine höhere mentale Begabung ihrer Anwender zu schließen, wie es die Verfechter der Theorie von der Überlegenheit des Cro Magnon-Menschen so oft tun.

Ebenso falsch wäre es aber auch, diese Klingentechnik als eine gewissermaßen unabdingbare Existenzgrundlage des frühmodernen Ho-

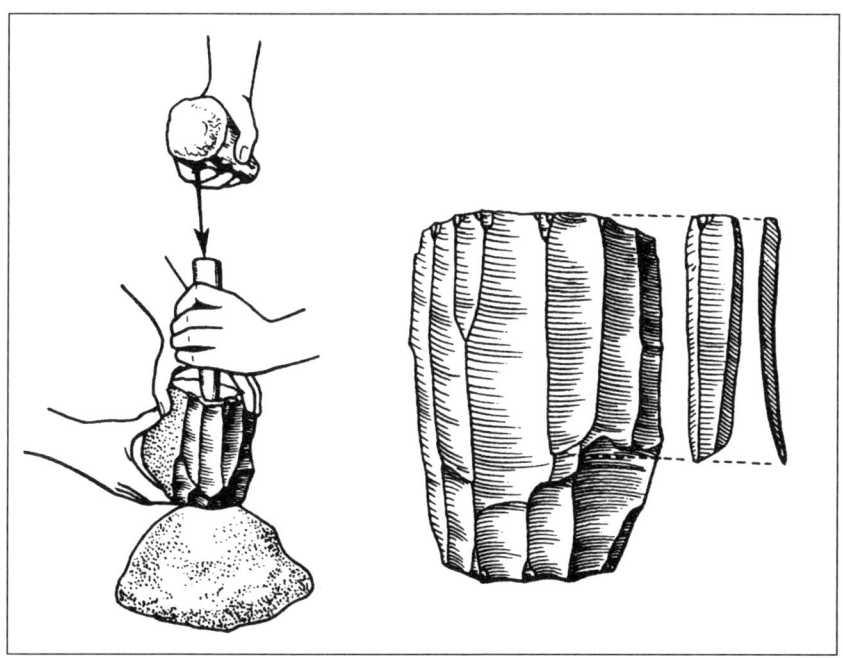

*Abb. 4.14: Ein prismatischer Klingenkern des Jungpaläolithikums (rechts) und die Methode des Abbaus (links). Die jungpaläolithische ›Klingentechnik‹ ermöglichte die kontrollierte Gewinnung einer großen Anzahl nahezu identischer langschmaler Steinklingen durch ›indirekten Schlag‹ mit Hilfe eines knöchernen Zwischenstücks.*

mo sapiens und als sein weltweit einheitliches ›Markenzeichen‹ anzusehen. Bar-Yosef und Kuhn widersprechen einer solchen Auffassung mit dem Hinweis auf die urgeschichtlichen und historischen Jäger und Sammler Nordamerikas und Australiens, in deren Steingerätekulturen Klingen stets nur eine sehr untergeordnete Rolle spielten und die statt dessen vor allem beidflächig retuschierte Werkzeuge und Waffenspitzen (in Amerika) bzw. ausgesprochen ›mittelpaläolithisch‹ anmutende Abschlag- und Geröllgeräte (in Australien) verwendeten. »Alles in allem kamen die hoch-

entwickelten, beweglichen Jäger und Sammler Nordamerikas und Australiens bis in historische Zeit hinein ganz gut allein mit Abschlägen und Biface-Geräten zurecht«, stellen die beiden Forscher fest und ziehen daraus den Schluß: »Die einfache Tatsache, daß die Klingentechnologien in vielen urgeschichtlichen Abfolgen kommen und gehen [vgl. S. 177f.], zeigt, daß ihre Vorteile schwerlich überwältigend waren«.[48]

Die verstärkte Anwendung der Klingentechnik war mit anderen Worten *eine*, aber keineswegs die einzig mögliche (oder zwangsläufig überlegene) Antwort auf die neuen technologischen Anforderungen und Gewohnheiten, die sich vor etwa 40000 Jahren in weiten Teilen der Alten Welt herausbildeten. Doch war es wirklich nur ein Zufall – das Ergebnis einer unabhängigen, parallelen Entwicklung –, daß sich diese Antwort ungefähr zur gleichen Zeit in Afrika, im Vorderen Orient und in Europa durchsetzte? D'Errico und Zilhão vertreten wie erwähnt diese Auffassung (vgl. S.176), doch Fiedler ist hier gänzlich anderer Meinung. Er geht davon aus, daß die Altmenschen in diesen unterschiedlichen Regionen geographisch keineswegs so isoliert waren, daß sie nichts voneinander wußten, sondern daß sie stets durch ein feingesponnenes Netz von überregionalen Kontakten und Austauschvorgängen miteinander verbunden blieben (vgl. Kap. 1). Die weiträumig im Gleichklang verlaufenden Veränderungen beim Übergang vom Mittel- zum Jungpaläolithikum können daher nach seiner Überzeugung »nicht als unabhängig voneinander entstandene Erscheinungen gesehen werden«, denn sie wurden ja von Menschen vollzogen, »die nicht durch kartierte Grenzen an Kontakten mit Nachbargruppen zu hindern waren.« – »Der den Mensch als biokulturelles Wesen konstituierende stete Austausch von genetischen und allgemein technischen Informationen begründet[e]« schon damals – so der Forscher weiter – »eine bis heute bestehende Globalität, deren politische Konsequenz zukünftig verstanden werden muß.«[49]

Auf diese Globalität der frühmenschlichen Kultur sind wir ja schon im Zusammenhang mit der weiträumigen Verbreitung der Faustkeile des älteren Paläolithikums gestoßen (vgl. Kap. 1), und für die Frage, inwieweit sie auch bei der Herausbildung des Jungpaläolithikums eine Rolle spielte, sind sicherlich die von Zilhão und d'Errico angesprochenen chronologischen Gesichtspunkte von entscheidender Bedeutung. Die beiden Forscher konnten anhand der stratigraphischen Abfolgen zwar überzeugend deutlich machen, daß in Frankreich und Nordostspanien das Châtelperronien dem Aurignacien zeitlich vorausging (vgl. S.175f.) und insofern kaum durch dieses initiiert worden sein kann. Doch könnte nicht zur gleichen Zeit in Mittel- und Osteuropa – wo der anatomisch moderne Homo sapiens ja mutmaßlich zuerst eintraf – bereits eine frühe Ausprägung der Aurignacien-Kultur existiert haben, wie es einige (von Zilhão und d'Errico in Frage gestellte) Daten von bis zu 40000 Jahren v. h. für mehrere dortige Fundstellen ja andeuten (vgl. S.175)? In diesem Falle ließe sich – wenn man Europa als Ganzes betrachtet – doch eine grundsätzliche Gleichzeitigkeit von frühestem Aurignacien (in Mittel- und Osteuropa), Châtelperronien (in Frankreich und Nordostspanien) sowie weiteren ›Übergangsindustrien‹ wie dem Szeletien oder dem Uluzzien in anderen Regionen annehmen (Karte 3), die das parallele Auftreten vergleichbarer Neuerungen in allen diesen Kulturen – wenn auch in jeweils unterschiedlicher

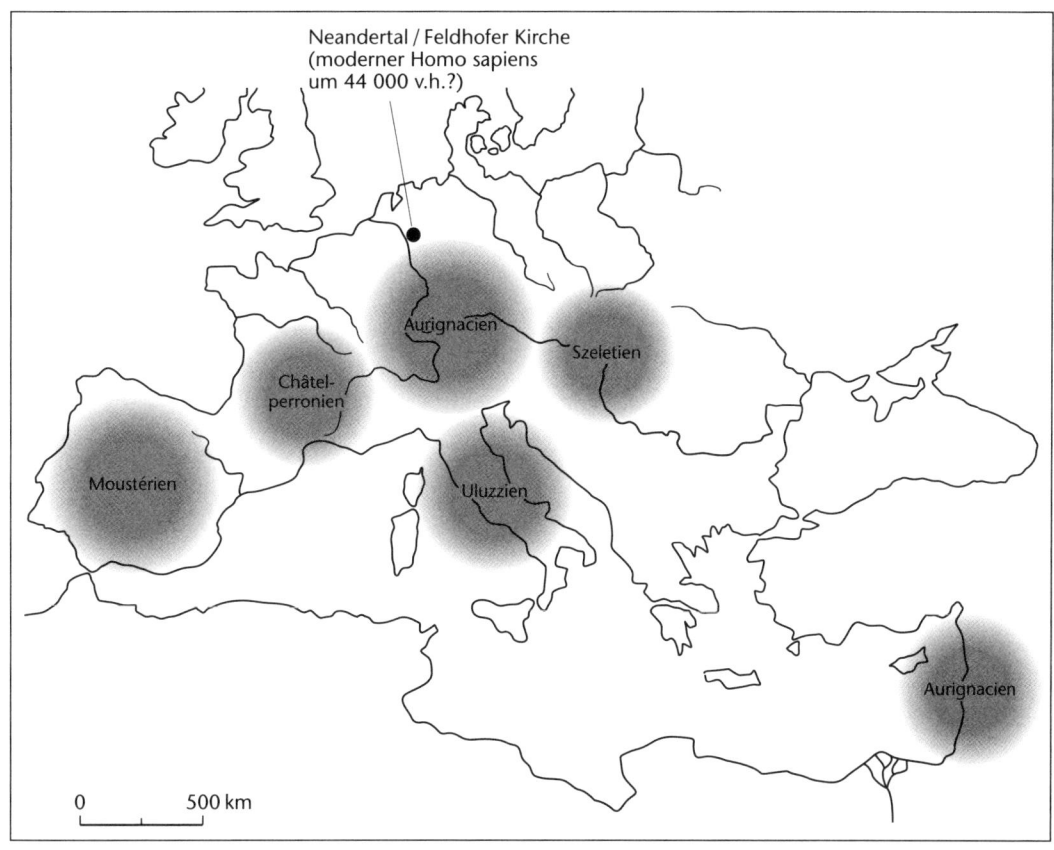

*Karte 3: In der Übergangszeit zwischen dem Mittel- und dem Jungpaläolithikum vor etwa 40 000 bis 36 000 Jahren prägten eine Reihe unterschiedlicher, regionaler Kulturkomplexe das Bild des eiszeitlichen Europa, deren Träger zum Teil späte Neandertaler, zum Teil aber auch frühmoderne Menschen waren und deren genaue zeitliche Stellung zuein-ander noch nicht eindeutig geklärt ist.*

Ausprägung – verständlicher machen würde. Endgültig wird sich diese Frage aber wohl erst klären lassen, wenn das Datengerüst für diesen so spannenden und ereignisreichen Abschnitt unserer Urgeschichte sehr viel stabiler und gesicherter ist als bislang der Fall.

Unabhängig von dieser Frage steht aber schon heute fest, daß der Anteil der Neandertaler an der ›jungpaläolithischen Revolution‹ in Europa lange Zeit erheblich unterschätzt worden ist. Diese Altmenschen standen nicht abseits bei den gewaltigen Wandlungsprozessen, die sich vor 40 000 bis 30 000 Jahren in Europa und andernorts vollzogen, sie waren nicht ihre passiven Beobachter und tragischen Opfer, wie viele Urgeschichtsforscher bis vor kurzem annahmen.

Sie halfen vielmehr schon Jahrzehntausende zuvor, den Boden für diese Veränderungen zu bereiten, und als die während des Mittelpaläolithikums ausgestreute Saat schließlich aufging und prächtige Blüten hervorbrachte, hatten sie vielerorts auch noch Anteil an ihren Früchten. Die späten Neandertaler waren zumindest in einigen Teilen Europas keine Menschen des Mittelpaläolithikums mehr, sondern echte Jungpaläolithiker – das ist die Lehre aus dem Châtelperronien und den anderen ›Übergangsindustrien‹. Warum sie dennoch vor knapp 30 000 Jahren von der Bildfläche verschwanden und auf welche Weise dies geschah – mit dieser Frage wollen wir uns im letzten Kapitel beschäftigen.

# Kapitel 5    Was ist von ihnen geblieben ?

Wir haben die Früh- und Altmenschen Afrikas, Europas und Asiens in diesem Buch als äußerst wandlungsfähige und innovative Wegbereiter von Technik und Kultur kennengelernt. Sie kolonisierten nicht nur die halbe Erde und vermochten dank der von ihnen selbst erdachten und geschaffenen Hilfsmittel sowohl in den Tropen als auch in den Kältesteppen des eiszeitlichen Europa erfolgreich zu überleben. Sie entwickelten darüber hinaus auch bereits zahlreiche der Verhaltensmuster, die wir heute als spezifisch ›menschlich‹ ansehen, und gelangten aufgrund ihres ausgeprägten Sinns für Visualität und Ästhetik sogar schon bis an die Schwelle zur ›Kunst‹, wie wir in Kap. 3 sahen.

Die ›Wurzeln der Kultur‹, nach denen wir in diesem Buch gesucht haben, sind daher mit Sicherheit nicht erst in den Höhlenmalereien und Kleinkunstwerken des Jungpaläolithikums zu finden, die in diesem Zusammenhang meist genannt werden (vgl. Vorwort), sondern schon Jahrhunderttausende zuvor im älteren Paläolithikum. Die entscheidende Weichenstellung für die Entwicklung des Menschen zum ›Kulturwesen‹ erfolgte mit anderen Worten nicht erst vor 40000 Jahren beim frühmodernen Homo sapiens, wie dies so oft behauptet wird, sondern bereits vor mehr als 400000 Jahren beim Homo erectus – ja, im Grunde genommen schon bei der Erfindung der ersten Steinwerkzeuge vor 2,5 Millionen Jahren (vgl. Kap. 1);

das hat das in diesem Buch zusammentragene Material wohl hinreichend gezeigt.

Diese eminent wichtige Rolle, die der Homo erectus, der Neandertaler und die anderen vormodernen Menschen in unserer frühesten Kulturgeschichte spielten, wirft natürlich die Frage nach ihrer entwicklungsgeschichtlichen Stellung und ihrem evolutionären Schicksal insgesamt auf. Was geschah im weiteren Evolutionsverlauf mit ihnen bzw. – anders herum gefragt – was ist von ihnen geblieben? Sind wir modernen Erdenbürger abgesehen von dem, was wir ihnen kulturell verdanken, auch biologisch und genetisch aus ihnen hervorgegangen oder nicht? Waren sie unsere entwicklungsgeschichtlichen Vorfahren oder aber eine evolutionär letztlich erfolglose Hominidenspezies, die ohne jede Nachkommenschaft ausstarb und deren Gene somit völlig erloschen sind? Die Antworten auf diese Fragen fallen höchst unterschiedlich aus, je nachdem, welchen Wissenschaftler man zu diesem Thema befragt.

Die meisten Urmenschenforscher vertreten heute die bereits erwähnte ›Out of Africa‹-Theorie (vgl. Kap. 1), nach der die Ursprünge der modernen Menschheit ausschließlich auf dem Schwarzen Kontinent gelegen haben sollen. Der moderne Homo sapiens, der von den Anhängern dieser Denkschule als eine völlig neue und allen anderen Hominiden weit überlegene Spezies angesehen wird, ging nach ihrer Ansicht vor etwa 150 000 Jahren in Afrika aus archaischen Sapiens-Formen hervor, während

in Asien noch der Homo erectus lebte und sich in Europa gerade die frühen Neandertaler aus den unmittelbaren Vorläufern dieser Art herauszubilden begannen (vgl. Kap. 4). Vom Schwarzen Kontinent aus verbreitete sich der neue Sapiens-Typus diesem Modell zufolge dann vor etwa 100 000 Jahren zunächst in den Vorderen Orient und anschließend – vor ca. 60 000 bis 15 000 Jahren – über den gesamten Rest der damals bewohnbaren Welt: Von Westeuropa bis zum Fernen Osten und von dem in dieser Zeit erstmals besiedelten Inselerdteil Australien bis zu dem als letztes kolonisierten Doppelkontinent Amerika (Karte 4). Durch diese vermutete weltweite Expansion, die in der gesamten Menschheitsgeschichte einmalig wäre, wurden die afrikanischen Auswanderer nach den Worten des britischen Paläanthropologen Christopher Stringer – eines der Begründer der ›Out of Africa‹-Theorie – die »Vorfahre[n] von uns allen, die wir heute leben; nicht nur der Europäer, sondern aller Völker der Erde – von den Eskimos in Grönland bis zu den Pygmäen in Afrika, und von den australischen Aborigines bis zu den Indianern Amerikas«.[1]

Folgt man diesem auffallend stark an biblische Motive erinnernden Modell, so hätten die Früh- und Altmenschen Eurasiens, denen die Söhne und Töchter Afrikas überall bei ihrem Auszug aus dem ›Gelobten Land‹ begegnet sein müssen, also keinerlei biologischen Anteil an der Herausbildung der modernen Menschheit

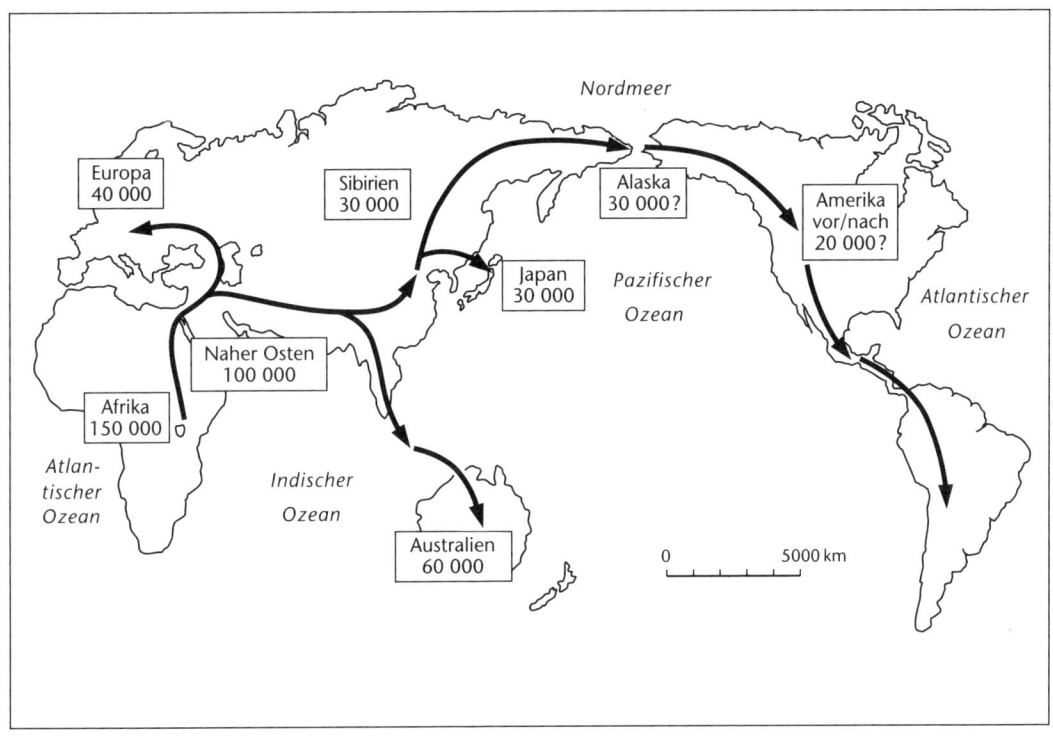

*Karte 4: Die Kolonisierung der Erde durch anatomisch moderne afrikanische Auswanderer nach dem ›Out of Africa‹-Modell. Die auf der Karte angegebenen Zeitdaten markieren die vermutete Ankunft der Auswanderer in den einzelnen Regionen.*

gehabt. Der asiatische Homo erectus wurde nach diesem Szenario vielmehr ebenso wie der europäische Neandertaler vollständig vom weltweiten Siegeszug des afrikanischen Homo sapiens überrollt, und beide Menschentypen starben in der Folge ohne jede evolutionäre Nachkommenschaft aus (Abb. 5.1). Ob es sich bei dieser Verdrängung und schließlichen Ersetzung (*Replacement*) durch den vermeintlichen ›Super-Sapiens‹[2] überwiegend um ein ›Auskonkurrieren‹ aufgrund irgendwelcher Über- bzw. Unterlegenheiten im Überlebenskampf handelte oder ob dabei auch rohe Gewalt und gezielte Ausrottungsfeldzüge seitens der ›Eroberer‹ eine wesentliche Rolle spielten, darüber sind sich die Anhänger der ›Out of Africa‹-Theorie nicht einig. In den fachwissenschaftlichen Abhandlungen wird zumeist die erstere Variante bevorzugt, während in populären Darstellungen und Medienberichten

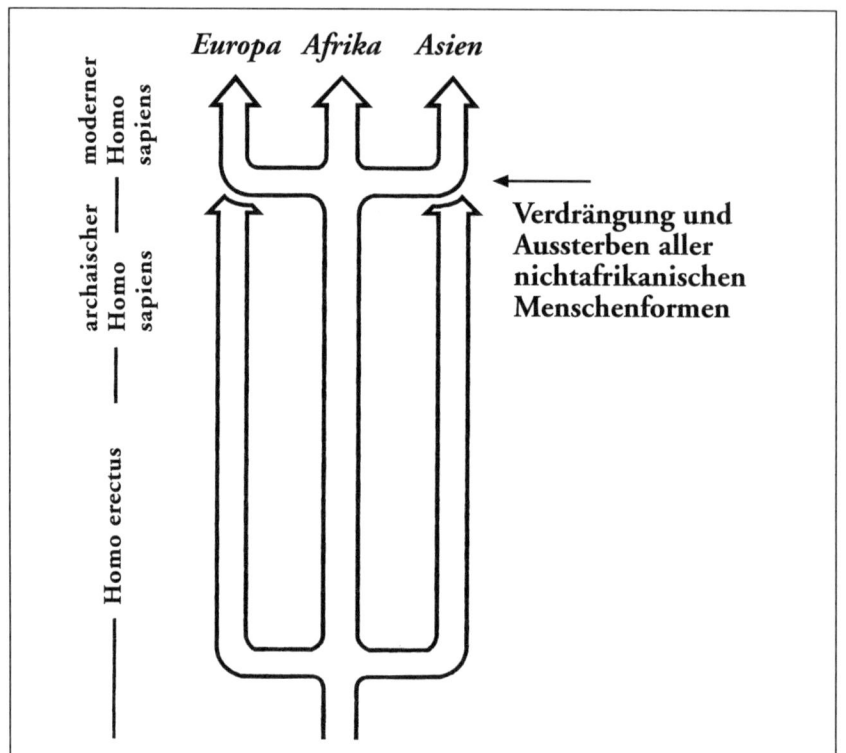

Europa  Afrika  Asien

moderner Homo sapiens

archaischer Homo sapiens

Homo erectus

Verdrängung und
Aussterben aller
nichtafrikanischen
Menschenformen

*Abb. 5.1: Das weltweite ›Out of Africa‹-Verdrängungsmodell in einer Grafik: Die Früh- und Altmenschen Asiens und Europas werden vor 60 000 bis 30 000 Jahren von frühmodernen Einwanderern aus Afrika verdrängt oder ausgerottet.*

oftmals sensationsheischend vom »Todeskampf der Flachköpfe« und vom »Krieg der ersten Menschen« die Rede ist.[3]

Trotz seiner derzeitigen Dominanz ist dieses ›Out of Africa-Verdrängungsmodell‹ jedoch alles andere als unumstritten – eine ganze Reihe von angesehenen Fachleuten lehnen es vielmehr strikt ab und favorisieren statt dessen das bereits in Kap. 1 kurz skizzierte ›Multiregionale Evolutionsmodell‹. Ihm zufolge vollzog sich die Entwicklung zum Homo sapiens nicht ausschließlich in einer einzigen Erdregion, sondern – vermittelt durch ein Netz überregiona-

ler Kontakte und genetischer Austauschvorgänge – etwa gleichzeitig in verschiedenen Teilen der paläolithischen Welt (vgl. S. 59f.). Die modernen Bewohner Ostasiens stammen nach diesem Modell beispielsweise keineswegs von afrikanischen Einwanderern oder sonstigen Immigranten ab, sondern gingen unter dem Einfluß eines weiträumig wirksamen Genflusses aus schon länger in der Region beheimateten, anatomisch bereits sehr fortschrittlichen Gruppen des ›archaischen Homo sapiens‹ hervor, die sich vor etwa 200 000 Jahren aus dem (im Vergleich mit anderen Regionen ebenfalls recht grazilen) chinesischen Homo erectus entwickelt hatten (vgl. Kap. 1).[4]

Die paläolithischen Besiedler Australiens hingegen stammen nach dem Multiregionalen Modell mindestens zum Teil von Nachfahren des indonesischen Homo erectus (vgl. Kap. 1) ab, der insgesamt deutlich archaischere Züge aufwies als seine ostasiatischen Artgenossen. Tatsächlich gehören noch die heutigen australischen Aborigines zu den anatomisch ›robustesten‹ Bevölkerungsgruppen der Welt, und ein Forscherteam um den führenden amerikanischen Multiregionalisten Milford Wolpoff konnte erst kürzlich überzeugend nachweisen, daß ein etwa 15 000 Jahre alter, sehr archaisch wirkender Schädel vom fünften Kontinent – das sogenannte Cranium ›WLH 50‹ – in den meisten seiner anatomischen Details den indonesischen Homo erectus-Schädeln wesentlich näher steht als frühen afrikanischen und vorderasiatischen Homo sapiens-Exemplaren.[5]

Derartige Befunde sind in der Tat ein deutlicher Hinweis darauf, daß sich das Skelettmaterial Australiens, Ost- und Südostasiens nur schwer mit einem strikten ›Out of Africa‹-Verdrängungsszenario in Einklang bringen läßt und daß in den modernen Bevölkerungen dieser Weltgegenden vermutlich doch auch Gene der älteren regionalen Menschenformen weiterleben. Freilich darf dieser Schluß keinesfalls im Sinne einer Annahme ›reiner‹, unvermischter Erbgutlinien mißverstanden werden: Gerade die Multiregionale Evolutionstheorie setzt ja –

im Gegensatz zu dem eher von räumlicher Isolation ausgehenden ›Out of Africa‹-Modell – stete überregionale Kontakte und eine weiträumige ›Vernetzung‹ der paläolithischen Bevölkerungsgruppen voraus, so daß deren Erbgut durch häufige Vermischungen und andere äußere Einflüsse vielfach abgewandelt und überprägt worden sein dürfte.

## Untersuchungen von Neandertaler-DNA

Am häufigsten diskutiert werden diese Fragen aber im Bezug auf den europäischen Neandertaler, der auch hier wieder – wie so oft – als der ›Urmensch schlechthin‹ firmiert. Gehörte dieser ja gleichfalls außerordentlich robust gebaute Paläolithiker (vgl. Kap. 4) zu unseren direkten evolutionären Vorfahren, indem er sich beispielsweise mit grazileren Einwanderern aus Afrika oder dem Vorderen Orient vermischte und so einen genetischen Beitrag zur Herausbildung der frühmodernen Europäer leistete, die man nach einem Fundort in Frankreich auch als ›Cro Magnon-Menschen‹ bezeichnet? Oder bildete die Neandertaler-Linie eine ›evolutionäre Sackgasse‹, einen ›toten Ast‹ am Entwicklungsstammbaum der heutigen Menschheit und speziell der modernen Europäer, die sich in diesem Fall ausschließlich aus den grazileren auswärtigen Menschenformen entwickelt hätten? Über diese Frage wird schon (fast) seit seiner Entdeckung im Jahr 1856 gestritten (vgl. Kap. 4), und dabei war das Verdrängungsszenario lange Zeit keineswegs so dominant, wie dies heute der Fall ist.

Bis vor etwa 15 Jahren wurden vielmehr beide Möglichkeiten nahezu gleichberechtigt diskutiert. Die meisten Urmenschenforscher betonten zwar die großen Unterschiede im Schädel- und Skelettbau zwischen den Neandertalern und den frühmodernen Cro Magnon-Menschen, die vor etwa 35 000 Jahren ganz plötzlich und unvermittelt im europäischen Fundgut auftauchen, und vermuteten daher eine Verdrängung der ersteren durch die letzteren, deren Urheimat man schon damals außerhalb Europas (zumeist im Vorderen Orient) vermutete. Eine starke Minderheit unter den Paläanthropologen verwies aber auf bestimmte ›moderne‹ Merkmale in der Anatomie einzelner Neandertaler (vgl. S. 200 f.) und auf einzelne ›neandertaloide‹ Kennzeichen im Knochenbau bestimmter frühmoderner Menschen aus dem Eiszeitalter. Die betreffenden Forscher schlossen daraus, daß es offenbar tatsächlich zu den schon länger für möglich gehaltenen Vermischungen zwischen den beiden unterschiedlichen Menschentypen gekommen sei und daß die Neandertaler somit nachweislich einen Beitrag zur Herausbildung der neuen jungpaläolithischen Bevölkerung Europas geleistet hätten. Sie wären demnach keineswegs einfach ausgestorben, sondern vielmehr in einer neuen ›Mischbevölkerung‹ aufgegangen.

Es waren nicht die Anthropologen oder die Archäologen, sondern vielmehr eine immer größer werdende Zahl von Genetikern, die diese Möglichkeit etwa seit der Mitte der achtziger Jahre kategorisch ausschlossen. Analysen des Erbguts heutiger Menschen aus der ganzen Welt sprachen nach ihrer Auffassung eindeutig dagegen, daß die Neandertaler oder andere ›archaische‹ Menschenformen wie die Nachfahren des Homo erectus in Asien irgendwelche Gene zu unserem heutigen Erbgut beigesteuert haben könnten. Der Genpool der gesamten modernen Menschheit geht nach ihren Untersuchungen vielmehr einzig und allein auf eine anfänglich noch recht kleine Gruppe afrikanischer Sapiens-Menschen zurück, die sich während der letzten 100 000 Jahre explosionsartig über den ganzen Erdball verbreitet und dabei alle ›vormodernen‹ Konkurrenten ins evolutionäre Abseits befördert haben soll (vgl. S. 187 f.). Die Genetiker lieferten mit diesen Analysen also eine neue und erheblich erweiterte Argumentationsgrundlage für die schon zuvor von einer kleinen Anzahl Paläanthropologen entwickelte und verfochtene ›Out-of-Africa-Verdrängungstheorie‹, und sie gaben diesem Denkmodell damit einen ungeheuren Auftrieb in der Öffentlichkeit und besonders in den Medien.

Zur scheinbaren Gewißheit wurde dieses Modell, als es 1997 einem Münchener Genetikerteam um Svante Pääbo und Matthias Krings gelang, eine DNA-Sequenz von 378 Basenpaaren Länge aus dem Oberarmknochen des namengebenden Neandertalers aus dem Rhein-land im Labor zu rekonstruieren. *Neanderthals are not our Ancestors* (›Die Neandertaler sind nicht unsere Vorfahren‹) prangte als Schlußfolgerung auf der Titelseite der amerikanischen Fachzeitschrift ›Cell‹, in der die Forscher ihre Ergebnisse veröffentlichten,[6] und diese Folgerung stieß auch in der Presse sowie in Funk und Fernsehen auf breite Resonanz. Die Molekularbiologen hatten beim Vergleich der rekonstruierten Neandertaler-DNA mit dem entsprechenden Erbgutabschnitt heutiger Menschen Differenzen bei durchschnittlich 27 der 378 Basenpaare gefunden, während sie beim Vergleich der modernen Sequenzen untereinander im Mittel nur jeweils 8 Abweichungen zählten. Der ›genetische Abstand‹ des Neandertalers zum modernen Menschen wäre demnach etwa dreieinhalbmal so groß gewesen wie die Distanzen innerhalb der heutigen Menschheit – nach dem Urteil der Wissenschaftler eine zu große Kluft für eine unmittelbare entwicklungsgeschichtliche Verwandtschaft oder die Möglichkeit einer Vermischung. Die zu diesem Altmenschen führende Entwicklungslinie soll sich nach ihren Berechnungen vielmehr schon vor ungefähr 600 000 Jahren von der zum modernen Homo sapiens führenden abgespalten haben – als letzter gemeinsamer Vorfahr kämen damit je nach Lesart der (ja angeblich sowohl in Afrika wie in Europa lebende) *Homo heidelbergensis* oder aber der umstrittene *Homo antecessor* in Frage (vgl. Kap. 2).

Kürzlich gelang es russischen und britischen Forschern unter der Leitung von Igor V. Ovchinnikov und William Goodwin, den Analyseerfolg von 1997 bei einem Neandertalerkind aus der Mezmaiskaya-Höhle im nördlichen Kaukasus zu wiederholen, und auch ein Team um Pääbo und Krings hatte jüngst bei Altmenschenresten aus der Vindija-Höhle in Kroatien (vgl. S. 198ff.) erneuten Erfolg. Die Resultate ähnelten in beiden Fällen den beschriebenen von 1997. So differierte die rekonstruierte Gensequenz des Mezmaiskaya-Neandertalers gegenüber einer heutigen Vergleichssequenz in 22 der insgesamt 345 Positionen, während die modernen Unterschiede in diesem Erbgutabschnitt zumeist nicht einmal halb so groß sind. Allerdings unterschieden sich auch die beiden Neandertalerproben aus dem Rheinland und aus dem über 2500 km weit davon entfernten Kaukasus deutlich voneinander, und zwar mit 12 Basenpaaren Differenz in wesentlich höherem Maße, als es bei heutigen Europäern und Asiaten im Durchschnitt der Fall ist. Um das zu relativieren, verwiesen die Bearbeiter auf Ergebnisse unter heutigen Afrikanern, bei denen der betreffende Erbgutabschnitt in 37 Prozent der Fälle ebenfalls um 12 oder mehr Positionen differiert. Die größte festgestellte Differenz zwischen zwei modernen Menschen in dem betreffenden DNA-Abschnitt wurde schon 1997 mit 24 Positionen angegeben.

Angesichts einer solchen genetischen Spannweite sogar zwischen einzelnen heute lebenden

*Abb. 5.2: Rekonstruiertes Modell eines weiblichen Neandertalers aus dem Hessischen Landesmuseum in Darmstadt. Das evolutionäre Schicksal dieses Altmenschentypus - und besonders sein Verschwinden vor etwa 27 000 Jahren - gibt noch immer zahlreiche Rätsel auf.*

KAPITEL 5 – WAS IST VON IHNEN GEBLIEBEN?

Menschen, die ja ausnahmslos der Art *Homo sapiens sapiens* angehören und untereinander fruchtbar sind, muß man aber doch fragen, ob die weitreichenden Schlüsse, die aus den rekonstruierten Schnipseln der Neandertaler-DNA gezogen werden, wirklich gerechtfertigt sind. Läßt sich aus einer durchschnittlichen Differenz von 22 bzw. 27 Basenpaaren bei dem untersuchten Erbgutabschnitt, die in vergleichbarer Größenordnung in Einzelfällen sogar innerhalb der heutigen Menschheit vorkommt und die nach aktuellen Studien bei Schimpansen selbst innerhalb ein und derselben Population an der Tagesordnung ist, wirklich überzeugend ableiten, daß diese Altmenschen einer von uns gänzlich verschiedenen Spezies *Homo neanderthalensis* zugerechnet werden müssen? Und ergibt sich daraus tatsächlich zwingend, daß sie mit den anatomisch modernen Sapiens-Menschen, die vor 100 000 Jahren erstmals im Vorderen Orient und vor spätestens 35 000 Jahren dann auch in Europa auftauchten, nicht zur Zeugung von Nachkommen in der Lage gewesen sein können?

Hervorgehoben werden muß dabei, daß wir über das Erbgut dieser mutmaßlich aus Afrika stammenden Einwanderer vorläufig nicht das Geringste wissen. Wenn die Molekularbiologen die Neandertaler-DNA mit derjenigen des ›Homo sapiens‹ vergleichen, so tun sie das bislang vielmehr stets anhand von Probenmaterial heute lebender Menschen. Der Beweis, daß die genetische Ausstattung der frühmodernen Afri-

kaner vor 50 000 oder 100 000 Jahren unserer heutigen tatsächlich näher stand als diejenige der Neandertaler, muß also erst noch erbracht werden; vielleicht würde eine solche (dringend gebotene) Untersuchung die Diskussion ja in unerwartete, neue Bahnen lenken.

## Verwirrung um 60 000 Jahre altes Erbgut

Ein Stück weit ist dies bereits durch eine DNA-Analyse in Australien geschehen, die die internationale Paläogenetikerszene im Januar 2001 in beträchtliche Aufregung versetzte. Australische Molekularbiologen unter der Leitung von Gregory J. Adcock und W. James Peacock hatten mit ganz ähnlichen Methoden, wie sie bei der Untersuchung des Neandertaler-Erbguts angewandt werden, DNA-Bruchstücke aus den Knochen von zehn fossilen Uraustraliern isoliert und sie zu längeren Erbgutsequenzen zusammengefügt. Unter den zehn untersuchten Fossilien befanden sich die Knochenreste dreier anatomisch moderner Menschen der Nacheiszeit, ein ›Lake Mungo 3‹ genanntes graziles Männerskelett, das erst jüngst mit mehreren verschiedenen naturwissenschaftlichen Verfahren auf ein Alter von über 60 000 Jahren datiert wurde, sowie die Skelettreste von sechs anatomisch außerordentlich ›robusten‹, aber mit einem Alter von 8000 bis 15 000 Jahren chronologisch vergleichsweise jungen Uraustraliern aus Kow Swamp im Südosten des Inselkontinents. Ein Vergleich der rekonstruierten Erbgutsequenzen dieser zehn Fossilien mit den entsprechenden DNA-Abschnitten heute lebender Aborigines und anderer Menschen aus verschiedenen Teilen der Welt erbrachte ein erstaunliches und für die meisten Fachleute irritierendes Ergebnis.

Acht der zehn untersuchten Paläo-DNA-Proben lagen im Rahmen der Variationsbreite der heutigen Vergleichssequenzen, und eine weitere nur geringfügig außerhalb; der zehnte rekonstruierte Erbgutschnipsel aber – derjenige des ›Mungo 3-Mannes‹ – wich deutlich von dem heutigen genetischen Muster in dem untersuchten DNA-Abschnitt ab. Die australischen Forscher zählten im Durchschnitt 12 Unterschiede zwischen ihm und den heutigen Vergleichssequenzen – fast genau doppelt so viele, wie sie die letzteren untereinander aufwiesen (im Mittel 6). Die Abweichung von der modern-menschlichen DNA ist damit in dem untersuchten Bereich zwar nicht ganz so groß wie im Falle der erwähnten Neandertaler, aber doch so deutlich ausgeprägt, daß Adcock und seine Kollegen diesen DNA-Abschnitt des Mungo-Mannes einer ausgestorbenen Erbgutlinie zuordnen. Das ist insofern überraschend und verwirrend, als gerade das Mungo 3-Skelett nach dem übereinstimmenden Urteil aller Fachleute trotz seines hohen Alters zweifelsfrei ›anatomisch modern‹ ist und von den Befürwortern der ›Out of Africa‹-Theorie daher auch

verschiedentlich einem möglichen Einwanderer vom Schwarzen Kontinent und Mitbegründer der heutigen Aboriginal-Bevölkerung zugeordnet wurde.[7]

Pääbo und andere Vertreter des ›Out of Africa‹-Modells unter den Genetikern haben denn auch methodisch begründete Zweifel an der Zuverlässigkeit der Resultate ihrer australischen Kollegen geäußert, und in der Tat sollten die Ergebnisse unbedingt noch an einem zweiten, anderen Institut unabhängig überprüft werden, um als wirklich verläßlich gelten zu können. Doch wenn man sie unter diesem Vorbehalt schon jetzt als zumindest diskussionswürdig anerkennt, dann werfen sie eine Reihe von schwerwiegenden Fragen auf, die der amerikanische Anthropologe John H. Relethford in einem begleitenden Kommentar zu der Veröffentlichung der australischen Wissenschaftler auch ganz unverblümt und offen formulierte.

»Während die fossilen Befunde [vom fünften Kontinent] eine Kontinuität der [dortigen] modernen Menschen über die letzten 60 000 Jahre hinweg erkennen lassen«, so umreißt der Forscher in seinem Kommentar das Grundproblem, »tut das die alte DNA eindeutig nicht; [sie] liefert damit ein ausgezeichnetes Beispiel dafür, daß die Geschichte eines einzelnen genetischen ›Locus‹ oder Erbgutabschnitts nicht notwendigerweise mit der Geschichte einer [ganzen] Bevölkerung gleichbedeutend ist.«[8]

Wenn im Falle des ›Mungo-Mannes‹ aber tatsächlich die Erbgutlinie eines anatomisch modernen Menschen verschwand, obgleich dieser nach dem fossilen Befund sehr wahrscheinlich zu den Vorfahren der heutigen Aborigines gehörte, dann könnte – so schreibt Relethford weiter – »etwas ähnliches auch mit dem Erbgut der Neandertaler geschehen sein«. Das offenkundige Erlöschen einzelner ihrer DNA-Linien in der heutigen Menschheit schlösse in diesem Fall also »nicht die Möglichkeit einer *gewissen* genetischen Kontinuität« in anderen Erbgutabschnitten aus, so daß die Altmenschen doch in einem gewissen Maße an der Herausbildung der modernen europäischen Bevölkerungen beteiligt gewesen sein könnten. Nach dem Urteil des Anthropologen ergibt sich daraus als Konsequenz, daß »der Schluß auf einen eigenen artlichen Status der Neandertaler zwar möglich, aber keinesfalls zwingend« ist.[9]

Von besonderem Interesse an den australischen Erbgutanalysen ist auch die Tatsache, daß die ausgewerteten Paläo-DNA-Sequenzen »keinen Unterschied zwischen ›graziler‹ und ›robuster‹ Morphologie erkennen lassen«, wie Adcock und Kollegen vermerkten.[10] Die anatomisch sehr ›archaisch‹ wirkenden Fossilien von Kow Swamp lieferten vielmehr dem heutigen Erbgut sehr viel ähnlichere DNA-Sequenzen als das in anatomischer Hinsicht völlig moderne Skelett des ›Mungo-Mannes‹. »Hier ist offenbar das Alter [der Proben] der entscheidende Unterschied«, kommentiert Relethford, denn »Lake Mungo 3 ist das älteste Fossil«. Die DNA der jüngeren australischen Menschenreste mit einem Alter zwischen 2000 und etwa 15 000 Jahren tendiert nach seinen Worten ungeachtet der erheblichen anatomischen Unterschiede dazu, »eine gemeinsame Gruppe zu bilden, während die Lake Mungo 3-Sequenz aus der Zeit vor 62 000 Jahren stark davon abweicht«. – »Für mich deutet dieser Befund auf den Verlust einer bestimmten Erbgutlinie im Laufe der Zeit hin«, schlußfolgert der Forscher weiter.[11]

Dies aber wirft nach Relethford die »interessante und grundlegende Frage« auf, »ein wie großer Teil der festgestellten DNA-Differenz« zwischen den Neandertalern und den heute lebenden Menschen vor dem Hintergrund dieser australischen Ergebnisse noch »stammesgeschichtlichen Unterschieden zugeschrieben werden kann und ein wie großer Teil [statt dessen] aus mikroevolutionären Veränderungen im Laufe der Zeit resultiert«.[12] Anders gefragt: Ist es denkbar, daß entgegen den bisherigen Annahmen und Erwartungen *alle* Menschen aus so weit zurückliegender Zeit eine ähnlich starke Abweichung von unserer heutigen DNA zeigten, wie sie beim Neandertaler und nun offenbar auch beim ›Mungo-Mann‹ eindeutig verbürgt ist?

In jedem Fall scheint bereits diese eine Studie darauf hinzudeuten, daß wir »beim Kennenlernen weiterer ›alter‹ DNA-Sequenzen ein Bild erhalten könnten, das sich sehr stark von dem allein aus der Erbgutanalyse heute lebender Bevölkerungen resultierenden unterscheidet«, wie Relethford zusammenfassend feststellt.[13] »Der Schlüssel mag gerade bei jenen Erbgutlinien liegen, die in der Vergangenheit ausgelöscht worden sind«, mutmaßt auch der australische Multiregionalist und Mitautor der DNA-Studie, Alan Thorne,[14] und zusammen mit seinen Genetikerkollegen prophezeit er in dem gemeinsamen Aufsatz: »Erbgutsequenzen von weiteren fossilen Menschen werden möglicherweise die gängigen Konzepte über den Ursprung der modernen Menschheit noch weiter erschüttern«.[15]

Die Richtigkeit dieser Vorhersage bleibt abzuwarten. Doch aktuelle Studien haben darüber hinaus kürzlich das ganze methodische Fundament der bisherigen Evolutionsgenetik in Frage gestellt. Die meisten der erwähnten Untersuchungen wurden nämlich nicht an Erbgut aus dem Zellkern vorgenommen, sondern an DNA aus den Mitochondrien – kleinen Organellen im Plasma der Körperzellen, die deren Energieversorgung regeln. Die Mitochondrien-DNA zeichnet sich dadurch aus, daß sie normalerweise nicht durch Verschmelzung (›Rekombination‹) des mütterlichen und väterlichen Erbguts an die Nachkommen weitergegeben wird, wie es bei der Zellkern-DNA der Fall ist, sondern allein über die mütterliche Linie. Das ist für die Evolutionsgenetik ein entscheidender methodischer Vorteil, weil sich dadurch die Verwandtschaftsverhältnisse zwischen verschiedenen Arten und der Zeitpunkt ihrer evolutionären Abtrennung voneinander

sehr viel einfacher und klarer erschließen lassen, als es bei rekombiniertem Erbgut der Fall ist.

Jüngste Untersuchungen haben nun aber Hinweise darauf erbracht, daß die Mitochondrien-DNA offenbar in seltenen Fällen doch auch väterliche Erbgutanteile enthält, und dieser Umstand würde – wenn er sich bestätigt – alle bisherigen Schlußfolgerungen der Evolutionsgenetiker in Frage stellen. Man weiß nämlich schon seit langem, daß das Erbgut biologischer Gruppen und Fortpflanzungsgemeinschaften durch Rekombination sehr viel homogener wird und sich sehr viel deutlicher von demjenigen anderer Gruppen unterscheidet, als es nach ihrer tatsächlichen entwicklungsgeschichtlichen Stellung eigentlich zu erwarten wäre. Der festgestellte genetische Abstand zwischen Neandertalern und heutigen Menschen müßte in diesem Fall also nicht unbedingt aus einem sehr frühen Trennungszeitpunkt und einer unüberbrückbar tiefen evolutionären Kluft zwischen beiden resultieren, wie die meisten Genetiker dies bisher vermuteten – er könnte vielmehr zum Teil auch durch die ›innere Homogenisierung‹ und ›äußere Differenzierung‹ des Erbguts verursacht sein, die sich bei unterschiedlichen Fortpflanzungsgemeinschaften bereits im Verlauf vergleichsweise kurzer Zeiträume herausbilden kann. Und die verglichen mit anderen Primaten so außergewöhnlich große Einheitlichkeit und geringe Varianz des modernmenschlichen Erbguts (vgl. S. 190ff.) müßte nicht unbedingt aus einem sehr jungen evolutionären Ursprung unserer Art resultieren, wie dies viele Genetiker in ihrer monokausalen Fixierung annehmen, sondern könnte ebensogut auch ein Ergebnis des außergewöhnlich umfangreichen und weiträumigen Genflusses sein, der in der modernen Menschheit mit ihrer beispiellosen Mobilität und weltweiten Vernetzung schon seit langem üblich ist.

## Die späten Neandertaler von Vindija

Angesichts solcher methodischer Probleme und Unsicherheiten erscheint es kaum mehr gerechtfertigt, die Resultate der Genetik bei der Klärung des Schicksals der Neandertaler höher zu bewerten als diejenigen der anderen Urgeschichtsdisziplinen, und so hat die zeitweise schon fast abgeschriebene ›Knochenanthropologie‹ denn auch in den letzten Jahren ein eindrucksvolles Comeback erlebt. Gerade ihre neuesten Ergebnisse aber zeigen, daß die ›unendliche Geschichte vom Neandertaler‹, wie man sie mit Fug und Recht nennen könnte (vgl. S. 189f. und Kap. 4), auch heute noch keineswegs zu Ende ist, sondern daß sie immer wieder neuen Stoff für Überraschungen und unerwartete Wendungen birgt.

So galt es beispielsweise noch vor zwanzig Jahren als gesichert, daß die letzten Altmenschen vor etwa 40 000 Jahren die Kältesteppen des eiszeitlichen Europa durchstreiften und daß sie unmittelbar nach diesem Zeitpunkt – je-

denfalls noch vor dem Eintreffen des frühmodernen Homo sapiens und dem Beginn des Jungpaläolithikums (vgl. Kap. 4) – von der Bildfläche verschwanden. In den achtziger und neunziger Jahren fanden sich freilich in Westeuropa eine Reihe jüngerer Neandertalerreste, deren späteste – aus der Zafarraya-Höhle in Südspanien – kürzlich auf ein Alter von 27 000 Jahren datiert wurden. Man vermutete daher nun, daß die übermächtigen Sapiens-Einwanderer, die Europa vor 35 000 bis 40 000 Jahren von Osten her überfluteten (vgl. Kap. 4), die Neandertaler gewissermaßen ›vor sich hergetrieben‹ und immer weiter nach Westen abgedrängt hätten, wie es insbesondere auch die eindrucksvolle Expansion der Aurignacien-Kultur, die fast ausnahmslos dem frühmodernen Menschen zugeschrieben wird, zu belegen schien (Karte 5). Erst im Bereich des Ebro, der eine wichtige klimatische und ökologische Scheidelinie markierte, sei die Offensive der Invasoren vorübergehend ins Stocken geraten. Nordöstlich dieser Linie etablierte sich vor spätestens 36 000 Jahren die Aurignacien-Kultur (vgl. Kap. 4), während in dem südlich des Ebro gelegenen Teil Spaniens und in Portugal die Neandertaler mit ihrer Moustérien-Kultur noch einige Jahrtausende lang zu überleben vermochten (Karte 5). Die Iberische Halbinsel war nach diesem Szenario also die ›letzte Bastion‹ und Zufluchtsstätte der Altmenschen, wo sich vor etwa 27 000 Jahren schließlich auch ihr evolutionäres Schicksal erfüllte.

Doch 1999 wurden völlig überraschend auch einige Neandertalerfossilien aus sehr viel weiter im Osten Europas gelegenen Fundstätten auf ein erstaunlich junges Alter datiert. So soll das bereits erwähnte, genetisch untersuchte Kinderskelett aus der Mezmaiskaya-Höhle im Kaukasus (vgl. S. 191) nach jüngsten Messungen gerade einmal 29 000 Jahre alt sein. Und zwei Neandertalerknochen aus der Vindija-Höhle in Kroatien wurden mit Hilfe der sogenannten C 14-Beschleuniger-Massenspektrometrie, die wesentlich weniger Probenmaterial erfordert als die herkömmliche Radiokarbonmethode, sogar auf ein Alter von möglicherweise nur 28 000 Jahren datiert. Diese beiden kroatischen Fossilien – ein Unterkiefer und ein Scheitelbein – waren auf der Basis eines anderen Meßverfahrens zunächst etliche Jahrtausende älter veranschlagt worden; die Beschleuniger-Massenspektrometrie gilt jedoch als eine sehr zuverlässige Methode, und die Daten wurden von erfahrenen Fachleuten im renommierten C 14-Labor der Universität Oxford ermittelt, so daß sie als weitgehend verläßlich gelten können. Bei den Fossilien von Vindija würde es sich damit – zusammen mit den erwähnten Knochen aus der spanischen Fundstätte Zafarraya (vgl. S. 197) – um die jüngsten bekannten Neandertalerreste überhaupt handeln.

Die ›letzten Bastionen‹ der Altmenschen häufen sich mit anderen Worten europaweit, und die Neandertaler erweisen sich »nicht nur in der Sackgasse des atlantischen Europa, sondern auch in Mitteleuropa« als »späte Überlebende«, wie es die Forschergruppe um den amerikanischen Anthropologen Fred H. Smith formulierte, die die Vindija-Daten ermittelt hat. Damit aber wird es nach dem Urteil der Wissenschaftler auch wahrscheinlicher, daß das Verschwinden dieser Altmenschen »keinem einfachen geographischen Ost/West-Muster folgte«, und daß es auch sonst »komplizierter war«, als das Modell vom einfachen »schrittweisen Rückzug [...] in periphere Zufluchtsgebiete« vermuten lassen könnte.[16] Der Sachverhalt unterstreicht darüber hinaus aber auch einmal mehr, wie provisorisch und lückenhaft das Datengerüst für diese so wichtige Periode der europäischen Urgeschichte noch immer ist (vgl. Kap. 4) und wie sehr man hier auch nach 150 Jahren Urgeschichtsforschung nach wie vor auf Überraschungen gefaßt sein muß.

Besonders verwirrt wird das früher scheinbar so klare Bild durch den Umstand, daß die Neandertaler nach den neuen Zeitansätzen chronologisch immer weiter ins Jungpaläolithikum hineinrücken, das in Europa vor etwa 40 000 Jahren begann (vgl. Kap. 4). Damit nämlich wird die Frage, von wem bestimmte kulturelle Hinterlassenschaften aus dieser Zeit stammen und »wer verantwortlich für welche archäologischen Komplexe war«, immer schwieriger zu beantworten.[17] Das anfänglich scheinbar nur auf das westeuropäische Châtelperronien beschränkte Problem der ›Übergangsindustrien‹ und ihrer Zuordnung, mit dem wir uns ja be-

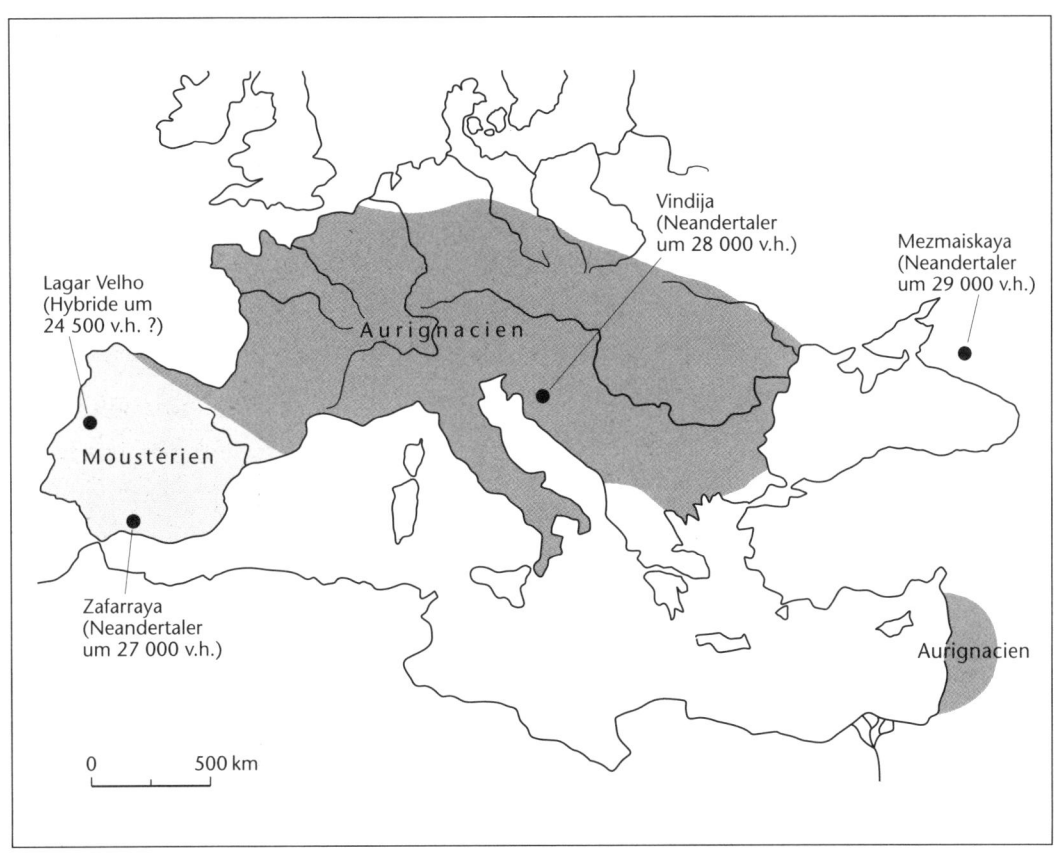

Karte 5: Das jungpaläolithische Europa vor etwa 32 000 Jahren. Zu dieser Zeit hatte sich in weiten Teilen des Kontinents das nach allgemeiner Auffassung von anatomisch modernen Einwanderern in die Region gebrachte ›Aurignacien‹ durchgesetzt. Auf der Iberischen Halbinsel und in einigen anderen Regionen lebten allerdings immer noch Neandertaler.

reits in Kap. 4 beschäftigt haben, gewinnt damit gewissermaßen eine ›europaweite‹ Dimension, und wie hilflos die Forschung ihm nach wie vor gegenübersteht, das verdeutlichen gerade die Verhältnisse an dem eben erwähnten Fundplatz Vindija.

Dort wurde nämlich in genau derselben archäologischen Schicht, aus der die auf 28 000 Jahre v. h. datierten Neandertalerknochen stammen, ein solches ›Mischinventar‹ aus moustéroiden (vgl. Kap. 4) und jungpaläolithischen Werkzeugformen aufgefunden. Da die Vindija-Höhle neben ihren reichen mittelpaläolithischen Schichten auch solche des Jungpaläolithikums enthält, führte man diese merkwürdige Fundzusammensetzung eine Zeitlang auf geologische Umlagerungen und Vermischungen zurück, zumal sich in der Höhle vereinzelte Hinweise auf frostbedingte Bodenbewegungen (sogenannte ›Kryoturbation‹) und den Aufenthalt von Höhlenbären fanden. Doch wie das Beispiel der Rentiergrotte von Arcy-sur-Cure in Frankreich zeigt, für deren Châtelperronien-Schmuck man ja lange Zeit irrtümlich ähnliche Vorgänge verantwortlich machte (vgl. Kap. 4), muß diese ›bequeme‹ Erklärung nicht unbedingt die richtige sein. Sollten sich die Stein- und Knochenwerkzeuge von Vindija doch eines Tages als unvermischt und zu den zwischen ihnen aufgefundenen Neandertalerknochen gehörig erweisen, so würden sie die dortigen Altmenschen – ebenso wie diejenigen des westeuropäischen Châtelperronien (vgl. Kap. 4) – zumindest in technologischer Hinsicht als eindeutige Jungpaläolithiker ausweisen.

Die Funde aus der kroatischen Höhle hätten in diesem Fall aber noch eine ganz spezielle Brisanz, denn unter ihnen befanden sich auch einige charakteristische Artefaktformen des Aurignacien (vgl. S. 197) – vor allem eine Knochenspitze mit gespaltener Basis, die nach dem gängigen Lehrbuchwissen als ein einzigartiger und unverwechselbarer Leittyp dieser Kultur gilt.[18] Das Aurignacien wurde aber bisher stets und ausnahmslos dem frühmodernen Homo sapiens zugeschrieben (vgl. Kap. 4), mit dessen Skelettresten es an einigen Fundplätzen auch verbunden ist. Sollte sich nun herausstellen, daß die Werkzeuge und Gerätschaften dieser

Kultur auch von späten Neandertalern verfertigt wurden, so würde das nahezu alle gängigen Szenarien über die Besiedlung Europas vor 40 000 bis 27 000 Jahren, über die Schöpfer der ersten Werke der ›Eiszeitkunst‹ (die durchweg aus Aurignacien-Zusammenhängen stammen) und über andere Aspekte der ›jungpaläolithischen Revolution‹ in Frage stellen. Einstweilen kann davon zwar gewiß noch nicht die Rede sein, denn das Material aus der Vindija-Höhle ist – solange es für sich allein steht – zweifellos zu problematisch und nicht eindeutig genug, um aus ihm derart weitreichende Schlußfolgerungen abzuleiten. Dennoch sollte man diesen Gesichtspunkt im Auge behalten, wenn es um die Diskussion des Aurignacien und seine so selbstverständlich gewordene Zuordnung allein zu den von außen her eingewanderten frühmodernen Menschengruppen geht.

Auffällig ist des weiteren, daß auch viele der Neandertalerknochen, die in der kroatischen Höhle geborgen wurden, ungeachtet ihrer für diesen Altmenschentypus charakteristischen Mitochondrien-DNA (vgl. S. 191) keine solch extreme anatomische Robustheit aufweisen wie diejenigen von anderen Fundplätzen, sondern vielmehr von einer ›moderneren‹ Neandertaler-Population zu stammen scheinen. Beispielsweise verfügen die Stirnbeinbruchstücke aus der Vindija-Höhle, wie Smith und andere Fachleute bereits 1980 feststellten, nur über vergleichsweise gemäßigte Überaugenwülste, und einer der Unterkiefer aus der Fundstätte zeigt sogar den leichten Ansatz eines Kinns – ein bei den Altmenschen normalerweise völlig fehlendes, beim modernen Homo sapiens dagegen in aller Regel vorhandenes Merkmal, das daher auch zur Definition des letzteren Typus mit herangezogen wird.

Könnten diese im Vergleich etwas ›moderneren‹ und ›grazileren‹ Züge der Neandertaler von Vindija nicht vielleicht doch aus einem Genaustausch mit den anatomisch modernen Einwanderern aus Afrika oder Nahost resultieren, der von den meisten Paläogenetikern so kategorisch ausgeschlossen wird (vgl. S. 190)? War »das Erscheinen der modernen menschlichen Morphologie in Europa« womöglich selbst erst »das Ergebnis [...] eines spätpleistozänen Genflusses zwischen archaischen und moderneren Bevölkerungsgruppen im westlichen Eurasien«, wie Smith und Kollegen in ihrem Vindija-Aufsatz fragten?[19] Zeit genug für einen solchen Genfluß wäre gewiß vorhanden gewesen, wie gerade die erwähnten, immer jünger werdenden Daten für einzelne Neandertaler-Funde zeigen. Ja, es erschiene sogar verwunderlich, wenn im Verlauf einer Koexistenzperiode von 10 000 oder vielleicht sogar 15 000 Jahren, wie sie sich nach den neuen Daten für Mitteleuropa abzuzeichnen scheint (vgl. S. 212), nicht wenigstens stellenweise irgendwelche Vermischungen zwischen den beiden Menschenformen stattgefunden hätten – sofern sie biologisch möglich waren, was ja wie erwähnt nicht unumstritten ist (vgl. S. 193).

Doch solche Überlegungen, wie sie einzelne Paläanthropologen und Archäologen im Hinblick auf die Altmenschen von Vindija und anderen Fundplätzen schon seit längerem anstellen (vgl. S. 190), wurden von der Mehrheit der Fachleute während der letzten zwei Jahrzehnte konsequent ignoriert, ja zum Teil sogar fast in den Bereich des ›Unseriösen‹ abgedrängt. Dies änderte sich erst im Jahr 1999, als ein Skelettfund von der Iberischen Halbinsel – der vermuteten ›letzten Bastion‹ der Neandertaler (vgl. S. 197) – die Situation radikal veränderte und die Vermischungsfrage von einem Tag auf den anderen unaufschiebbar und gebieterisch auf die Tagesordnung der Fachdiskussion setzte.

## Das ›Hybridenkind‹ von Lagar Velho

Im November 1998 inspizierten zwei portugiesische Archäologen ein Felsschutzdach namens Lagar Velho im portugiesischen Lapedotal. Dabei fiel ihnen lockere Erde in einem Kaninchenloch an der hinteren Felswand auf. Um zu sehen, was es damit auf sich hatte, gruben sie das Loch ein wenig tiefer und hielten plötzlich menschliche Knochenreste in der Hand. Offensichtlich hatten die Nagetiere ihren Bau direkt im Bereich eines urgeschichtlichen Grabes angelegt.

Noch im Dezember 1998 begann eine Rettungsgrabung, bei der das großteils erhaltene

Skelett eines ungefähr vierjährigen Kindes – vermutlich eines Jungen – geborgen wurde. Er war bei der Bestattung offenbar in ein Fell oder eine Tierhaut eingewickelt gewesen und über und über mit rotem Ocker, der ›Farbe des Lebens‹ (vgl. Kap. 4), bestreut worden; als Grabbeigabe hatte man ihm eine durchbohrte Meeresmuschel mitgegeben. Die ganze Bestattungsweise ließ kaum einen Zweifel daran, daß es sich um eine Beisetzung aus dem Jungpaläolithikum handelte, und dies bestätigten auch mehrere Radiokarbondaten, die an Tierknochen und Holzkohle aus dem Grab gewonnen wurden: Sie ergaben übereinstimmend ein Alter zwischen 24 000 und 25 000 Jahren.

Die Bestattung gehörte danach ins sogenannte ›Gravettien‹, eine vor ca. 28 000 bis 22 000 Jahren in ganz Mittel- und Westeuropa verbreitete Kultur des frühmodernen Menschen, die in Deutschland und Frankreich auf das dort seit 36 000 oder 40 000 Jahren etablierte Aurignacien folgte (vgl. Kap. 4), während sie auf der Iberischen Halbinsel südlich des Ebro zu den frühesten jungpaläolithischen Kulturen überhaupt zählte (vgl. S. 197). Das Kind von Lagar Velho schien somit zu den »ersten modernen Menschen« in der Region gehört zu haben und »einer von denen« gewesen zu sein, »die das Aussterben der Neandertaler verursachten« – so jedenfalls zitierte die amerikanische Wissenschaftszeitschrift ›Science‹ im Januar 1999 den Leiter der Ausgrabung, den portugiesischen Archäologen João Zilhão (vgl. Kap. 3 und 4).[20]

Die wahre Brisanz des Skelettfundes zeigte sich freilich erst im Laufe seiner anatomischen Untersuchung, die der amerikanische Paläanthropologe Erik Trinkaus – einer der renommiertesten Urmenschenforscher der Welt – zusammen mit der portugiesischen Anthropologin Cidália Duarte (der Leiterin der Ausgrabungsarbeiten vor Ort) durchführte. Trinkaus und Duarte entdeckten an dem Skelett neben vielen anatomischen Merkmalen, die völlig dem entsprachen, was man bei einem frühmodernen Kind aus dieser Zeit erwarten konnte, nämlich auch einige Besonderheiten, die auffallend vom üblichen Körper- und Schädelbau des frühmodernen Homo sapiens abwichen und die den Jungen von Lagar Velho statt dessen in die Nähe der Neandertaler rückten.

Dies betraf vor allem eine Reihe von Details in der Formung des Unterkiefers und der Zähne sowie in der Gestaltung der unteren Gliedmaßen. So waren die Schien- und Wadenbeine des Jungen ganz außergewöhnlich stämmig und fielen auch in ihren Proportionen deutlich aus der Variationsbreite der frühmodernen Menschen jener Zeit heraus. Die europäischen Jungpaläolithiker besaßen nämlich bis vor etwa 20 000 Jahren noch den für die Tropen charakteristischen hochwüchsigen Körperbau und die langen, schlanken Gliedmaßen, die ihren Vorfahren in der heißen Urheimat Afrika die Körperkühlung erleichtert hatten und daher dort biologisch von Vorteil gewesen waren. Die Neandertaler, deren Vorfahren schon seit Hunderttausenden von Jahren im kühlen Klima Mitteleuropas lebten (vgl. Kap. 2 und 4), hatten demgegenüber einen ausgesprochen stämmigen, gedrungenen Körperbau und kurze, kräftige Arme und Beine, die es ihnen ermöglichten, die Körperwärme optimal zu speichern. Man bezeichnet diesen Zusammenhang zwischen den Körperproportionen und dem Klima, der noch beim Vergleich heutiger Eskimos mit heutigen Afrikanern deutlich ins Auge fällt, nach seinen Entdeckern auch als die sogenannte ›Bergmannsche‹ bzw. ›Allensche Regel‹.

Zu der erwähnten äußerst ›kompakten‹ Körpergestaltung der Neandertaler gehörten nicht zuletzt auch Schienbeine, die im Verhältnis zu den Oberschenkelknochen deutlich kürzer waren als bei den frühmodernen Einwanderern, und da dieses Merkmal die beiden Gruppen sehr deutlich voneinander trennte, über Jahrtausende hinweg stabil blieb und auch schon bei jugendlichen Individuen klar erkennbar ausgeprägt war, zogen Trinkaus und Duarte es als ein wichtiges Kriterium bei der Beurteilung des Skeletts von Lagar Velho mit heran. Dabei aber kamen die beiden Forscher zu dem Ergebnis, daß der Junge aus dem Lapedotal »die kurzen Schienbeine der kälteangepaßten Neandertaler besessen hatte«,[21] das sie anhand einer ganzen Serie von hieb- und stichfesten metrischen Daten belegten.

Trinkaus und Duarte folgerten aus diesem Umstand weiter, daß das gravettienzeitliche Kind aus Portugal auch in seinem übrigen Kör-

perbau die »hyperarktischen Proportionen« dieser Altmenschen besessen haben müsse.[22] Und da man Vergleichbares selbst von frühmodernen Menschen dieser Zeit her nicht kennt, die unter weit kühleren Klimabedingungen als den damals in Portugal herrschenden lebten, gelangten die beiden Paläanthropologen zu dem Schluß, daß es sich nicht nur um eine kurzfristige körperliche Anpassung an eine plötzlich hereinbrechende Kälteperiode gehandelt haben könne; das Kind von Lagar Velho müsse diese völlig aus dem Rahmen der modernen menschlichen Anatomie fallende Besonderheit vielmehr von einer schon lange in Europa ansässigen ›hyperarktischen‹ Population ererbt haben, was darauf schließen lasse, daß sich unter seinen Vorfahren auch Neandertaler befanden.

Trinkaus und Duarte vermuteten kurz gesagt, daß eine »Vermischung zwischen frühmodernen Einwanderern, die sich über die Iberische Halbinsel ausbreiteten, und den einheimischen Neandertaler-Bevölkerungen« zu dem merkwürdigen »Mosaik aus Merkmalen des Neandertalers und des frühmodernen Menschen« geführt habe, das sie bei dem Jungen von Lagar Velho diagnostizierten. Und da das Kind ja mehrere Jahrtausende nach dem vermuteten Verschwinden der Altmenschen von der paläolithischen Bildfläche gelebt hatte (vgl. S. 197), konnte es nach ihrem Urteil auch nicht »das Produkt einer seltenen, zufälligen Paarung zwischen einem Neandertaler und einem frühmodernen Menschen« gewesen sein, sondern mußte aus einer »in hohem Maße vermischten Bevölkerung« stammen – es wäre mit anderen Worten kein ›Hybride der ersten Generation‹, sondern der Abkömmling einer jahrtausendealten und stabilen, echten ›Mischbevölkerung‹ gewesen.[23]

Eine solche Mischpopulation aber konnte sich natürlich überhaupt nur herausbilden, wenn die einheimischen Altmenschen und die frühmodernen Einwanderer untereinander fortpflanzungsfähig waren. Trinkaus und Duarte bezeichneten es daher als »unangebracht, eine Artengrenze im Sinne strikter reproduktiver Isolation zwischen den Neandertalern und den frühmodernen Menschen zu ziehen« (vgl. S.191ff.), und sie sahen ebenso die Hypothese eines »vollständigen Bevölkerungsaustauschs« (vgl. S.186f.) durch den Skelettfund und seine Auswertung als widerlegt an.[24]

Dieses brisante Untersuchungsergebnis sorgte weltweit für Schlagzeilen, und es rief – wie nicht anders zu erwarten – auch die Wortführer der Verdrängungstheorie auf den Plan. Diese aber brauchten nicht lange auf die Gelegenheit zu einer Erwiderung zu warten; man räumte ihnen vielmehr das seltene Privileg ein, sie gleichzeitig mit dem Untersuchungsbericht und am gleichen Ort – gewissermaßen als ›Korrektiv‹ dazu – zu veröffentlichen. Die Redaktion der hochangesehenen Wissenschaftszeitschrift ›Proceedings of the National Academy of Sciences of the USA‹, in der Duarte und Trinkaus ihre Resultate (zusammen mit anderen Forschern) publizierten, beauftragt bei besonders wichtigen Forschungsberichten nämlich regelmäßig Fachkollegen der Autoren, eine Würdigung der wissenschaftlichen Bedeutung dieser Arbeiten in Form eines begleitenden Kommentars zu schreiben. »Solche Kommentare dienen normalerweise dazu«, wie Trinkaus bemerkt, »wichtige Artikel in einen breiteren wissenschaftlichen Kontext zu stellen, besonders bedeutsame Aspekte des betreffenden Forschungsprojekts hervorzuheben und manchmal auch mögliche Schwachstellen anzudeuten«.[25] Diese Aufgabe fällt in der Regel unvoreingenommenen oder den betreffenden Forschungsansätzen positiv gegenüberstehenden Experten zu, und bei der Kommentierung grundlegender programmatischer Aufsätze von Vordenkern der ›Out of Africa‹-Theorie kam es nicht selten auch schon zum völlig unkritischen ›Abfeiern‹ der Artikel und ihrer Autoren durch befreundete Kollegen. Doch in diesem Fall war das anders.

Die Zeitschrift lud mit den Paläanthropologen Ian Tattersall und Jeffrey H. Schwartz nämlich zwei der entschiedensten Vertreter des ›Out of Africa‹-Verdrängungsmodells dazu ein, Trinkaus' und Duartes Lagar Velho-Aufsatz zu kommentieren, und gab ihnen damit die Gelegenheit, unmittelbar und mit gleichem Gewicht zu den Forschungsergebnissen ihrer Kollegen Stellung zu nehmen. Das war ein eindeutig ›politischer‹ Akt, denn während die Anhänger der Vermischungstheorie oft genug Probleme haben, ihre Forschungsergebnisse und Argumente in den großen Fachzeitschriften überhaupt vortragen zu dürfen, beauftragte man hier ausgerechnet zwei ihrer erklärten Gegner mit der ›Würdigung‹ ihrer Arbeit. Das Ergebnis fiel nicht anders aus als unter diesen Umständen zu erwarten – und damit begann ein weiterer jener bitterbösen, in persönlichen Feindschaften und Zerwürfnissen endenden Forschungsdispute, an denen die Paläanthropologie so überreich ist.[26]

Tattersall und Schwartz zweifelten in ihrem Kommentar zunächst vom Grundsatz her an, ob eine durch Vermischung entstandene Bevölkerung nach mehreren Jahrtausenden überhaupt noch solche deutlich hybriden Merkmale zeigen würde, wie sie Trinkaus und Duarte bei dem Jungen von Lagar Velho nachgewiesen zu haben glaubten. Das ist ein interessanter, allerdings aus der Feder von Anhängern des Verdrängungsmodells auch ausgesprochen erstaunlicher Einwand, denn wenn er zuträfe, würde das bedeuten, daß Vermischungsvorgänge prinzipiell nur während weniger Generationen durch fossile Zeugnisse belegbar wären und die stete Forderung gerade der Auslöschungstheoretiker nach solchen ›harten Beweisstücken‹ wenig Sinn machen würde. Die beiden Paläanthropologen tippten diese Frage denn auch nur kurz an und gingen dann rasch zum Hauptteil ihrer Kritik über.

Darin ließen sie kein gutes Haar an den anatomischen Argumenten, die ihre Kollegen für den Hybridenstatus des Jungen von Lagar Velho ins Feld geführt hatten, und bezeichneten das von diesen vorgelegte Beweismaterial wörtlich als »sehr dünn«. Was den Schädel, den Kiefer und die Zähne des Kinderskeletts betreffe, so sei in Wahrheit keines der beobachteten und beschriebenen Merkmale »ungewöhnlich für einen Homo sapiens in diesem jungen Entwicklungsstadium«, und auch die Schienbeine und übrigen Gliedmaßenknochen erschienen den beiden Forschern »nicht wesentlich verschieden von dem, was man bei einem robusten modernen Menschen dieses Alters vorzufinden erwartet«. Dem Skelett aus dem Lapedotal fehlten nach ihrem Urteil also »nicht nur alle ererbten Neandertalermerkmale, sondern auch jede Andeutung einer Neandertaler-Morphologie«. Alles in allem, so formulierten Tattersall und Schwartz mit unverhohlener Ironie, sei Trinkaus' und Duartes Analyse »eine mutige und phantasievolle Deutung, die aller Wahrscheinlichkeit nach kaum von der Mehrheit der Paläanthropologen als bewiesen angesehen werden wird«. Vielmehr bleibe »die Wahrscheinlichkeit bestehen«, daß man hier ganz einfach »ein stämmiges Gravettien-Kind« (›a chunky Gravettien child‹) vor sich habe – »einen Abkömmling jener modernen Eindringlinge, die einige Jahrtausende zuvor die Neandertaler von der Iberischen Halbinsel verdrängt hatten«. Doch immerhin würden »Duarte et al.'s mutige Spekulationen«, so die beiden Kommentatoren abschließend, »zweifellos dringend benötigte neue Forschungsarbeit ermutigen«.[27]

Trinkaus, der sich fast sein ganzes Forscherleben lang mit den Körperproportionen der Früh- und Altmenschen beschäftigt hat und der als einer der weltweit führenden Experten auf diesem Gebiet gilt, ließ diese im Ton höflich-unterkühlte, an unterschwelliger Arroganz aber kaum zu überbietende Beurteilung seiner Arbeit indessen nicht auf sich sitzen. Gemeinsam mit Zilhão verfaßte er eine ausführliche und äußerst harsch formulierte ›Korrektur‹ zu dem Kommentar von Tattersall und Schwartz, die er – da die ›Proceedings of the National Academy‹ keine Erwiderungen abdrucken – im Internet veröffentlichte. Darin nahm er die Kritiken in diesem »bodenlosen Stück Gelehrsamkeit«[28] Punkt für Punkt auseinander und listete nicht weniger als 32 falsche Tatsachenbehauptungen, fachliche Irrtümer und Fehlzitate in dem nicht einmal drei Druckseiten langen Text von Tattersall und Schwartz auf – vom verwechselten Zahn bis hin zum falsch wiedergegebenen Forschungsergebnis. Besonders übel kreidete er es seinen beiden Kontrahenten an, daß sie unter Mißachtung einer ausdrücklichen Bitte auch mehrere unpublizierte Details aus einem Diavortrag von ihm in ihren Kommentar mit einbezogen und (fehlerhaft) zitiert hätten – nach Trinkaus' Urteil »eine ernste Verletzung der wissenschaftlichen Etikette«. Der Kommentar von Tattersall und Schwartz sei insgesamt »eine unangemessene, unrichtige und unwürdige Kritik unseres Artikels«, schloß er, und »ihr Versuch einer Widerlegung der Vermischungshypothese ist erbärmlich«.[29]

Tattersall nahm zu dieser zornigen Attacke nicht inhaltlich Stellung, sondern teilte dem »lieben Erik« nur kurz per Internet mit, man habe in dem Kommentar »so diplomatisch und aufrichtig wie möglich« zu sein versucht und hoffe, »den Diskurs in Zukunft auf einer zivilisierteren Ebene fortzusetzen«.[30] Auch Trinkaus, Zilhão und Duarte bedauerten in einem späteren Internet-Aufsatz den »unglücklichen Austausch«, der »in keiner Weise zum Verständnis der menschlichen Evolutionsgeschichte während des späten Pleistozäns beigetragen« habe.[31] An der gegensätzlichen Beurteilung des Jungen von Lagar Velho hat sich freilich nichts geändert – die Meinungen über ihn sind nach wie vor so gespalten wie unmittelbar nach seiner Entdeckung, und ein Konsens ist weit und breit nicht in Sicht.

In jedem Fall aber sollte man nach diesem Fund mit der Behauptung, die Neandertaler seien ›ohne jede evolutionäre Nachkommenschaft ausgestorben‹, wohl doch etwas vorsichtiger umgehen, als es früher oft geschah. Und auch die schematische, bipolare Einteilung der Fossilien aus dem späten Mittel- und dem frühen Jungpaläolithikum in ›artreine‹ Sapiens-Menschen einerseits, ›nichtsapiente‹ Neandertaler andererseits sollte schleunigst und grundsätzlich überdacht werden. Denn auch einige andere Entdeckungen aus jüngster Zeit deuten darauf hin, daß die Verhältnisse möglicherweise nicht ganz so einfach, ja daß sie vielleicht sogar in irritierender Weise komplizierter waren. Und eine der wichtigsten dieser Entdeckungen gelang kürzlich an dem Ort, an dem die Urmenschenforschung vor nicht ganz 150 Jahren ihren Anfang nahm – im Neandertal bei Düsseldorf nämlich, wo 1856 der erste, namengebende Altmensch gefunden wurde.

## Rückkehr ins Neandertal

Das Neandertal besitzt heute eine flache, stellenweise bis zu 350 m breite Talaue, in der man in der Umgebung des Flüßchens Düssel bequem spazierengehen kann. Das war freilich nicht immer so. Zeichnungen und Gemälde aus dem 19. Jahrhundert zeigen statt dessen eine enge, von steilen Felsklippen flankierte Schlucht, die für ihre zahlreichen Höhlen und Grotten bekannt war. Seit etwa 1840 wurde der dort in reichem Maße verfügbare Kalkstein als Rohmaterial für die aufstrebende rheinische Stahlindustrie abgebaut, die riesige Mengen an Kalk als Zuschlagstoff für die Verhüttung des Eisenerzes benötigte. Der Abbau dauerte über hundert Jahre lang an, und als sein Resultat verblieb die terrassenartig geweitete Steinbruchlandschaft, die das Neandertal heute darstellt.

Vor der Abtragung der Felswände befreite man die in ihnen befindlichen Höhlen und Grotten von ihren zum Teil mehrere Meter dicken Lehmfüllungen, die den Kalk verunreinigt hätten, und bei dieser Arbeit kamen im Sommer 1856 die Überreste des heute weltberühmten Altmenschen ans Tageslicht. Einer der Steinbruchbesitzer entdeckte in Abraummaterial aus der 20 m über der Talsohle gelegenen ›Kleinen Feldhofer Grotte‹, das zwei Arbeiter gerade in die Schlucht hinuntergeschaufelt hatten, einige auffällige Knochen, die er für Höhlenbärenreste hielt und dem Elberfelder Lehrer und Naturforscher Carl Fuhlrott zur Begutachtung überließ. Dieser informierte die Bonner Anatomen Hermann Schaaffhausen und Franz Josef Carl Mayer über den Fund der insgesamt 16 ungewöhnlich geformten menschlichen Knochen (Abb. 5.3) – unter ihnen das merkwürdig flach gewölbte Schädeldach mit kräftig hervortretenden Überaugenwülsten (Abb. 5.4) –, und so nahm die mittlerweile berühmt gewordene Streit- und Debattengeschichte um den ›Neandertaler‹ (den man damals noch mit ›th‹ schrieb) ihren Lauf.[32]

Von Anbeginn an lag die Vermutung nahe, daß die Knochen von einem ursprünglich vollständig in der Höhle eingelagerten Skelett stammten, dessen größter Teil unerkannt in dem Abraum verblieben war, den die Arbeiter ins Tal hinuntergeschaufelt hatten. Die Frage, ob von diesen verschollenen, weit umfangreicheren Knochenresten des berühmten Altmenschen (Abb. 5.3) nicht noch etwas aufzufinden sein könnte, blieb indessen bis vor kurzem ungeklärt – ja, sie schien merkwürdigerweise auch lange Zeit kaum jemanden ernsthaft zu interessieren. Erst zwischen 1983 und 1985 unternahm ein Team unter Leitung des Kölner

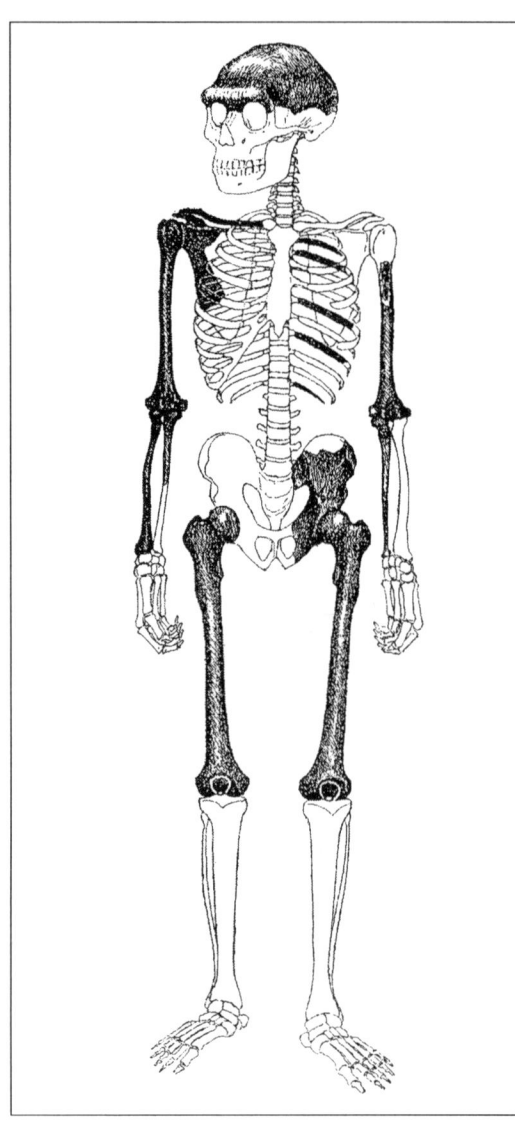

*Abb. 5.3: Das Skelett des Neandertalers mit den 1856 geborgenen Knochen (schwarz eingezeichnet). Die übrigen Skeletteile verblieben seinerzeit unerkannt im Grabungsabraum aus der Fundhöhle, der Kleinen Feldhofer Grotte.*

Urgeschichtsarchäologen Gerhard Bosinski den Versuch, die Lehmabfälle aus der längst verschwundenen Kleinen Feldhofer Grotte im Rahmen einer umfangreichen Sondiergrabung wiederaufzufinden und das seinerzeit übersehene archäologische Material nachträglich aus ihnen zu bergen. Doch diese Bemühungen blieben in der seit 1856 bis zur Unkenntlichkeit veränderten Landschaft fürs erste ohne Erfolg – die Archäologen konnten die Lage der einstigen Höhle nicht ermitteln, so daß sie weiter ein ungelöstes Rätsel blieb.

Zu den Fachleuten, die den Fortgang der Grabungen im Neandertal seinerzeit aufmerksam verfolgten, gehörten auch Bosinskis damalige Studenten Ralf W. Schmitz und Jürgen Thissen. Ihr Interesse an dem für die Entwicklung der Urgeschichtsforschung so bedeutsamen Tal nahm in der Folgezeit noch zu, und in den neunziger Jahren machten sich die beiden schließlich ernsthaft daran, die exakte Lage der einstigen Fundstätte des Neandertalers anhand von alten Karten, Bildern und Talbeschreibungen zu rekonstruieren. Angesichts der Zerstörung der meisten aussagekräftigen Landmarken war dies ein ausgesprochen schwieriges Unterfangen, doch 1996 waren sich die zwei mittlerweile promovierten Urgeschichtsarchäologen ihrer Sache so sicher, daß sie eine eigene, auf zwei Wochen Dauer veranschlagte Probegrabung im Neandertal beantragten. Die zuständigen Stellen gaben trotz deutlicher Skepsis hinsichtlich der Erfolgschancen einer solchen

*Abb. 5.4: Die Schädelkalotte des ›originalen‹ Neandertalers von 1856 mit den kräftig hervortretenden Überaugen-wülsten*

Sondage grünes Licht für das Projekt, und so konnten Schmitz und Thissen im September 1997 zusammen mit einigen Kollegen an der von ihnen ins Auge gefaßten Stelle, die jahr-zehntelang einen Autoschrottplatz beherbergt hatte, an die Arbeit gehen.

Die ersten anderthalb Grabungswochen ver-strichen erfolglos und ohne irgendwelche nen-

nenswerten Funde, doch am Ende der zweiten Woche stießen die Archäologen auf einige Steinwerkzeuge und Knochen, die ihnen zeig-ten, daß sie tatsächlich am richtigen Ort such-ten. Die Grabungsgenehmigung wurde daraufhin um weitere drei Wochen verlängert, und den Forschern gelang es in dieser Zeit, über zehn Tonnen Lehmsediment vor Ort nach Funden zu durchsuchen und für eine spätere, sehr viel genauere Untersuchung mit Hilfe von Wasser und Sieben in einer Schlämmanlage abzupacken. In diesem Sediment fanden sich während der Ausgrabungen und beim nachfolgenden Schlämmen nicht weniger als 22 menschliche Knochenbruchstücke, zahlreiche Fragmente von Tierknochen, bei denen es sich vermutlich um Nahrungsabfälle der Paläolithiker handelte, sowie über 3000 Steinartefakte, von denen 1856 kein einziges erkannt und aus dem Höhlenlehm ausgelesen worden war.

Dieses umfangreiche Fundgut machte deutlich, daß die Höhlen des Neandertals während der letzten Eiszeit nicht nur als Bestattungsplätze, sondern auch über kürzere oder längere Zeiträume hinweg als Wohnstätten genutzt worden waren. Allerdings stammten die im Verlauf der Ausgrabung aufgefundenen und untersuchten Sedimente nicht allein aus der Kleinen Feldhofer Grotte, sondern zum Teil auch aus einer ihr benachbarten etwas größeren Höhle, der sogenannten ›Feldhofer Kirche‹, die 1856 ebenfalls leergeräumt worden war. Und die Archäologen entdeckten in dem seinerzeit herausgeschaufelten und ins Tal gekippten Abraum neben vielen neandertalerzeitlichen Steingeräten des Micoquien (vgl. Kap. 4) auch zahlreiche Artefakte des jungpaläolithischen Gravettien aus der Zeit vor etwa 25 000 bis 30 000 Jahren (vgl. S. 202). Dies zeigte, daß das Neandertal – ähnlich wie viele andere an Höhlen und Grotten reiche Kleinlandschaften – während der

hunderttausend Jahre der letzten Eiszeit immer wieder von Menschen aufgesucht und bewohnt worden war.

Die detaillierte Untersuchung der bei der Neugrabung geborgenen menschlichen Knochenfragmente ließ indessen keinen Zweifel daran, daß sich unter ihnen tatsächlich auch einige der bis dahin verschollenen Überreste des ›originalen‹ Neandertalers befanden. Zu ihnen gehörte insbesondere ein ungefähr markstückgroßes Gelenkbruchstück, das bei einem Anfügungsversuch wie angegossen an den 1856 geborgenen linken Oberschenkel des Altmenschen aus der Kleinen Feldhofer Grotte paßte, von dem es vermutlich bei der Ausräumung der Höhle abgeplatzt war. Damit war der eindeutige Nachweis erbracht, daß Schmitz und Thissen tatsächlich die 1856 herausgeschaufelte Füllung dieser Höhle wiederentdeckt hatten.

Einen noch eindrucksvolleren Beweis dafür lieferte eine zweite, nun mehrere Monate dauernde und wesentlich besser ausgestattete Grabungskampagne, die die beiden Archäologen im Jahr 2000 im Neandertal durchführten. Schmitz, Thissen und ihre Kollegen entdeckten im Verlauf dieser Kampagne neben weiteren Tausenden von Steinartefakten und Tierknochenresten diesmal sogar das knapp handtellergroße linke Schläfen- und Jochbein des namengebenden Neandertalers, das sich exakt und paßgenau an die 1856 gefundene Schädeldecke mit ihrem eindrucksvollen Überaugenwulst (Abb. 5.4) anfügen ließ. »Plötzlich schaut

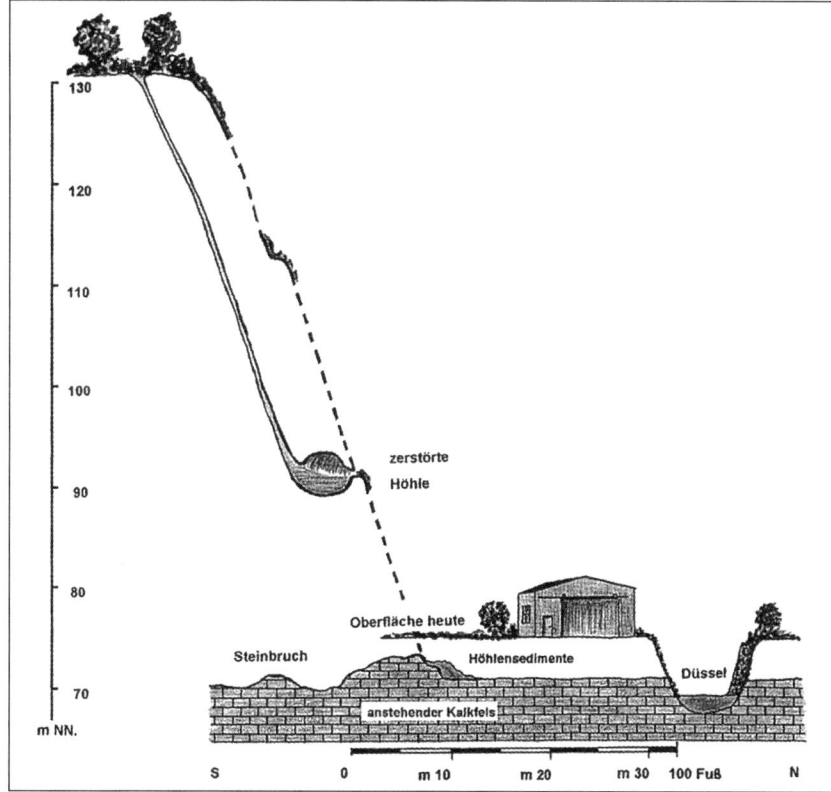

Abb. 5.5: Die unge-
fähre Position der
Kleinen Feldhofer
Grotte in der
während des 19. Jahr-
hunderts abgebauten
Kalksteinwand und
die Lage jener Stelle,
an der jüngst der Gra-
bungsabraum aus der
Höhle mit weiteren
Resten des originalen
Neandertalers aufge-
funden wurde.

uns der Neandertaler zum ersten Mal an«, kommentierten die erfolgreichen Ausgräber die nunmehr fast vollständige Wiederherstel- lung der linken Augenhöhle, und die Zeitun- gen meldeten im Herbst 2000 mit berechtigter Begeisterung: »Der Neandertaler bekommt sein Gesicht zurück«.[33]

Für die Klärung der uns hier besonders inter- essierenden Frage, in welchem Verhältnis dieser Altmensch zum frühmodernen Homo sapiens stand, könnten sich aber einige andere Funde aus Schmitz' und Thissens Neugrabungen als sehr viel bedeutsamer erweisen. Unter den 1997 geborgenen menschlichen Fossilien befanden sich nämlich auch Teile eines rechten Oberarm- knochens, der beim Neandertaler von 1856 be- reits vollständig vorhanden ist (Abb. 5.3). Die beiden Archäologen schlossen daraus folgerich- tig, daß es sich bei diesen Knochenfragmenten um Überreste eines anderen, zweiten Individu- ums handeln müsse, die nach der Stelle, an der sie aufgefunden wurden, wahrscheinlich aus der Feldhofer Kirche stammen. Bei den Gra- bungen im Jahr 2000 kamen erneut Knochen dieses ›zweiten Individuums‹ zutage, die wesentlich zierlicher und graziler sind als diejenigen des namengebenden Neandertalers. Die Forscher rätseln nun, ob sie möglicherweise von einem weiblichen Altmenschen stammen – Frauen sind im Durchschnitt sehr viel feingliedriger gebaut als Männer – oder aber von einem frühmodernen Homo sapiens; detaillierte anatomische Untersuchungen und eine Analyse ihrer mitochondrialen DNA (vgl. S. 190f.) sollen bei der Klärung dieser Frage helfen.

Doch ganz gleich, wie die Ergebnisse dieser Studien auch ausfallen mögen – sie werden in jedem Fall schwerwiegende Korrekturen an dem bisherigen Bild von der ›jungpaläolithischen Revolution‹ in Europa (vgl. Kap. 4) nach sich ziehen. Denn sollte sich das erwähnte zweite Individuum – zum Beispiel durch eine starke Ähnlichkeit seiner Mitochondrien-DNA mit der unseren – eindeutig als ein frühmoderner Homo sapiens erweisen, so wäre es der mit Abstand früheste Fund dieser Art in ganz Europa. Sein Alter beträgt nach Beschleuniger-Massenspektrometrie-Daten (vgl. S. 198) aus einem C14-Labor in Zürich nämlich nicht weniger als 44 000 Jahre, während die sonst bislang vorliegenden Skelettreste des Cro Magnon-Menschen in unserem Raum frühestens aus der Zeit vor etwa 35 000 Jahren stammen. Die Koexistenzperiode zwischen dem frühmodernen Menschen und dem Neandertaler in Mitteleuropa würde sich dadurch – wenn man als jüngsten Nachweis für den letzteren das Datum von Vin-

dija (vgl. S. 198) zugrundelegt – auf nahezu 15 000 Jahre verlängern, und damit stiege auch die Wahrscheinlichkeit eines Genaustauschs und einer Vermischung zwischen den beiden Menschentypen ganz erheblich. »Über einen so langen Zeitraum kann man Männer und Frauen gewiß nicht getrennt halten«, äußerte Grabungsleiter Schmitz in einem Fernsehinterview sinngemäß zu dieser Frage, und er fügte hinzu: »Wenn dem so wäre, dann bin ich davon überzeugt, daß wir auch Gene des Neandertalers in uns tragen‹.[34]

Darüber hinaus würde ein solch unerwartet früher Nachweis des *Homo sapiens sapiens* in Europa aber auch einmal mehr in drastischer Weise zeigen, wie lückenhaft unser Wissen über diese urgeschichtliche Schlüsselperiode trotz aller Forschungsfortschritte auch heute noch ist und auf welch schwankendem Boden die gängigen Szenarien ruhen (vgl. Kap. 4). Vor allem wäre dann die Frage zu stellen, welche der aufgefundenen Steinwerkzeuge eigentlich zu dem grazilen Individuum gehörten und ob die ersten frühmodernen Menschen in Mitteleuropa möglicherweise gar keine jungpaläolithischen, sondern spätmittelpaläolithische Geräte herstellten und benutzten, wie es ja im Vorderen Orient erwiesenermaßen über Zehntausende von Jahren hinweg der Fall war (vgl. Kap. 4).

Sollte das zweite Individuum hingegen als ein weiterer Neandertaler klassifiziert werden – beispielsweise aufgrund einer deutlich von der unseren abweichenden Struktur seiner mtDNA -, so würde die bemerkenswerte Zierlichkeit seiner Knochen unterstreichen, welch große anatomische Vielfalt die Neandertalerbevölkerungen Europas tatsächlich aufwiesen (vgl. S. 200) und wie fragwürdig es ist, immer nur die robustesten Individuen zur Charakterisierung dieses Menschentypus heranzuziehen (vgl. Kap. 4). Die bisher anscheinend so klar gezogene Grenze zwischen der Morphologie der Neandertaler und derjenigen des ›anatomisch modernen Menschen‹ würde dadurch ein gutes Stück weit aufgeweicht, und die Frage wäre zu stellen, ob beide Typen nicht möglicherweise doch nur extreme Pole innerhalb eines Kontinuums von hochvariablen, aber in genetischem Austausch miteinander befindlichen und daher letztlich einer gemeinsamen Spezies angehörenden Populationen darstellten, die Europa und den Nahen Osten während der letzten Eiszeit bewohnten.[35]

Nicht zuletzt aber verblieben auch bohrende Zweifel an der Zuverlässigkeit einer solchen – in erster Linie molekularbiologisch begründeten – Klassifikation. Denn ist die auf dem Hintergrund der ›Out of Africa‹-Verdrängungstheorie entstandene und vielfach bereits zur festen Überzeugung gewordene Erwartung, das Erbgut eines ›frühmodernen‹ Paläolithikers müsse dem unseren weitgehend ähnlich gewesen sein, wirklich realistisch? Wäre es angesichts der methodischen Unsicherheiten in der derzeitigen Paläogenetik nicht ebensogut denkbar, daß sich die mtDNA *aller* vor 40 000 oder mehr Jahren lebender Menschentypen in einem ähnlichen Maße von unserer heutigen unterschied, wie es bei derjenigen des Neandertalers und neuerdings auch der des ›Mungo-Mannes‹ (vgl. S. 194) ja erwiesenermaßen der Fall war?

Die Forschungen der nächsten Jahre werden vielleicht eindeutigere Antworten auf diese Fragen bringen – doch wie sie auch immer ausfallen mögen, eines scheint schon jetzt sicher zu sein: Die ›unendliche Geschichte vom Neandertaler‹ (vgl. S. 197) und mit ihr auch die Suche nach den Wurzeln unserer Kultur gehen weiter; und vielleicht werden sie – zur Freude künftiger Forschergenerationen und der wissenschaftsbegeisterten Öffentlichkeit – ja sogar jetzt erst so richtig spannend.

# Literatur

*Eine in Klammern stehende Zahl hinter einem Autorennamen verweist auf ein unter der betreffenden Nummer in diesem Verzeichnis aufgeführtes Buch.*

## Allgemeine Literatur zur Altsteinzeit und zur Frühgeschichte des Menschen

1       Ambrose, Stanley H.: Paleolithic Technology and Human Evolution. In: Science 291/2001: 1748-1753

2       Bednarik, Robert G./Kuckenburg, Martin: Nale Tasih. Eine Floßfahrt in die Steinzeit. Stuttgart 1999

3       Boetzkes, Manfred u.a. (Hg.): EisZeit. Das große Abenteuer der Naturbeherrschung. Hildesheim und Stuttgart 1999

4       Childe, V. Gordon: Der Mensch schafft sich selbst. Dresden 1959

5       Die Evolution des Menschen. GEO-Wissen. Hamburg 1998

6       Foley, Robert: Menschen vor Homo sapiens. Stuttgart 2000

7       Gamble, Clive: Timewalkers. The Prehistory of Global Colonization. Cambridge/Mass. 1993

8       Gamble, Clive: The Palaeolithic Societies of Europe. Cambridge 1999

9       Henke, Winfried/Rothe, Hartmut: Paläoanthropologie. Eine Einführung in die Stammesgeschichte des Menschen. Berlin/Heidelberg 1994

10      Herrmann, Joachim/Ullrich, Herbert (Hg.): Menschwerdung – Natur- und geisteswissenschaftliche Ergebnisse. Eine Gesamtdarstellung. Berlin 1990

11    Hoffmann, Emil: Lexikon der Steinzeit. München 1999

12    Human Evolution: Migrations. In: Science 291/2001: 1721-1753

13    The Human Tide. Pleistocene Range Expansions, Colonizations, and the Paleolithic Archaeological Record. In: Anthropologie 37/1999 (Themenband)

14    Johanson, Donald/Edgar, Blake: Lucy und ihre Kinder. Heidelberg/Berlin 1998

15    Jones, Steve (Hg.): The Cambridge Encyclopedia of Human Evolution. Cambridge 1995

16    Klein, Richard G.: The Human Career. Human Biological and Cultural Origins. Chicago/London 1999[2]

17    Kraft, Georg: Der Urmensch als Schöpfer. Tübingen 1948

18    Kuckenburg, Martin: ... Und sprachen das erste Wort. Die Entstehung von Sprache und Schrift. Eine Kulturgeschichte der menschlichen Verständigung. Düsseldorf/München 1998[2]

19    Kuckenburg, Martin: Lag Eden im Neandertal? Auf der Suche nach dem frühen Menschen. Düsseldorf/München 1999[2]

20    Kuckenburg, Martin: Vom Steinzeitlager zur Keltenstadt. Siedlungen der Vorgeschichte in Deutschland. Stuttgart 2000

21    Leakey, Richard/Lewin, Roger: Der Ursprung des Menschen. Frankfurt 1993

22    Lewin, Roger: Spuren der Menschwerdung. Heidelberg 1992

23    Lewin, Roger: Die Herkunft des Menschen. 200 000 Jahre Evolution. Heidelberg 1995

24    Müller-Beck, Hansjürgen: Die Steinzeit. München 1998

25    Petraglia, Michael D./Korisettar, Ravi (Hg.): Early Human Behaviour in Global Context. The Rise and Diversity of the Lower Palaeolithic Record. London/New York 1998

26    Reader, John: Die Jagd nach den ersten Menschen. Basel 1982

27    Schrenk, Friedemann: Die Frühzeit des Menschen. München 1998[2]

28    Tattersall, Ian: Puzzle Menschwerdung. Heidelberg/Berlin 1997

29    Tattersall, Ian/Schwartz, Jeffrey H.: Extinct Humans. Boulder/Colorado 2000

30    Weniger, Gerd-Christian: Projekt Menschwerdung. Streifzüge durch die Entwicklungsgeschichte des Menschen. Heidelberg/Berlin 2001

31    Wolpoff, Milford/Caspari, Rachel: Race and Human Evolution – A Fatal Attraction. New York 1996

## Kapitel 1:
## Die Entstehung und erste Ausbreitung des Menschen

32    Aiello, Leslie C./Collard, Mark: Our Newest Oldest Ancestor? In: Nature 410/2001: 526-527

33    Asfaw, Berhane u.a.: Australopithecus garhi: A New Species of Early Hominid from Ethiopia. In: Science 284/1999: 629-635

34    Backwell, Lucinda R./d'Errico, Francesco: Evidence of Termite Foraging by Swartkrans Early Hominids. In: Proceedings of the National Academy of Sciences of the USA 98/2001: 1358-1363

35    Balter, Michael: Scientists Spar Over Claims of Earliest Human Ancestor. In: Science 291/2001: 1460-1461

36      Balter, Michael: Paleontological Rift in the Rift Valley. In: Science 292/2001: 198-201

37      Balter, Michael/Gibbons, Ann: A Glimpse of Humans' First Journey Out of Africa. In: Science 288/2000: 948-950

38      Bednarik, Robert G.: The ›Australopithecine‹ Cobble from Makapansgat, South Africa. In: South African Archaeological Bulletin 53/1998: 4-8

39      Bednarik, Robert G.: Der Kiesel von Makapansgat. Früheste Urkunst der Welt? In: Anthropos 94/1999: 199-204

40      Brain, C. K. (Hg.): Swartkrans. A Cave's Chronicle of Early Man. Pretoria 1993

41      Brain, C. K./Sillen, A.: Evidence from the Swartkrans Cave for the Earliest Use of Fire. In: Nature 336/1988: 464-466

42      Brain, C. K. u.a.: New Evidence of Early Hominids, their Culture and Environment from the Swartkrans Cave, South Africa. In: South African Journal of Science 84/1988: 828-835

43      Brühl, Enrico/Laurat, Thomas: Frühe Hominiden, Teil II: Die erectoiden und präsapienten Formen in Süd- und Ostasien: Indien, Indochina, China und Malaiischer Archipel. In: Praehistoria Thuringica 5/2000: 76-144

44      Butler, Declan: The Battle of Tugen Hills. In: Nature 410/2001: 508-509

45      Clark, J. Desmond: The Early Palaeolithic of the Eastern Region of the Old World in Comparison to the West. In: Petraglia/Korisettar (25): 437-450

46      Culotta, Elizabeth: Asian Hominids Grow Older. In: Science 270/1995: 1116-1117

47      Culotta, Elizabeth: A New Human Ancestor? In: Science 284/1999: 572-573

48      Dean, David/Delson, Eric: Homo at the Gates of Europe. In: Nature 373/1995: 472-473

49      Dennell, Robin W.: Grasslands, Tool Making and the Hominid Colonization of Southern Asia: A Reconsideration. In: Petraglia/Korisettar (25): 280-303

50      Dzaparidze, Vachtang: Der altpaläolithische Fundplatz Dmanisi in Georgien (Kaukasus). In: Jahrbuch des Römisch-Germanischen Zentralmuseums Mainz 36/1989: 67-116

51      Fiedler, Lutz: Conception of Lower Acheulian Tools. A Comparison of Three Sites of the Early Handaxe Culture and its Aspect of Behaviour. In: Anthropologie 36/1998: 69-84

52      Gabunia, Leo K.: Der menschliche Unterkiefer von Dmanisi. In: Jahrbuch des Römisch-Germanischen Zentralmuseums Mainz 39/1992: 185-208

53      Gabunia, Leo/Vekua, A.: A Plio-Pleistocene Hominid from Dmanisi, East Georgia, Caucasus. In: Nature 373/1995: 509-512

54      Gabunia, Leo K. u.a.: Neue Hominidenfunde des altpaläolithischen Fundplatzes Dmanisi im Kontext aktueller Grabungsergebnisse. In: Archäologisches Korrespondenzblatt 29/1999: 451-488

55      Gabunia, Leo u.a.: Earliest Pleistocene Hominid Cranial Remains from Dmanisi, Republic of Georgia: Taxonomy, Geological Setting, and Age. In: Science 288/2000: 1019-1025

56      Gibbons, Ann: Rewriting – and Redating – Prehistory. In: Science 263/1994: 1087-1088

57      Gibbons, Ann: Chinese Stone Tools Reveal High-Tech Homo erectus. In: Science 287/2000: 1566

58      Heinzelin, Jean de u.a.: Environment and Behavior of 2,5-Million-Year-Old Bouri Hominids. In: Science 284/1999: 625-629

59      Justus, Antje u.a.: Homo erectus vor 1,75 Millionen Jahren an der Schwelle Europas? In: Archäologie in Deutschland 2/2000: 12-16

60    Kohn, Marek/Mithen, Steven: Handaxes – Products of Sexual Selection? In: Antiquity 73/1999: 518-526

61    Kuckenburg, Martin: Wann besiedelte der Mensch die Erde? In: Universitas 1/1995: 76-84

62    Larick, Roy/Ciochon, Russell L.: The African Emergence and Early Asian Dispersals of the Genus Homo. In: American Scientist 84/1996: 538-551

63    Leakey, Meave G. u.a.: New Hominin Genus from Eastern Africa Shows Diverse Middle Pliocene Lineages. In: Nature 410/2001: 433-440

64    Lewin, Roger: Human Origins: The Challenge of Java's Skulls. In: New Scientist v. 7.5.1994: 36-40

65    Lieberman, Daniel E.: Another Face in Our Family Tree. In: Nature 410/2001: 419-420

66    Locke, Robert: The First Human? In: Discovering Archaeology 7-8/1999: 32-39

67    Movius, Hallam L.: The Lower Palaeolithic Cultures of Southern and Eastern Asia. In: Transactions of the American Philosophical Society 38/1948: 329-420

68    Olsen, John W.: New Light on the Earliest Occupation of East Asia. In: Anthropologie 37/1999: 89-96

69    Pennisi, Elizabeth: Did Cooked Tubers Spur the Evolution of Big Brains? In: Science 283/1999: 2004-2005

70    Roche, H. u.a.: Early Hominid Stone Tool Production and Technical Skill 2.34 Myr Ago in West Turkana, Kenya. In: Nature 399/1999: 57-60

71    Semaw, S. u.a.: 2,5-Million-Year-Old Stone Tools from Gona, Ethiopia. In: Nature 385/1997: 333-336

72    Senut, Brigitte u.a.: First Hominid from the Miocene (Lukeino Formation, Kenya). In: Comptes Rendues de l'Académie des Sciences Paris 332/2001: 137-144

73    Shipman, Pat: What Can You Do With a Bone Fragment? In: Proceedings of the National Academy of Sciences of the USA 98/2001: 1335-1337

74    Sillen, Andrew u.a.: Strontium Calcium Ratios of Australopithecus robustus and Homo sp. from Swartkrans. In: Journal of Human Evolution 28/1995: 277-285

75    Soares, Christine: Human Origins. Why Everyone's Talking About the Girl from Java. In: New Scientist v. 14.4.2001: 26-29

76    Sponheimer, Matt/Lee-Thorp, Julia A.: Isotopic Evidence for the Diet of an Early Hominid, Australopithecus africanus. In: Science 283/1999: 368-370

77    Steele, James: Stone Legacy of Skilled Hands. In: Nature 399/1999: 24-25

78    Swisher, C.C. u.a.: Age of the Earliest Known Hominids in Java, Indonesia. In: Science 263/1994: 1118-1121

79    Vogel, Gretchen: Did Early African Hominids Eat Meat? In: Science 283/1999: 303

80    Vollbrecht, Jürgen: Frühe Menschen im Reich der Mitte. In: Archäologie in Deutschland 4/2000: 12-17

81    Walker, Alan/Leakey, Richard (Hg.): The Nariokotome Homo Erectus Skeleton. Berlin/Heidelberg 1993

82    White, Tim D. u.a.: Australopithecus ramidus. A New Species of Early Hominid from Aramis, Ethiopia. In: Nature 371/1994: 306-312

83    Wolpoff, Milford H.: Out of Africa. In: Anthropologie 37/1999: 33-44

84    Wood, Bernard: The Oldest Whodunnit in the World. In: Nature 385/1997: 292-293

85   Wood, Bernard/Turner, Alan: Out of Africa and into Asia. In: Nature 378/1995: 239-240

86   Wrangham, Richard W. u.a.: The Raw and the Stolen. Cooking and the Ecology of Human Origins. In: Current Anthropology 40/1999: 567-594

87   Wynn, Thomas: Piaget, Stone Tools and the Evolution of Human Intelligence. In: World Archaeology 17/1985: 32-43

88   Yamei, Hou u.a.: Mid-Pleistocene Acheulean-like Stone Technology of the Bose Basin, South China. In: Science 287/2000: 1622-1626

Kapitel 2:
## Die früheste Besiedlung Europas

89   Baales, Michael u.a.: Natur oder Kultur? Zur Frage ältestpaläolithischer Artefaktensembles aus Hauptterrassenschottern in Deutschland. In: Germania 78/2000: 1-20

90   Balter, Michael: In Search of the First Europeans. In: Science 291/2001: 1722-1725

91   Beinhauer, Karl W./Wagner, Günther A. (Hg.): Schichten. 85 Jahre Homo erectus heidelbergensis von Mauer. Mannheim 1992

92   Bonifay, Eugène/Vandermeersch, Bernard (Hg.): Les premiers Européens. Paris 1991

93   Bosinski, Gerhard: Die ersten Menschen in Eurasien. In: Jahrbuch des Römisch-Germanischen Zentralmuseums Mainz 39/1992: 131-181

94   Carbonell, E. u.a.: Lower Pleistocene Hominids and Artifacts from Atapuerca-TD 6 (Spain). In: Science 269/1995: 826-832

95   de Castro, J.M. Bermúdez u.a.: A Hominid from the Lower Pleistocene of Atapuerca, Spain: Possible Ancestor to Neandertals and Modern Humans. In: Science 276/1997: 1392-1395

96   Dennell, Robin: The World's Oldest Spears. In: Nature 385/1997: 767-768

97   Dennell, Robin/Roebroeks, Wil: The Earliest Colonization of Europe: The Short Chronology Revisited. In: Antiquity 70/1996: 535-542

98   Fiedler, Lutz: Steingeräte eines urtümlichen Acheuléen. In: Quartär 43-44/1993: 113-138

99   Fiedler, Lutz (Hg.): Archäologie der ältesten Kultur in Deutschland. Ein Sammelwerk zum älteren Paläolithikum, der Zeit des Homo erectus und des frühen Neandertalers. Wiesbaden 1997

100  Fiedler, Lutz/Franzen, J. L.: Artefakte vom altpleistozänen Fundplatz Dorn-Dürkheim 3 am nördlichen Oberrhein. In: Germania 79/2001 (im Druck)

101  Gibbons, Ann: A New Face for Human Ancestors. In: Science 276/1997: 1331-1333

102  Gibert, J. u.a.: Two ›Oldowan‹ Assemblages in the Plio-Pleistocene Deposits of the Orce Region, Southeast Spain. In: Antiquity 72/1998: 17-25

103  Gore, Rick: The Dawn of Humans: The First Europeans. In: National Geographic 1/1997: 96-113

104  Gutin, JoAnn C.: Remains in Spain Now Reign as Oldest Europeans. In: Science 269/1995: 754-755

105  Kind, Claus-Joachim, Besprechung von: Fiedler (99). In: Archäologie in Deutschland 1/1999: 74

106  Mania, Dietrich: Auf den Spuren des Urmenschen. Die Funde von Bilzingsleben. Berlin/Stuttgart 1990

107  Mania, Dietrich: Die ersten Menschen in Europa. Stuttgart 1998

108    Morwood, M. J. u.a.: Fission-Track Ages of Stone Tools and Fossils on the East Indonesian Island of Flores. In: Nature 392/1998: 173-176

109    Pitts, Michael/Roberts, Mark: Fairweather Eden. Life in Britain Half a Million Years Ago as Revealed by the Excavations at Boxgrove. London 1997

110    Rieder, Hermann: Die altpaläolithischen Wurfspeere von Schöningen, ihre Erprobung und ihre Bedeutung für die Lebensumwelt des Homo erectus. In: Praehistoria Thuringica 5/2000: 68-75

111    Roberts, Mark: Sophisticated Primitives. Suprisingly Smart Hominids Settled Europe 500000 Years Ago. In: Discovering Archaeology 5-6/1999: 66-77

112    Roberts, Mark u.a.: A Hominid Tibia from Middle Pleistocene Sediments at Boxgrove, UK. In: Nature 369/1994: 311-313

113    Roberts, Mark/Parfitt, Simon: Boxgrove. A Middle Pleistocene Hominid Site at Eartham Quarry, Boxgrove, West Sussex. London 1999

114    Roe, Derek A.: The Orce Basin (Andalucía, Spain) and the Initial Palaeolithic of Europe. In: Oxford Journal of Archaeology 14/1995: 1-12

115    Roebroeks, Wil u.a.: Dense Forests, Cold Steppes, and the Palaeolithic Settlement of Northern Europe. In: Current Anthropology 33/1992: 551-586

116    Roebroeks, Wil/Kolfschoten, Thijs van: The Earliest Occupation of Europe: A Short Chronology. In: Antiquity 68/1994: 489-503

117    Roebroeks, Wil/Kolfschoten, Thijs van (Hg.): The Earliest Occupation of Europe. Leiden 1995

118    Rolland, Nicolas: Early Hominid Expansion into Eurasia: Biogeographical and Ecological Issues. In: Anthropologie 35/1997: 101-107

119    Schmüde, Klaus: The Sites of Kirchhellen and Weeze. In: Eiszeitalter und Gegenwart 46/1996: 120-131

120    Schmude, Klaus: Vorstellung einiger Methoden aus der Informatik und ihre mögliche Verwendung bei der Separierung unklarer, aus Geröllansammlungen stammender Fundstücke, von Geofakten. Unveröffentlichtes Manuskript. Essen 2000

121    Die Suche nach den ersten Europäern. In: Archäologie in Deutschland 3/1988: 2-41

122    Thieme, Hartmut: Altpaläolithische Wurfspeere aus Schöningen, Niedersachsen. Ein Vorbericht. In: Archäologisches Korrespondenzblatt 26/1996: 377-393

123    Thieme, Hartmut: Lower Palaeolithic Hunting Spears from Germany. In: Nature 385/1997: 807-810

124    Thieme, Hartmut: Altpaläolithische Holzgeräte aus Schöningen, Lkr. Helmstedt. Bedeutsame Funde zur Kulturentwicklung des frühen Menschen. In: Germania 77/1999: 451-487

125    Thieme, Hartmut/Veil, Stephan: Neue Untersuchungen zum eemzeitlichen Elefanten-Jagdplatz Lehringen. In: Die Kunde N. F. 36/1985: 11-58

126    Thieme, Hartmut/Maier, Reinhard: Archäologische Ausgrabungen im Braunkohlentagebau Schöningen. Hannover 1995

# Kapitel 3:
## Nordafrika, Vorderasien und die Entstehung von Schmuck und ›Kunst‹

127   Appenzeller, Tim: Art – Evolution or Revolution? In: Science 282/1998: 1451-1454

128   Archäologie in der Wüste. In: Archäologie in Deutschland 2/1989: 1-49

129   Baur-Röger, Monika: Der Rohstoff Straußeneischale. In: Archäologische Informationen 10/1987: 180-184

130   Bednarik, Robert G.: The Role of Pleistocene Beads in Documenting Hominid Cognition. In: Rock Art Research 14/1997: 27-41

131   Bednarik, Robert G.: Beads and the Origins of Symbolism. www.semioticon.com/frontline/bednarik.htm

132   Clark, J. Desmond: Cultural Continuity and Change in Hominid Behaviour in Africa During the Middle to Upper Pleistocene Transition. In: H. Ullrich (Hg.): Hominid Evolution. Lifestyles and Survival Strategies. Gelsenkirchen/Schwelm 1999: 277-292

133   Delporte, Henri: L'Image de la femme dans l'art préhistorique. Paris 1993 (Darin Nr.106: Statuette von Enval)

134   d'Errico, Francesco/Nowell, April: A New Look at the Berekhat Ram Figurine: Implications for the Origins of Symbolism. In: Cambridge Archaeological Journal 10/2000: 123-167

135   Feustel, Rudolf: Sexuologische Reflexionen über jungpaläolithische Objekte. In: Alt-Thüringen 11/1970-1971: 15 ff. (Darin S.18 und Tafel VIII: Steinphalli von Oelknitz)

136   Fiedler, Lutz (Hg.): Kleine Beiträge zur Urgeschichte der Sahara, des Maghreb und der Iberischen Halbinsel. Kleine Schriften aus dem Vorgeschichtlichen Seminar der Philipps-Universität Marburg, Heft 26. Marburg 1988

137   Fiedler, Lutz (Hg.): Weitere Beiträge zur Urgeschichte der Sahara. Kleine Schriften Marburg, Heft 31. Marburg 1990

138   Fiedler, Lutz: Mittelpaläolithische Lagerplatzstrukturen. In: Fiedler (137): 24-37

139   Fiedler, Lutz: Steinzeitliche Funde und Befunde im ariden Nordwestafrika. Ergebnisse zur Erfassung vorgeschichtlicher Lagerplätze in der Sahara (EVLS). In: Ethnographisch-Archäologische Zeitschrift (EAZ) 35/1994: 420-467

140   Freeman, Leslie G.: Acheulean Sites and Stratigraphy in Iberia and the Maghreb. In: Butzer, Karl W./Isaac, Glynn L. (Hg.), After the Australopithecines. The Hague/Paris 1975: 662-743

141   Goren-Inbar, Naama: The Lithic Assemblage of the Berekhat Ram Acheulian Site, Golan Heights. In: Paléorient 11/1985: 7-28

142   Goren-Inbar, Naama: A Figurine from the Acheulian Site of Berekhat Ram. In: Mitekufat Haeven 19/1986: 7-12

143   Goren-Inbar, Naama u.a.: Bead-Like Fossils from an Acheulian Occupation Site, Israel. In: Rock Art Research 8/1991: 133-136

144   Goren-Inbar, Naama/Peltz, S.: Additional Remarks on the Berekhat Ram Figurine. In: Rock Art Research 12/1995: 131-132

145   Keeley, Lawrence H.: Experimental Determination of Stone Tool Uses. A Microwear Analysis. Chicago/London 1980 (Darin S.164: Die durchlochten Fossilien von Bedford)

146     Kuper, Rudolph: Neuere Forschungen zur Besiedlungsgeschichte der Ost-Sahara. In: Archäologisches Korrespondenzblatt 18/1988: 127-142

147     Lorblanchet, Michel: La naissance de l'art. Genèse de l'art préhistorique dans le monde. Paris 1999

148     Marshack, Alexander: A Reply to Davidson on Mania and Mania. In: Rock Art Research 8/1991: 47-58 (Darin S.55: Die durchlochten Fossilien von Bedford)

149     Marshack, Alexander: The Berekhat Ram Figurine: A Late Acheulian Carving from the Middle East. In: Antiquity 71/1997: 327-337

150     Mikdad, Abdeslam/Eiwanger, Josef: Recherches préhistoriques et protohistoriques dans le Rif oriental (Maroc). Rapport préliminaire. In: Beiträge zur Allgemeinen und Vergleichenden Archäologie 20/2000: 109-167

151     Pelcin, Andrew: A Geological Explanation for the Berekhat Ram Figurine. In: Current Anthropology 35/1994: 674-675

152     Perthes, Jacques Boucher de: Antiquités celtiques et antédiluviennes. Mémoire sur l'industrie primitive et les arts à leur origine. 3 Bände. Paris 1847-1864

153     Prestwich, Joseph: On the Occurrence of Flint-Implements, Associated with the Remains of Extinct Mammalia, in Undisturbed Beds of a Late Geological Period. In: Proceedings of the Royal Society of London 10/1859: 50-59 (Darin S.52: Die durchlochten Fossilien von St.Acheul)

154     Roe, Derek A.: The Lower and Middle Palaeolithic Periods in Britain. London 1981 (Darin S.281 und Tafelabb.38: Die durchlochten Fossilien von Bedford)

155     Sahnouni, Mohamed u.a.: Récentes recherches dans le gisement oldowayen d'Ain Hanech, Algérie. In: Comptes Rendues de l'Académie des Sciences Paris (série II a) 323/1996: 639-644

156     Schäfer, Joachim: Die Wertschätzung außergewöhnlicher Gegenstände im Alt- und Mittelpaläolithikum. In: Ethnographisch-Archäologische Zeitschrift (EAZ) 36/1996: 173-190

157     Smith, Worthington G.: Man the Primeval Savage. London 1894 (Darin S.272-276: Die durchlochten Fossilien von Bedford)

158     Splitter vom Ei. In: Der Spiegel 3/1995: 109 (Über die Straußeneiperlen von El Greifa in Libyen)

159     Strehli, Peter (Red.): Sahara. 10 000 Jahre zwischen Weide und Wüste. Ausstellungshandbuch. Köln 1978

160     Thiedig, Friedhelm/Ziegert, Helmut: Neue Lebensbilder des Menschen an altsteinzeitlichen Sahara-Seen. In: Uni HH Forschung. Beiträge aus der Universität Hamburg 30/1995: 7-15

161     Werry, Elke/Kazenwadel, Brigitte: Garten Eden in der Sahara. In: Bild der Wissenschaft 4/1999: 18-23

162     Ziegert, Helmut: Gebel Ben Ghnema und Nord-Tibesti. Pleistozäne Klima- und Kulturenfolge in der zentralen Sahara. Wiesbaden 1969

163     Ziegert, Helmut: Die altsteinzeitlichen Kulturen in der Sahara. In: Strehli (159): 35-47

164 Bar-Yosef, Ofer/Kuhn, Steven L.: The Big Deal about Blades: Laminar Technologies and Human Evolution. In: American Anthropologist 101/1999: 322-338

165 Bosinski, Gerhard: Eine mittelpaläolithische Formengruppe und das Problem ihrer geochronologischen Einordnung. In: Eiszeitalter und Gegenwart 14/1963: 124-140

166 Bosinski, Gerhard: Die mittelpaläolithischen Funde im westlichen Mitteleuropa. Köln/Graz 1967

167 Bosinski, Gerhard: Der Neandertaler und seine Zeit. Köln/Bonn 1985

168 Busch, Ralf/Schwabedissen, Hermann (Hg.): Der altsteinzeitliche Fundplatz Salzgitter-Lebenstedt. Teil II: Naturwissenschaftliche Untersuchungen. Köln 1991

169 Eastham, Anne: Buhlen Upper Cave – The Avifauna. An Interim Report. In: Jahrbuch des Römisch-Germanischen Zentralmuseums Mainz 45/1998: 251-265

170 d'Errico, Francesco u.a.: Neanderthal Acculturation in Western Europe? A Critical Review of the Evidence and its Interpretation. In: Current Anthropology 39/1998: S1-S44

171 Farizy, Catherine: Arcy-sur-Cure. Un site clef pour la transition du Paléolithique moyen au Paléolithique supérieur. In: Dies. (Hg.), De Néandertal à Cro-Magnon. Nemours 1988: 77-86

172 Fiedler, Lutz: Ein mittelpaläolithischer Hüttengrundriß aus Edertal-Buhlen in Nordhessen. In: Ethnographisch-Archäologische Zeitschrift (EAZ) 31/1990: 65-73

173 Fiedler, Lutz: Jäger und Sammler der Frühzeit. Alt und Mittelsteinzeit in Nordhessen. Kassel 1997$^2$ (Darin S.109-122: ›Die mittelpaläolithischen Funde von Buhlen‹)

174 Fiedler, Lutz: Repertoires und Gene. Der Wandel kultureller und biologischer Ausstattung des Menschen. In: Germania 77/1999: 1-37

175 Fiedler, Lutz/Hilbert, Klaus: Archäologische Untersuchungsergebnisse der mittelpaläolithischen Station in Edertal-Buhlen. Ein Vorbericht. In: Archäologisches Korrespondenzblatt 17/1987: 135-150

176 Gaudzinski, Sabine: Vorbericht über die taphonomischen Arbeiten zu Knochengeräten und zum faunistischen Material der mittelpaläolithischen Freilandfundstelle Salzgitter-Lebenstedt. In: Archäologisches Korrespondenzblatt 28/1998: 323-337

177 Gaudzinski, Sabine: Knochen und Knochengeräte der mittelpaläolithischen Fundstelle Salzgitter-Lebenstedt. In: Jahrbuch des Römisch-Germanischen Zentralmuseums Mainz 45/1998: 163-220

178 Gaudzinski, Sabine/Roebroeks, Wil: Adults Only. Reindeer Hunting at the Middle Palaeolithic Site Salzgitter-Lebenstedt. In: Journal of Human Evolution 38/2000: 497-521

179 Grote, Klaus: Die Grabung 1977 in der mittelpaläolithischen Freilandstation Salzgitter-Lebenstedt. In: Archäologisches Korrespondenzblatt 8/1978: 155-162

180 Grünberg, Judith M. u.a.: Untersuchung der mittelpaläolithischen ›Harzreste‹ von Königsaue. In: Jahresschrift für mitteldeutsche Vorgeschichte 81/1999: 7-38

181 Häßler, Hans-Jürgen (Hg.): Ur- und Frühgeschichte in Niedersachsen. Stuttgart 1991 (Darin S.87-91 und 509-510: Berichte von Hartmut Thieme über Salzgitter-Lebenstedt)

182 Hublin, Jean-Jacques u.a.: A Late Neanderthal Associated with Upper Palaeolithic Artefacts. In: Nature 381/1996: 224-226

183    Jöris, Olaf: Ergebnisse einer Faunenanalyse am Oberen Fundplatz in Buhlen/Nordhessen. In: Jahrbuch des Römisch-Germanischen Zentralmuseums Mainz 45/1998: 221-250

184    Koller, Johann u.a.: Pech im Paläolithikum. Untersuchung der mittelpaläolithischen ›Harzreste‹ von Königsaue. In: Wagner, Günther A./Mania, Dietrich (Hg.): Frühe Menschen (in Vorbereitung)

185    Leroi-Gourhan, Arlette und André: Chronologie des Grottes d'Arcy-sur-Cure. In: Gallia Préhistoire 7/1964: 1-64

186    Mania, Dietrich/Toepfer, Volker: Königsaue. Gliederung, Ökologie und mittelpaläolithische Funde der letzten Eiszeit. Berlin 1973

187    Pastoors, Andreas: Die Steinartefakte von Salzgitter-Lebenstedt. Dissertation Köln 1996

188    Pastoors, Andreas: Die mittelpaläolithische Freilandstation Salzgitter-Lebenstedt (Niedersachsen). In: Archäologisches Korrespondenzblatt 29/1999: 1-9

189    Thieme, Hartmut: Schleif- oder Reibplatten des Fundplatzes Rheindahlen-Ostecke. In: Kölner Jahrbuch für Vor- und Frühgeschichte 15/1975-1977: 24-30 (Darin S.28 und Taf.2: Reibplatte von Buhlen)

190    Tode, Alfred: Der altsteinzeitliche Fundplatz Salzgitter-Lebenstedt. Teil I: Archäologischer Teil. Köln 1982

191    Tode, Alfred u.a.: Die Untersuchung der paläolithischen Freilandstation von Salzgitter-Lebenstedt. In: Eiszeitalter und Gegenwart 3/1953: 144-215

192    Todtenhaupt, Dieter u.a.: Versuche, Birkenpech in Erdgruben mit heißen Steinen herzustellen. In: Experimentelle Archäologie – Bilanz 1998. Oldenburg 1999: 151-155

193    Tromnau, Gernot: Eine bearbeitete Mammutrippe aus den Rheinkiesen bei Duisburg. In: Krause, Günter (Hg.), Vor- und Frühgeschichte des Unteren Niederrheins. Rudolf Stampfuß zum Gedächtnis. Bonn 1982: 197-201

194    Tromnau, Gernot: Ein Mammutknochen-Faustkeil aus Rhede, Kreis Borken (Westfalen). In: Archäologisches Korrespondenzblatt 13/1983: 287-289

195    Valoch, Karel: Die Beingeräte von Predmostí in Mähren. In: Anthropologie 20/1982: 57 ff.

196    Veil, Stephan: Kultur vor dem modernen Menschen? Fragen zu den archäologischen Spuren aus der Zeit des Neandertalers. In: Boetzkes (3): 138-164

197    Wong, Kate: Paleolithic Pit Shop. A French Site Suggests Neandertals and Early Modern Humans Behaved Similarly. In: Scientific American 12/2000: 13-14 (Über die ›Grotte XVI‹ in der Dordogne)

198    Zilhão, João/d'Errico, Francesco: The Chronology and Taphonomy of the Earliest Aurignacien and its Implications for the Understanding of Neandertal Extinction. In: Journal of World Prehistory 13/1999: 1-68

## Kapitel 5:
## Was ist von ihnen geblieben?

199    Adcock, Gregory J. u.a.: Mitochondrial DNA Sequences in Ancient Australians: Implications for Modern Human Origins. In: Proceedings of the National Academy of Sciences of the USA 98/2001: 537-542

200    Allsworth-Jones, P.: The Szeletian and the Transition from Middle to Upper Palaeolithic in Central Europe. Oxford 1986

201  Appleton, Tom: Warum verschwanden die Neandertaler? München 1999

202  Awadalla, Philip u.a.: Linkage Disequilibrium and Recombination in Hominid Mitochondrial DNA. In: Science 286/1999: 2524-2525

203  Duarte, Cidália u.a.: The Early Upper Paleolithic Human Skeleton from the Abrigo do Lagar Velho (Portugal) and Modern Human Emergence in Iberia. In: Proceedings of the National Academy of Sciences of the USA 96/1999: 7604-7609

204  Frayer, David W.: The Persistence of Neanderthal Features in Post-Neanderthal Europeans. In: Bräuer, Günter/Smith, Fred H. (Hg.): Continuity or Replacement. Controversies in Homo Sapiens Evolution. Rotterdam 1992: 179-188

205  Frayer, David W.: Evolution at the European Edge. Neanderthal and Upper Paleolithic Relationships. In: Préhistoire Européenne 2/1992: 9-69

206  Gibbons, Ann: The Riddle of Coexistence. In: Science 291/2001: 1725-1729

207  Golovanova, L.V. u.a.: Mezmaiskaya Cave. A Neanderthal Occupation in the Northern Caucasus. In: Current Anthropology 40/1999: 77-86

208  Gore, Rick: The Dawn of Humans: Neandertals. In: National Geographic 1/1996: 2-35

209  Harding, Rosalind M.: More on the X Files. In: Proceedings of the National Academy of Sciences of the USA 96/1999: 2582-2584

210  Harris, Eugene E./Hey, Jody: X Chromosome Evidence for Ancient Human Histories. In: Proceedings of the National Academy of Sciences of the USA 96/1999: 3320-3324

211  Höss, Matthias: Neanderthal Population Genetics. In: Nature 404/2000: 453-454

212  Holden, Constance: Ancient Child Burial Uncovered in Portugal. In: Science 283/1999: 169

213  Holden, Constance: Oldest Human DNA Reveals Aussie Oddity. In: Science 291/2001: 230-231

214  Ingman, Max u.a.: Mitochondrial Genome Variation and the Origin of Modern Humans. In: Nature 408/2000: 708-713

215  Kaessmann, Henrik u.a.: Extensive Nuclear DNA Sequence Diversity Among Chimpanzees. In: Science 286/1999: 1159-1162

216  Karavanic, I./Smith, F. H.: The Middle/Upper Paleolithic Interface and the Relationship of Neanderthals and Early Modern Humans in the Hrvatsko Zagorje, Croatia. In: Journal of Human Evolution 34/1998: 223-248

217  Krings, Matthias u.a.: Neandertal DNA Sequences and the Origin of Modern Humans. In: Cell 90/1997: 19-30

218  Krings, Matthias u.a.: DNA Sequence of the Mitochondrial Hypervariable Region II from the Neandertal Type Specimen. In: Proceedings of the National Academy of Sciences of the USA 96/1999: 5581-5585

219  Krings, Matthias u.a.: A View of Neandertal Genetic Diversity. In: Nature Genetics 26/2000: 144-146

220  The Lagar Velho 1 Skeleton. Internet-Website mit Links zu verschiedenen Artikeln und Diskussionsbeiträgen über den Fossilfund. Über: http://www.talkorigins.org/faqs/homs

221  Meister, Martin: Neandertaler. Die Suche nach dem zweiten Menschen. In: GEO 4/2001: 22-53

222  Morin, P.A. u.a.: Kin Selection, Social Structure, Gene Flow, and the Evolution of Chimpanzees. In: Science 265/1994: 1193-1201

223  Norris, Scott: Family Secrets. Did Modern Humans Wipe Out the Neanderthals? In: New Scientist v. 19.6.1999: 42-46

224  Orschiedt, Jörg/Weniger, Gerd-Christian (Hg.): Neanderthals and Modern Humans. Discussing the Transition (im Druck)

225  Ovchinnikov, Igor V. u.a.: Molecular Analysis of Neanderthal DNA from the Northern Caucasus. In: Nature 404/2000: 490-493

226  Pennisi, Elizabeth: Genetic Study Shakes Up Out of Africa Theory. In: Science 283/1999: 1828

227  Relethford, John H.: Ancient DNA and the Origin of Modern Humans. In: In: Proceedings of the National Academy of Sciences of the USA 98/2001: 390-391

228  Relethford, John H.: Genetics and the Search for Modern Human Origins. New York 2001

229  Schmitz, Ralf W. u.a.: Neandertaler. Interdisziplinäre Forschung am namengebenden Fundort. In: Archäologie in Deutschland 2/1999: 6-10

230  Schmitz, Ralf W./Thissen, Jürgen: Neandertal. Die Geschichte geht weiter. Heidelberg 2000

231  Schulz, Matthias: Todeskampf der Flachköpfe. In. Der Spiegel 12/2000: 240-255

232  Smith, Fred H. u.a.: Direct Radiocarbon Dates for Vindija G1 and Velika Pecina Late Pleistocene Hominid Remains. In: Proceedings of the National Academy of Sciences of the USA 96/1999: 12281-12286

233  Smith, Fred H.: Fossil Hominids from the Upper Pleistocene of Central Europe and the Origin of Modern Europeans. In: Smith, Fred H./Spencer, F. (Hg.), The Origins of Modern Humans. New York 1984: 137-209

234  Strauss, Evelyn: mtDNA Shows Signs of Paternal Influence. In: Science 286/1999: 2436

235  Stringer, Christopher/Gamble, Clive: In Search of the Neanderthals. London 1993

236  Stringer, Christopher/McKie, Robin: Afrika – Wiege der Menschheit. München 1996

237  Tattersall, Ian: Neandertaler. Der Streit um unsere Ahnen. Basel/Berlin 1999

238  Tattersall, Ian: Lagar Velho. Tattersall's Response. In: The Lagar Velho 1 Skeleton (220)

239  Tattersall, Ian/Schwartz, Jeffrey H.: Hominids and Hybrids. The Place of Neanderthals in Human Evolution. In: Proceedings of the National Academy of Sciences of the USA 96/1999: 7117-7119

240  Trinkaus, Erik/Shipman, Pat: Die Neandertaler. Spiegel der Menschheit. München 1993

241  Trinkaus, Erik/Zilhão, João: A Correction to the Commentary of Tattersall and Schwartz Concerning the Interpretation of the Lagar Velho 1 Child. In: The Lagar Velho 1 Skeleton (220)

242  Trinkaus, Erik u.a.: The Lapedo Child. Lagar Velho 1 and our Perceptions of the Neanderthals. In: The Lagar Velho 1 Skeleton (220)

243  Wirtz, Peter: Einseitige Hybridisierung im Tierreich. In: Naturwissenschaftliche Rundschau 53/2000: 172-175

244  Wolpoff, Milford H. u.a.: Modern Human Ancestry at the Peripheries: A Test of the Replacement Theory. In: Science 291/2001: 293-297

245  Wong, Kate: Neanderthals Not Our Ancestors? Not So Fast. In: Scientific American 1/1998: 19-20

246  Wong, Kate: Is Out of Africa Going Out the Door? In: Scientific American 8/1999: 7-8

247  Wong, Kate: Cave Inn. A Visit to a Neanderthal Home. In: Scientific American 12/1999: 19-21 (über Vindija)

248  Wong, Kate: Who Were the Neandertals? In: Scientific American 4/2000: 79-87 (Deutsch in: Spektrum der Wissenschaft 6/2000: 42-49)

# Zitatnachweis und Anmerkungen

*Die in Klammern stehenden Zahlen verweisen auf die Nummern im Literaturverzeichnis. Zitate aus fremdsprachigen Publikationen wurden selbst übersetzt, sofern nicht bereits eine deutschsprachige Übersetzung vorlag.*

## Kapitel 1 (S. 21–66):
## Die Entstehung und erste Ausbreitung des Menschen

1      Für Einzelheiten dazu siehe Kuckenburg (19): Kap. 3 und Bednarik/Kuckenburg (2): Kap. 2 und 3

2      Lewin (22): 88; vgl. Schrenk (27): 44

3      Während der Fertigstellung des vorliegenden Buches im März 2001 gaben allerdings die Paläanthropologen Meave G. Leakey und Fred Spoor die Entdeckung eines 3,2 bis 3,5 Millionen Jahre alten Schädels am Turkanasee in Kenia bekannt, der trotz des in dieser Zeit üblichen kleinen Gehirns bereits eine auffallend flache und ungewöhnlich ›menschlich‹ wirkende Gesichtspartie besitzt. Die Forscher möchten das von ihnen *Kenyanthropus platyops* (›flachgesichtiger Keniamensch‹) genannte Fossil daher einer bislang unbekannten, sich parallel zu den Australopithecinen entwickelnden ›zweiten Hominidenlinie‹ zuordnen, aus der möglicherweise auch die Gattung Homo hervorgegangen sei. Während die Zugehörigkeit des Fundes zu einer neuen Vormenschenspezies außer Zweifel steht, blieb deren gattungsmäßige Abtrennung von den Australopithecinen als eigenes Genus *Kenyanthropus* freilich in ersten Reaktionen umstritten, so daß hier wohl der weitere Verlauf der Diskussionen und Analysen abzuwarten bleibt. Siehe dazu Leakey u.a. (63)

| 4  | Bednarik (38): 7 |
| 5  | Bednarik (39): 202, 203 |
| 6  | Siehe zu diesen Auswirkungen der Kultur ausführlicher Kuckenburg (19): Kap. 5 |
| 7  | Childe (4) |
| 8  | Schrenk (27): 73 |
| 9  | Semaw u.a. (71): 336 |
| 10 | Roche u.a. (70): 57 |
| 11 | Zum Nachweis solcher Zerlegungsspuren und ihrer Aussagekraft siehe Kuckenburg (19): Kap. 7 |
| 12 | Ein ausführlicher forschungsgeschichtlicher Abriß über die Kontroverse um die frühe Fleischgewinnung findet sich in Kuckenburg (19): Kap. 7 |
| 13 | Brain u.a. (42): 832 |
| 14 | Ebd. |
| 15 | Für Einzelheiten zu der Kontroverse über diese Funde siehe Kuckenburg (19): Kap. 7 |
| 16 | Brain u.a. (42): 835 |
| 17 | Ebd. |
| 18 | Backwell/d'Errico (34): 1358, 1359, 1360 |
| 19 | Backwell/d'Errico (34): 1360, 1361 |
| 20 | Shipman (73): 1336 |
| 21 | Brain u.a. (42): 835 |
| 22 | Ebd. |
| 23 | Kohn/Mithen (60): 518, 521 |
| 24 | Wynn (87): 41 |
| 25 | Peter Andrews zit.n. Balter/Gibbons (37): 949 |
| 26 | Dan Lieberman zit.n. Balter/Gibbons (37): 949 |
| 27 | Justus u.a. (59): 13 |
| 28 | Larick/Ciochon (62): 548 |

## Kapitel 2 (S. 67–103):
## Die früheste Besiedlung Europas

| 1 | Für Einzelheiten dazu siehe Bednarik/Kuckenburg (2): Kap. 5 |
| 2 | Siehe dazu Bednarik/Kuckenburg (2): Kap. 7 |
| 3 | Ein ausgezeichneter Überblick über die entsprechenden Fundserien aus Deutschland findet sich in Fiedler (99) |
| 4 | Fiedler in Ders. (99): 54 |
| 5 | Günter Landeck in Fiedler (99): 79 |
| 6 | Baales u.a. (89): 12 |
| 7 | Baales u.a. (89): 7 |
| 8 | Schmude (120): 2 |
| 9 | Fiedler in Ders. (99): 2 |

10    Baales u.a. (89): 13, 14

11    Kind (105): 74

12    Zahlreiche Beispiele dafür in Kuckenburg (19)

13    Einzelheiten dazu in Kuckenburg (20): Kap. 1

14    Zahlreiche Beispiele dafür in Kuckenburg (19)

15    Roberts (111): 69

16    Pitts/Roberts (109): 253

17    Roberts (111): 77

18    Die betreffenden Funde sind zusammengestellt in Kuckenburg (19): Kap. 8

19    Thieme (124): 458

20    Siehe zu dieser Aasfressertheorie ausführlich Kuckenburg (19): Kap. 6 bis 8

21    Thieme (124): 479

22    Rieder (110): 68

23    Rieder (110): 68, 73

24    Thieme (124): 479, 480

25    Zahlreiche Beispiele dafür in Kuckenburg (19): Kap. 6 bis 8

26    Der früher in diesem Zusammenhang oft genannte Befund von Torralba und Ambrona in Spanien wird heute in der Fachwelt überwiegend skeptisch betrachtet; vgl. dazu Kuckenburg (19): Kap. 8

27    Beispiele dazu in Kuckenburg (19): Kap. 6 und Kuckenburg (20): Kap. 2

28    Thieme (124): 481

29    Thieme (124): 462, 481

30    Thieme (124): 476, 478

31    Thieme (124): 481, 482

32    Zu den Befunden von Bilzingsleben siehe Mania (106) und (107) sowie Kuckenburg (20): Kap. 1

33    Thieme (124): 469

34    Weitere ähnliche Beispiele in: Kuckenburg (19): Kap. 8

35    Thieme (124): 480

## Kapitel 3 (S. 105–142):
## Nordafrika, Vorderasien und die Entstehung von Schmuck und ›Kunst‹

1    Fiedler in Ders. (136): 3, 11

2    Ebd.: 3

3    Ebd.: 11

4    Ebd.: 11, 33

5    Ebd.: 34

6    Freundlicher persönlicher Hinweis von Prof. Lutz Fiedler

7    Thiedig/Ziegert (160): 12, 14

8    Bednarik (131)

9    Bednarik (130): 28

10 Ein kurzer Überblick über diese Fundstücke findet sich in Kuckenburg (19): Kap. 10

11 Bednarik (131)

12 Für Einzelheiten dazu siehe Kuckenburg (19): Kap. 1

13 Prestwich (153): 52

14 Smith (157): 272-276, zit. n. Keeley (145): 164

15 Keeley (145): 164

16 Marshack (148): 55

17 Keeley (145): 164

18 Marshack (148): 49, 50

19 Lorblanchet (147): 209

20 Bednarik (131)

21 Goren-Inbar (142): 11

22 Goren-Inbar (142): 11

23 Zu den Forschungen, Verdiensten und Irrtümern de Perthes' siehe ausführlicher: Kuckenburg (19): Kap. 1

24 d'Errico/Nowell (134): 129, 134, 139, 141

25 d'Errico/Nowell (134): 143, 144

26 Angela E. Close und andere in d'Errico/Nowell (134): 147, 149, 151

27 d'Errico/Nowell (134): 144

28 Steven Mithen in d'Errico/Nowell (134): 151

29 João Zilhão in d'Errico/Nowell (134): 148

30 d'Errico/Nowell (134): 163, 146

31 Freundliche briefliche Mitteilung von Prof. Lutz Fiedler

32 Eine kurze Beschreibung der Stratigraphie dieser Terrasse findet sich in Fiedler (139): 424-426

33 Alle Angaben nach freundlicher Mitteilung von Prof. Lutz Fiedler

34 Zu den Gründen für diese Ablehnung und ihren Auswirkungen siehe im einzelnen Kuckenburg (19): Kap. 9

Kapitel 4 (S. 143–184):
## Der Neandertaler und die ›jungpaläolithische Revolution‹ in Europa

1 Für Einzelheiten zu dieser Frage siehe Kuckenburg (19): Kap. 2

2 Für eine ausführliche und kritische Darstellung dieser Theorie siehe Kuckenburg (19): Nachwort, und Bednarik/Kuckenburg (2): Kap. 2 und 9

3 ›Die Zeit‹ vom 25. 3. 1999: 43; ZDF-Nachtstudio vom 17. 5. 2000; ›GEO‹ 5/1999: 179

4 Tode (190): 36

5 Gaudzinski (176): 325

6 Gaudzinski (177): 197 und 214

7 Ebd.: 197

8 Ebd.: 198

9        Gaudzinski/Roebroeks (178): 515

10       Gaudzinski (177): 196, 212

11       Gaudzinski (176): 333

12       Gaudzinski (177): 212, 213

13       Tode in Ders. (190): 24; vgl. Tode (191): 213

14       Gaudzinski (177): 213

15       Gaudzinski (176): 333

16       Gaudzinski (177): 213

17       Gaudzinski (176): 336

18       Gaudzinski (177): 215

19       zit.n. Gaudzinski (177): 202; vgl. z.B. Ralf Busch in Busch/Schwabedissen (168): 226, 227

20       Gaudzinski (177): 202

21       Freundliche briefliche Mitteilung von Dr. Sabine Gaudzinski (Dezember 2000)

22       K. Ruthenberg und A. Kurzweil, zit.n. Grünberg u.a. (180): 31

23       Vortrag von Dr. Johann Koller und Diskussionsbeitrag von Prof. Dietrich Mania auf dem X. Bilzings-
         leben-Kolloquium in Bad Frankenhausen am 26. 8. 2000

24       Fiedler (172): 71

25       Fiedler/Hilbert (175): 139

26       Fiedler/Hilbert (175): 147, 148

27       Freundliche briefliche Mitteilung von Prof. Lutz Fiedler (April 2000)

28       Jöris (183): 248

29       Eastham (169): 251

30       Eastham (169): 262, 263

31       Eastham (169): 263

32       Für weitere Beispiele dieses Farbstoffgebrauchs siehe Kuckenburg (19): Kap. 10

33       Für Einzelheiten zu diesen Bestattungen und ihrer Interpretation siehe Kuckenburg (19): Kap. 11

34       Eine knappe Übersicht über diese Funde findet sich in Kuckenburg (19): Kap. 10

35       d'Errico u.a. (170): 14, 15

36       Zilhão/d'Errico (198): 1

37       Zilhão/d'Errico in Wong (248): 85

38       Zilhão/d'Errico (198): 60

39       Bar-Yosef/Kuhn (164): 330

40       Bar-Yosef/Kuhn (164): 327

41       Fiedler (174): 12

42       Fiedler (174): 26

43       Fiedler (174): 25

44       Bar-Yosef/Kuhn (164): 331

45       Fiedler (174): 14

46       John Clark, zit.n. Bar-Yosef/Kuhn (164): 324

47       Bar-Yosef/Kuhn (164): 324

48       Bar-Yosef/Kuhn (164): 330

49       Fiedler (174): 20

## Kapitel 5 (S. 185–213):
## Was ist von ihnen geblieben?

1   Stringer/McKie (236): 17

2   Zu diesem Begriff und seinen Hintergründen siehe Kuckenburg (19): Nachwort

3   ›Der Spiegel‹ 12/2000: 1, 240

4   Für Einzelheiten zu dieser vermuteten ostasiatischen Entwicklungslinie siehe Bednarik/Kuckenburg (2): Kap. 3

5   Für Einzelheiten zu der Diskussion um den Schädel WLH 50 und die ersten australischen Kolonisten siehe Bednarik/Kuckenburg (2): Kap. 4

6   Krings u.a. (217)

7   Für Einzelheiten zum Mungo 3-Fund siehe Bednarik/Kuckenburg (2): Kap. 4

8   Relethford (227): 391

9   Relethford (227): 391

10  Adcock u.a. (199): 540

11  Relethford (227): 391

12  Ebd.

13  John H. Relethford zit.n. Holden (213): 230

14  Alan Thorne zit.n. Holden (213): 231

15  Adcock u.a. (199): 537

16  Smith u.a. (232): 12285

17  Ebd.

18  Zwei derartige Knochenspitzen mit gespaltener Basis wurden freilich auch in den (spätmittelpaläolithischen) Szeletien-Horizonten der namengebenden Szeletahöhle in Ungarn gefunden; ihre Schichtzugehörigkeit ist dort indessen nicht ganz einwandfrei geklärt.

19  Smith u.a. (232): 12285

20  João Zilhão zit.n. Holden (212): 169

21  Trinkaus und Duarte in Wong (248): 83

22  Duarte u.a. (203): 7608

23  Ebd.

24  Ebd.

25  Trinkaus/Zilhão (241)

26  Zahlreiche frühere Beispiele dafür in Kuckenburg (19)

27  Tattersall/Schwartz (239): 7119

28  Trinkaus/Zilhão (241)

29  Ebd.

30  Tattersall (238)

31  Trinkaus u.a. (242)

32  Zu dieser Streitgeschichte siehe Kuckenburg (19): Kap. 2 und Schmitz/Thissen (230)

33  ›Rheinische Post‹ und ›Bonner Generalanzeiger‹ vom 2. 9. 2000

34  Ralf Schmitz in ARD-Interview vom 1. 9. 2001. Das Zitat ist sinngemäß wiedergegeben

35  Für Details zu dieser Deutungsvariante siehe z. B. Fiedler (174)

# Bildnachweis

*Bei den nicht gesondert ausgewiesenen Abbildungen war es trotz intensiver Recherchen des Verlags nicht möglich, die Rechte-Inhaber zu ermitteln.*

*Abb. 01:* Hessisches Landesmuseum Darmstadt © Wissenschaftliche Rekonstruktion von W. Schnaubelt & N. Kieser (WildLife Art Team) © Foto: Sina Althöfer

*Abb. 1.1:* Nach Vorlage Kuckenburg

*Abb. 1.2:* Zeichnung Kuckenburg

*Abb. 1.3* und *Abb. 1.4 a und b*: Robert G. Bednarik, Melbourne

*Abb. 1.5:* Zeichnung Kuckenburg

*Abb. 1.6 oben:* Prof. Dr. Lutz Fiedler, Marburg; *unten:* Zeichnung Kuckenburg

*Abb. 1.7:* © H. Roche/MPK

*Abb. 1.8, Abb. 1.9* und *Abb. 1.10:* © Francesco d'Errico, F-Talence

*Abb. 1.12 oben:* Prof. Dr. Lutz Fiedler, Marburg; *unten:* Zeichnung Kuckenburg

*Abb. 1.13:* Prof. Dr. Lutz Fiedler, Marburg

*Abb. 1.14:* Zeichnung Kuckenburg

*Abb. 1.16* und *Abb. 1.17:* Dr. Antje Justus, Forschungsbereich Altsteinzeit des Römisch-Germanischen Zentralmuseums, Schloß Monrepos, Neuwied

*Abb. 2.1:* Nach Vorlage Kuckenburg

*Abb. 2.2, Abb. 2.3 a und b* und *Abb. 2.4:* Dipl.-Ing. Klaus Schmude, Essen

*Abb. 2.5:* Prof. Dr. Lutz Fiedler, Marburg (Zeichnung: B. Kaletsch)

*Abb. 2.6, Abb. 2.7, Abb. 2.8, Abb. 2.9, Abb. 2.10* und *Abb. 2.11:* © Boxgrove Project, Sussex/England (mit freundlicher Genehmigung von Dr. Mark Roberts, London)

*Abb. 2.12, Abb. 2.13, Abb. 2.14, Abb. 2.15, Abb. 2.16 a und b:* Dr. Hartmut Thieme, Niedersächsisches Landesamt für Denkmalpflege, Hannover

*Abb. 2.12:* Foto: Klaus Cornelius

*Abb. 2.13:* Foto: Peter Pfarr

*Abb. 2.14:* Foto: Christa S. Fuchs

*Abb. 2.15:* Zeichnung: A. Bojahr

*Abb. 2.16 a:* Zeichnung: B. Kaletsch; *Abb. 2.16 b:* Zeichnung: M. Schmidt-Neubert

*Abb. 3.1:* Prof. Dr. Lutz Fiedler, Marburg

*Abb. 3.2* und *Abb. 3.3:* Joseph Halm, Lohmar

*Abb. 3.4* Prof. Dr. Lutz Fiedler, Marburg

*Abb. 3.5:* Thüringisches Landesamt für Archäologische Denkmalpflege

*Abb. 3.7:* Prof. Dr. Lutz Fiedler, Marburg

*Abb. 3.8:* Pitt Rivers Museum, University of Oxford (Accession-Nr.1910.75.157)

*Abb. 3.9, Abb. 3.11* und *Abb. 3.13:* © Francesco d'Errico, F-Talence

*Abb. 3.14* und *Abb. 3.15:* Prof. Dr. Lutz Fiedler, Marburg

*Abb. 4.1:* © Manfred Tangerding, Bocholt

*Abb. 4.2* und *Abb. 4.3:* Dr. Sabine Gaudzinski, Forschungsbereich Altsteinzeit des Römisch-Germanischen Zentralmuseums, Schloß Monrepos, Neuwied

*Abb. 4.4 a:* © Joachim Feist, Pliezhausen; *Abb. 4.4 b:* © Württembergisches Landesmuseum Stuttgart

*Abb. 4.5* und *4.6:* © Landesamt für Archäologie Halle (Zeichnung: Professor Dietrich Mania)

*Abb. 4.7, Abb. 4.8* und *Abb. 4.9:* Prof. Dr. Lutz Fiedler, Landesamt für Denkmalpflege Hessen, Marburg

*Abb. 4.12:* © Kenneth Garrett/National Geographic Image Collection

*Abb. 5.1:* Nach Vorlage Kuckenburg

*Abb. 5.2:* Hessisches Landesmuseum Darmstadt © Wissenschaftliche Rekonstruktion von W. Schnaubelt N. Kieser (WildLife Art Team)© Foto: Sina Althöfer

*Abb. 5.3:* Aus: Wandel ©, Schmitz/Thissen, Neandertal, Spektrum Akademischer Verlag, Heidelberg/Berlin 2000, Seite 1

*Abb. 5.4:* Rheinisches Landesmuseum Bonn, Landschaftsverband Rheinland (Inv. Nr. 322)

*Abb. 5.5:* Aus: Schmitz/Thissen, Neandertal, Spektrum Akademischer Verlag, Heidelberg/Berlin 2000, Seite 249

*Karten:* Nach Vorlage Kuckenburg

*Tab. 1.1:* Nach Vorlage Kuckenburg

# Personenregister

*(Das Register enthält nur in den Kapiteln 1 bis 5 erwähnte Personen)*

Adcock, Gregory J.   193-195

Andrews, Peter   64

Asfaw, Berhane   34

Baales, Michael   77

Backwell, Lucinda R.   41-45

Bar-Yosef, Ofer   177-178, 180-181

Baumer, Ursula   159, 161

Bednarik, Robert G.   27-28, 119-120, 124-125

Binford, Lewis   147

Bosinski, Gerhard   60, 162, 208

Brain, C. K.   37-45, 147

Carbonell, Eudald   68

Chair, Mehmed El   117

Childe, V. Gordon   31

Ciochon, Russell L.   65

Clark, J. Desmond   34

Clark, John   180

Close, Angela E.   134

Dart, Raymond   38

Darwin, Charles   21, 50

Duarte, Cidália   202-206

Dubois, Eugène   50

Eastham, Anne   165-166

Eitzman, W. I.   27

d'Errico, Francesco   41-45, 132-136, 174-176, 182

Fiedler, Lutz   74, 80, 108-114, 127, 137-138, 162-165, 178-180, 182

Fuhlrott, Carl   207

Gabunia, Leo   60

Gaudzinski, Sabine   48-156

Goodwin, William   191

Goren-Inbar, Naama   120-121, 125, 128

Grote, Klaus   145

Hilbert, Klaus   162-163

Jöris, Olaf   61, 65, 77, 165
Justus, Antje   61-62, 65, 77

Keeley, Lawrence H.   122
Klingelhöfer, Horst   74
Kohn, Marek   49
Koller, Johann   159, 161
Krings, Matthias   190-191
Kuhn, Steven L.   177-178, 180-181
Kulick, Jens   162
Kuper, Rudolph   107

Landeck, Günter   75
Larick, Roy   65
Leakey, Meave G.   229
Leroi-Gourhan, André und Arlette   168, 170
Lieberman, Dan   64
Lorblanchet, Michel   124
Lordkipanidze, Otar   60

Malec, F.   162
Mania, Dietrich   100, 102, 148, 158-159, 161
Marshack, Alexander   120, 122-123, 131, 133
Mayer, Franz Josef Carl   207
Mithen, Steven   49, 134
Movius, Hallam   54

Nájera, Aurora Martín   68
Nioradze, Medea   61
Nowell, April   132-136

Ovchinnikov, Igor V.   191

Pääbo, Svante   190-191, 194
Peacock, W. James   193
Pelcin, Andrew   131
Perthes, Jacques Boucher de   126-129
Pickford, Martin   22
Potts, Richard   56
Prestwich, Joseph   121-122

Relethford, John H.   194-196
Rieder, Hermann   97
Rigaud, Jean-Philippe   166
Rigollot, Marcel   121
Roberts, Mark   82-91
Roche, H.   33
Roebroeks, Wil   77, 150

Schaaffhausen, Hermann   207
Schmitz, Ralf W.   208-212
Schmude, Klaus   74, 80
Schrenk, Friedemann   31
Schwartz, Jeffrey H.   204-206
Semaw, Sileshi   33
Senut, Brigitte   22
Shipman, Pat   42-45
Simek, Jan F.   166
Smith, Fred H.   198, 200-201
Smith, Worthington G.   122
Spoor, Fred   229
Stringer, Christopher   186
Swisher, Carl   52, 54, 63

Tattersall, Ian   204-206
Thiedig, Friedhelm   117
Thieme, Hartmut   92-103
Thissen, Jürgen   208-211
Thorne, Alan   196
Tode, Alfred   145, 147, 150, 153-154
Toepfer, Volker   159
Trinkaus, Erik   202-206

Weiwen, Huang   56
White, Tim   23, 34, 36
Wolpoff, Milford   189
Wynn, Thomas   50

Ziegert, Helmut   117-118, 120
Zilhão, João   134, 174-176, 182, 202, 206

# Fundort- und Fundregionenregister

Altamira-Höhle (Spanien)    11
Aramis (Äthiopien)    23
Arcy-sur-Cure (Frankreich)    168-175, 200
Ascherslebener See (Deutschland)    158
Atapuerca (Spanien)    67-70, 82
Awash-Tal (Äthiopien)    34, 36

Baringo-Distrikt (Kenia)    22
Bedford (England)    122-123
Berekhat Ram (Golanhöhen)    125-136, 138, 141
Bilzingsleben (Deutschland)    81, 102, 113, 148,
     158, 164
Border Cave (Südafrika)    118
Bose-Becken (China)    56-58
Boxgrove (England)    73, 81-94, 102
Budrinna (Libyen)    117
Buhlen (Deutschland)    161-167, 169

Cagny (Frankreich)    81
Carmona (Spanien)    70

Ceprano (Italien)    67, 82
Chongokni (Südkorea)    56
Clacton-on-Sea (England)    81, 91
Cro Magnon (Frankreich)    12, 189-190, 212

Dingcun (China)    56-57
Dmanisi (Georgien)    60-66
Dorn-Dürkheim (Deutschland)    79
Drimolen (Südafrika)    43
Duisburg (Deutschland)    153

El Greifa (Libyen)    117-118
Enkapune Ya Muto (Kenia)    118
Enval (Frankreich)    132

Feldhofer Grotte, Kleine: *siehe* Kleine Feldhofer
     Grotte
Feldhofer Kirche (Deutschland)    210-211
Fezzan (Libyen)    116-117
Flores (Indonesien)    72

FUNDORT- UND FUNDREGIONENREGISTER

Gesher Benot Ya'aqov (Israel)   120
Gibraltar, Straße von   72-73, 106
Gönnersdorf (Deutschland)   11
Gona (Äthiopien)   33-34
Gongwangling (China)   74
Gran Dolina: *siehe* Atapuerca
Große Grotte (Deutschland)   156-157
Grotte Chauvet (Frankreich)   11
Grotte du Renne: *siehe* Arcy-sur-Cure
Grotte XVI (Frankreich)   166

Hadar (Äthiopien)   24
Hoxne (England)   81

Java (Indonesien)   51-52, 63
Jinniushan (China)   59

Kärlich (Deutschland)   81, 156
Kleine Feldhofer Grotte (Deutschland)
   207-208, 210-211
Königsaue (Deutschland)   158-162
Koobi Fora (Kenia)   53
Kow Swamp (Australien)   194-195

Laetoli (Tansania)   25
Lagar Velho (Portugal)   201-206
Lake Mungo (Australien)   193-195
Lantian (China)   57
Lascaux-Höhle (Frankreich)   11
Lebenstedt: *siehe* Salzgitter-Lebenstedt
Lehringen (Deutschland)   91
Lokalalei 2 c (Kenia)   33
Longgupo-Höhle (China)   63

Makapansgat-Höhle (Südafrika)   27-29, 114,
   127, 131
Markkleeberg (Deutschland)   178
Mauer (Deutschland)   73, 82
Mezmaiskaya-Höhle (Kaukasus)   191, 198
Miesenheim (Deutschland)   81
Modjokerto (Indonesien)   52

Monte Poggiolo (Italien)   70
Mumba-Höhle (Tansania)   118

Nariokotome (Kenia)   46, 64
Neandertal (Deutschland)   207-210
Neumark-Nord (Deutschland)   157

Oelknitz (Deutschland)   114, 116
Olduvai-Schlucht (Tansania)   32, 105
Orce-Bassin (Spanien)   70-72

Pineta, Isernia la (Italien)   70
Predmosti (Tschechien)   153
Prezletice (Tschechien)   74

Quincay (Frankreich)   175

Rhede (Deutschland)   148-149
Rheindalen (Deutschland)   178
Rudolfsee: *siehe* Turkanasee

Sahara (Nordafrika)   106-118, 127, 135, 164
Saint-Cesaire (Frankreich)   170, 174
Salzgitter-Lebenstedt   145-157, 161, 166, 178
Sangiran (Indonesien)   52
Sardinien (Italien)   73
Schöningen (Deutschland)   81, 92-103, 141, 150,
   154, 156
Sinai (Ägypten)   106
Soleilhac (Frankreich)   70
St. Acheul (Frankreich)   46, 121
Sterkfontein (Südafrika)   42
Stránská Skála (Tschechien)   74
Swanscombe (England)   81
Swartkrans-Höhle (Südafrika)   37-45, 154

Tan-Tan (Marokko)   136-139, 141
Taung (Südafrika)   24
Terra Amata (Frankreich)   77, 81
Tönchesberg (Deutschland)   178
Transvaal (Südafrika)   36, 105

Trinil (Indonesien)     51
Turkanasee (Kenia)     31, 33, 46, 64, 105, 229

Ubeidija (Israel)     63

Vallonet, Grotte du (Frankreich)     70
Vértesszölös (Ungarn)     81
Victoriasee (Ostafrika)     117
Vindija-Höhle (Kroatien)     191, 197-201

Vogelherd-Höhle (Deutschland)     11, 156-157
Wadi el Adjal (Libyen)     117
Wallertheim (Deutschland)     178
Weeze (Deutschland)     75-77
Willendorf (Österreich)     126

Yiron (Israel)     63

Zafarraya-Höhle (Spanien)     197-198

## Peter Englund:
## Die Verwüstung Deutschlands

*Eine Geschichte des Dreißigjährigen Krieges*

Aus dem Schwedischen von Wolfgang Butt
712 Seiten, gebunden, mit zahlreichen Abbildungen und Karten
ISBN 3-608-91734-9

Ein Panorama des siebzehnten Jahrhunderts und die Lebensgeschichte eines
Kindes jener Zeit – erzählt vor dem Hintergrund des Dreißigjährigen Krieges, der wie ein Ungeheuer über Deutschland herfiel und keinen Stein auf
dem anderen ließ.
Der schwedische Historiker Peter Englund hat in diesem Buch ein Historien-
gemälde entworfen, das Panorama einer Epoche entstehen lassen, die von
den Schrecken des Krieges gezeichnet war. Dreißig Jahre lang wand sich das
Ungeheuer des Krieges durch Deutschland, verwüstete Städte und Dörfer
und stürzte die Menschen in Angst und Zittern.
Den Spuren dieser Katastrophe folgt Peter Englund, eine Antwort suchend
auf die Frage, was es hieß, ein Kind dieser Zeit zu sein.
Im schnellen Rhythmus der sich überschlagenden Ereignisse entfaltet sich
die Geschichte einer heillosen Zeit.

## Das europäische Geschichtsbuch

*Von den Anfängen bis heute*

416 Seiten, 400 vierfarbige Abbildungen, 100 farbige Karten, Namen- und
Ortsregister, gebunden, ISBN 3-608-91855-8

Das erste wirklich europäische Geschichtsbuch, ein Buch, das Grenzen über-
schreitet. Vierzehn angesehene Historiker aus dreizehn Ländern des alten
Kontinents gestalten die Vision des zukünftigen Europas neu. Gemeinsam
haben sie das erste europäische Geschichtsbuch verfaßt,
das diesen Namen verdient.

**Klett-Cotta**

**Bartolomé Bennassar/Bernard Vincent:**
## Spanien 16. und 17. Jahrhundert
*Das Goldene Zeitalter*

Aus dem Französischen von Renate Warttmann
288 Seiten, gebunden, über 150 Farbabbildungen; zum größten Teil halb-, ganz- und
doppelseitige Aufnahmen; mit ausführlichem Register
ISBN 3-608-94186-X

Der eindrucksvoll ausgestattete Bild-Text-Band veranschaulicht das
spanische Weltreich im 16. und 17. Jahrhundert. In präzisen Abrissen legen
die Autoren die engen Zusammenhänge von Wirtschaft, Politik, Wissenschaften, Geschichte, Kultur, Kunst, Religion, Lebensstil, Mentalität dar.
Text und Bild präsentieren ein europäisches Zeitalter, das durch Spanien
unter Philipp II. (1527–1598) und anderen bedeutenden Persönlichkeiten
nachhaltig geprägt wurde.

**Jacques Le Goff:**
## Ludwig der Heilige
Aus dem Französischen von Grete Osterwald
995 Seiten, Leinen, Fadenheftung, 3 Lesebändchen, eingelassenes Titelschild, mit farbi-
gem Tafelteil, mehrere Stammtafeln und Karten, Schuber, ISBN 3-608-91834-5

1214 in eine Welt hineingeboren, in der sich das byzantinische Reich gegen
die Mongolen wehren und gegen den Islam zu Felde ziehen mußte, um
Jerusalem und das Grab Christi zu erobern, regierte Ludwig IX Frankreich 44
Jahre (1226 bis 1270) mit viel Gerechtigkeitsempfinden und Kraft bis hin zur
Askese, mit Sorge um das Gemeinwohl und Leidenschaft für den Staatsdienst, bevor er während des achten Kreuzzuges in Tunis der Pest erlag und
1297 vom Papst heiliggesprochen wurde.

»Dank Jacques Le Goffs geduldiger, umwegiger und meisterhafter Darstellung, die Biographie und Antibiographie zugleich ist, können wir die historische Konstitution dieses geheimnisvollen Individuums nun sehr viel besser verstehen.«
*Peter Schöttler / Die Welt*

**Klett-Cotta**